建設業界・企業が一目で解る！

建築学生の［就活］完全マニュアル

2021-2022

X-Knowledge

CONTENTS

part 0 建築・建設業界への就職に向けて

part 1 建築・建設業界を知る

part 2 合格のためのノウハウ

part 3 キャリアアップしよう

COLUMN

INTERVIEW

企業アドレス

※応募受付については、ネットで最新情報をご確認ください。

著者　星 裕之
1969年宇都宮市生まれ。宇都宮大学卒業後、近藤春司建築事務所（意匠）、阿世建築設計室（構造）を経て、98年STUDIOPOH設立。2007年より東北大学大学院博士課程在籍。中央工学校、宇都宮大学、宇都宮メディアアーツ専門学校非常勤講師などを歴任。1級建築士

カバーデザイン　細山田デザイン事務所

カバーイラスト　Yo Hosoyamada

本文イラスト　水上佳代子

編集協力・DTP　キャデック

part
0

P008-018

建築・建設業界への就職に向けて

01

新型コロナウイルスの影響で先行きが不透明な就職戦線

刻々と変わる状況を注視する必要がある建築・建設業界の就活事情

CHECK POINT

新型コロナウイルスの感染拡大により日本経済は大きく落ち込みました。建設・建築業界でも工事の中止や建築資材の調達困難など、難しい局面を迎えています。2022年の新卒採用状況は、見通しが明るいとはいえません。

◆表1　建設投資額（名目）の推移と建設業就業者数◆

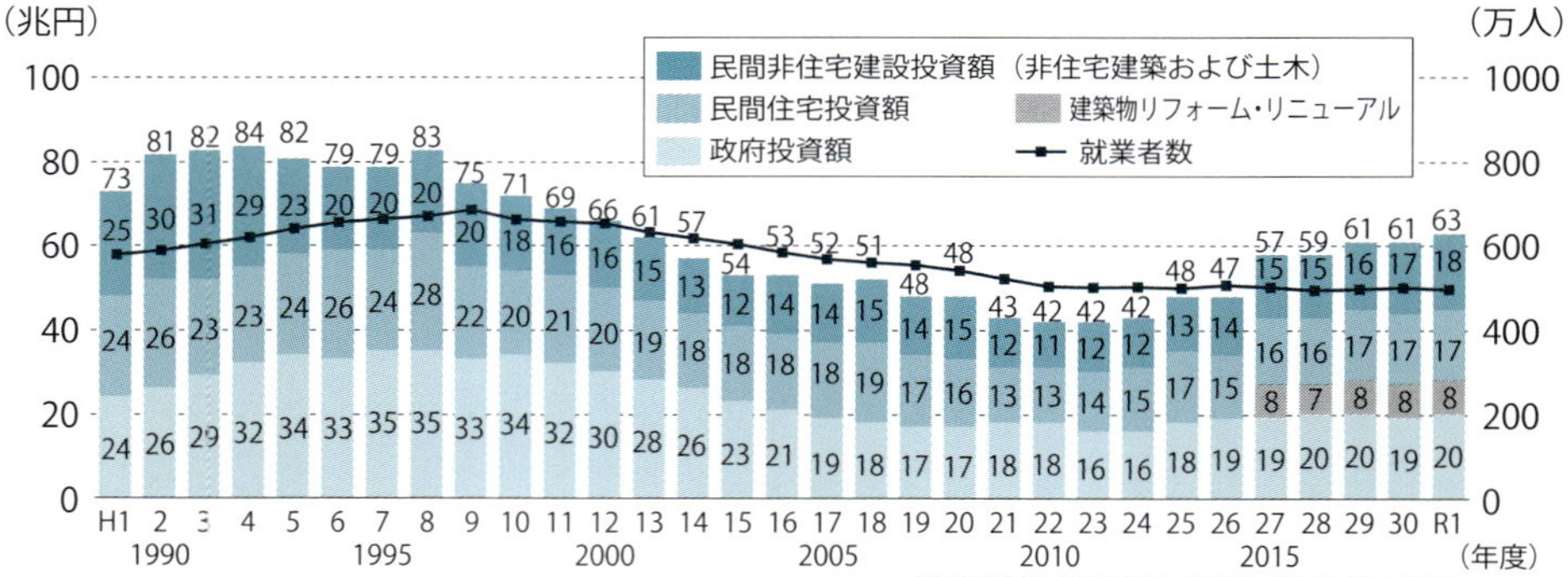

※四捨五入につき内訳の計と合計が一致しない場合がある。
出典：国土交通省総合政策局 建設経済統計調査室／総務省統計局 労働力人口統計室

◆表2　建設業従事者の年齢構成◆

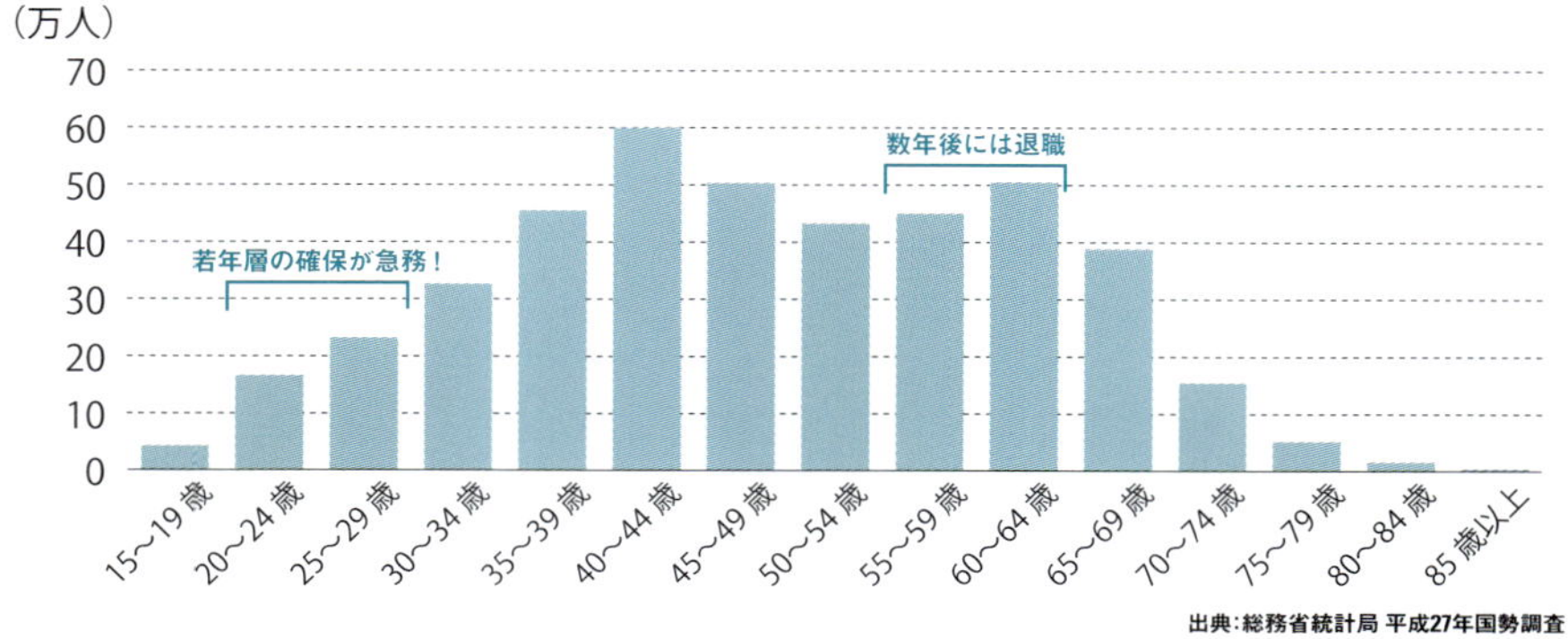

出典：総務省統計局 平成27年国勢調査

新型コロナウイルスの影響は甚大

新型コロナウイルスの感染拡大が建築・建設業界にも大きな影響を与えるいま、2022年卒の就職活動にもその影響が及ぶことが予想されています。

2020年前半は、新型コロナウイルスの感染拡大が直撃し、経済が落ち込みました。2020年4月~6月の国内総生産（GDP、季節調整済み）の速報値は前期比7・8%減で、この成長が1年続いた場合の年率換算は27・8%減となります。マイナス成長は3四半期連続で、リーマン・ショック後の2009年1~3カ月期の年率17・8%を超える戦後最大の下落を記録しています。

建設・建築業界においても、新型コロナウイルスの感染拡大による影響で工事の中止、サプライチェーンや物流の混乱による建築資材の滞りなどが起こりました。ゼネコンおよびハウスメーカーなどでは減収や減益が予想されており、その他の企業も新型コロナウイルス感染症拡大が業績に与えるマイナスの影響が懸念されている状態です。

また、テレワークの普及によりオフィスの縮小・移転・分散を進める企業も現れ、不動産デベロッパーを取り巻く環境も変わりつつあります。

そうしたなかで、社会インフラの老朽化や自然災害への対策が必要なことから、政府の建設投資は堅調と予想されるため、土木建設業は今後も比較的堅調な業績予想となっています。しかし、新型コロナウイルスの感染拡大状況によって政府の建設投資が削減される可能性もあります。

求人数は減少傾向

こうした状況下で、建築・建設業界における2022年卒の新卒採用動向はまだ不透明ですが、決して明るいとはいえません。

業界を問わず2021年卒の大学生・大学院生の状況を見てみると、求人数は2020年に比べ15・1%減少しました。厚生労働省によると、新型コロナウイルスの影響で内定を取り消された2020年卒の大学生、高校生は100人を超えており、2021年卒業予定者でも一部で内定取り消しが報告されています。

いつ終息するともわからないコロナ禍においては、刻々と変わる経済動向に目を配り、どういった企業が新卒採用に力を入れているかを観察し、就職活動を進めていきましょう。

02

オンライン説明会・面接の普及

オンラインの特性を把握して
対策をしよう

CHECK POINT

2021年はオンラインでの説明会・面接を活用する企業が増えました。この流れは2022年も続く見込みです。オンライン面接では対面での面接と異なるポイントをおさえ、少しでも有利に就職活動を進めていきましょう。

新型コロナウイルスの影響

2021年卒の採用活動では新型コロナウイルスの感染拡大を受け、多くの人が集まるような説明会や、移動のリスクがある対面での面接を避ける企業が増えました。代わりに台頭してきたのが、オンラインでの説明会や面接です。

多くの企業では、ZoomやMicrosoft Teamsなどのオンラインシステムを積極的に取り入れ、採用活動のオンライン化を進めています。この傾向は2021年卒の採用活動だけでなく、今後も継続する可能性が高いといえるでしょう。

オンライン化が進むと地方に住む学生は宿泊交通費や移動時間がなくなるためチャンスが増えるでしょう。

オンラインで注意すべきこと

オンライン説明会やオンライン面接（ウェブ面接）は従来の対面式の面接とは勝手が異なる部分もあります。特に、オンライン面接を少しでも有利に運ぶためには、通信環境を整えたうえで、オンライン面接の特性を理解し、習熟しておくことが大切です。オンライン面接のポイントは左の表にまとめています。

オンライン面接に臨む前に、Zoomなどよく用いられるオンラインツールの操作に慣れておきましょう。友人や家族とのコミュニケーションに使ったり、友人同士で面接の練習をしておくと面接で戸惑わずにすみます。また、録画機能を使えば自分がどのように話しているかを客観的に分析できます。

オンライン面接のポイント

項目	ポイント
使用する機器	スマートフォンよりパソコンが望ましい。
カメラ	フルハイビジョン対応の外づけウェブカメラが望ましい。 カメラを見下ろすアングルにならないよう、目線の高さにカメラの位置を調整する。
通信回線	途切れることがないようルーターや契約内容を見直す。
場所	自宅など騒音が入らない場所で行う。
背景	壁やカーテンなどでシンプルに。 白に近い色が望ましい。
照明	顔に影がかからないようにする。 白いテーブルを使ったり、テーブルに白い紙をしくとレフ板効果で顔色が明るく見える。 卓上サイズの照明を用意するのもよい。
カンペ	カメラと同じ高さで、目線が不自然にならない場所に貼る。 パソコンでWordやメモを開いておいてもよいが、そちらばかり見ないようにする。 内容はポイントをまとめる程度にし、全文を読み上げない。
イヤホン、マイク	有線のマイクつきイヤホンが望ましい。
服装	カジュアルな装いの指定がない限り、スーツの上下を着用する。
表情	表情はいつもより20%増しで豊かにする。 録画されていることを念頭に置き、ほかの人が話しているときも気を抜かない。
姿勢	背筋をのばす。
目線	ディスプレイを見て伏し目になりがちなので、カメラを見て話す。
声	普段より大きめの声で話す。
話しかた	端的に、簡潔に。 最初に結論、そのあとに理由を述べる。 ほかの人が話しているときは、声をかぶせない。
面接前のチェック	身だしなみは整えたか。 資料など必要なものは用意してあるか。 カメラに余計なものが映り込んでいないか。 パソコンやスマートフォンの通知音はオフにしているか。 パソコンやスマートフォンのバッテリーは十分充電されているか。 マイクやカメラなどは問題なく作動するか。 通信回線への接続状況は問題ないか。 騒音が入らないよう、窓やドアは閉めてあるか。 ※30分前には準備万端でパソコンの前に座っているようにする。

03

企業選びとインターンシップ

広い視野で自分にあった企業を選ぼう インターンシップは1dayが主流に

CHECK POINT

学生の人気は大手偏重ですが、建築・建設業界には多くの企業があります。自分に合った優良企業を見つけることが大切です。また、2022卒の就職活動では1dayインターンシップが主流になります。積極的に参加しましょう。

できるだけ多くの企業を知ろう

どの業界でも、大手企業に学生の人気は集中します。大規模事業に参画できること、給与、福利厚生、将来性などの観点から大手企業は魅力的だと考える学生は多くいます。

企業の側からも、大手志向の学生ばかりで採用活動が難しいという声が聞かれます。優良企業であっても、学生の知名度が低いとそういったことが起こってしまいます。

しかし、建築・建設業界は非常に広いのです。市場規模でいえば、自動車産業に次ぐ国内2位の大きさです。事業者数も多く、最大手以外にも優良な企業はたくさんあります。

企業選びをする際は、はじめから大手ばかりに目を向けるのではなく、広く見渡すことが重要です。今まで企業名を聞いたことがあるかどうかや、企業の規模ばかり見るのではなく、できるだけ多くの企業を知ろうとしてください。多くの企業を研究し、比較検討していくうちに業界全体の知識もついてきます。そうすれば、一部の大手企業だけを知っているよりも、面接でもより厚みのある受け答えができるはずです。

はじめから選択肢を狭めない

どうしても好きなことをやりたいという人はその道を突き進むのもよいですが、自分の才能を疑問視していたり、まだやりたいことを決めかねているという人は、ほかの道にも目を向けてみませんか。

意匠設計に憧れて建築業界を目指した、という学生は少なくないでしょう。しかし厳しいことをいえば、意匠設計にはある程度の才能が必要です。有名建築家になれるのはほんの一握り。組織の意匠設計部門に入るのも、アトリエから独立を目指す道も、厳しい道です。

最近は、同じ設計でも構造や設備・環境といった「実」からの設計をする分野が注目されています。巨大地震など災害への安心を提供できる構造設計、地球環境を考慮した社会的ニーズに対応できる設備・環境設計など、魅力的な分野が多くあります。

これらの例だけではなく、この業界には幅広い仕事があります。視野を広くし、自己分析と業界研究をして志望分野を固めていきましょう。

インターンシップ参加は必須

インターンシップは、学生が就業体験をする制度です。社会人と一緒に働くことで職業イメージを明確にし、企業の雰囲気や事業内容、業界知識を手に入れられる、就職活動にとても有益な制度です。企業側も自社のよいところをアピールできますし、採用面接では見きれない学生のポテンシャルや志向を見ることもできます。学生と企業のミスマッチによる早期離職を防ぐためにも、インターンシップは有効です。

インターンシップにはいくつか種類があって、それぞれ企業の意図するところも得られるものも違います。就業体験というよりも説明会をより深く掘り下げた印象の1day、数日〜数週間の短期、数カ月〜数年の長期などの種類がありますが、新型コロナウイルスの影響で2022年卒のインターンシップは1dayが主流になるものと予想されます。また、感染防止のためインターンシップをウェブで実施する企業も増えています。

新型コロナウイルスの影響で先行きが不透明なため、できるだけ多くのインターンシップに参加し、情報を得ようとする学生が目立ちます。

ある調査では、3年生の6月以前に複数のインターンシップに申し込んでいる学生が多いとの結果が出ていました。また、2022年卒の場合はOB訪問やリクルーター制度を中止する企業が出てくることが予想されます。そうなれば、ますますインターンシップの重要性が高まると考えられます。

さらに、2020年4月には文部科学相と経団連会長の間で会議が開かれ、企業による学生の採用選考を柔軟にしていく方向で一致しました。これは新型コロナウイルスの影響を受け、企業の採用活動が十分に進まない状況に対応するためのものです。IT企業や外資系企業ですでに導入が進んでいる採用直結型のインターンシップを、大学院生から解禁する方向で調整が進んでいます。

04

採用スケジュールは短期決戦に

2年生の冬には就職活動を始めよう

CHECK POINT

インターンシップ開始から内定出しまでの期間が短くなり、短期決戦が予想される2022年卒の就職活動。2年生の冬から企業研究・業界研究をスタートし、早めに動いていきましょう。インターン参加も外せません。

先手必勝、早く動きだそう

2022年卒の就職活動のスケジュールは、新型コロナウイルスの影響で2021年卒の就職活動が後ろ倒しになったことによりインターンシップの山場はやや後ろ倒しになるものの、内定出しは例年通りで進めるため2021年卒よりやや早めになると予想されます。その結果、就職活動は2021年卒よりも短期決戦になる場合が多いと考えられます。

現時点での2022年卒・春入社のスケジュールとしては、まず2年生の冬には自己分析、業界研究、企業研究を始め、ある程度自分の志望を固めておきます。そして3年生の4~5月に志望先の企業研究を進め、インターンシップに応募します。3年生の夏に1dayインターンシップに積極的に参加し、10月までに3つのインターンシップへ参加していれば、かなりの確率で早期に内定が出るものと考えられます。ただし、これは企業研究をしっかり行い、目的意識をもった就職活動をした学生の場合です。

3年生の秋以降は企業説明会やインターンシップに参加し、エントリーシートを提出します。そして選考を経て、3年生の2~3月には事実上の内定出しのピークを迎える見込みです。ただしもっと早く選考を進めている企業もあり、スーパーゼネコンでは3年生の12月に内々定見込みが出た実績があります。また、準大手ゼネコンでも3年生の1月に内々定見込みが出ています。

建築・建設業界だけの特徴ではありませんが、選考は基本的にスーパーゼネコンのような大手企業から始まります。これは中小企業に内定が決まった学生が、その後の選考によって内定を辞退するケースを防ぎ、中小が不利にならないための慣習です。そのため、就活日程が早いのは必然的に大手となります。某大手ハウスメーカーは2月に、某有名ハウスメーカーも1月に内定を出していたケースがあります。

都内中堅私大（6大学クラス）では、3年生の9月の時点でインターンに1社も参加していない人は10%というデータもあります。とにかく早く、2年生の冬には動き始めて、早め早めに備えるのがベストです。

気になるほかの学生の進路

企業選びは最終的に自分自身できめるほかありませんが、ほかの学生の進路は気になるもの。そこで、とある中堅私大の建築系学部の進路を見てみます。

学部生の進路状況ですが、卒業者278人中、大学院進学が105人、就職者数164人、その他9人となっています。就職先の業種としては建設関連業が87・8%と圧倒的で、サービス業他、製造業と続きます。

企業のラインナップを見てみると、鹿島建設、清水建設、大成建設、大林組、竹中工務店などのスーパーゼネコンのほか、積水ハウス、住友林業、大和ハウスといったハウスメーカー、LIXILなどの住宅設備企業が並びます。

大学院生（修士）は、卒業者数134名のうち就職者数119名、大学院進学者数2名、その他2名、就職未決定10名となっていました。就職先の業種や企業は公開されていませんでしたが、一般的に大学院生のほうが巨大・大企業の比率が多く、小規模企業は少なくなる傾向があります。あくまで一例ですが、大学院へ進学し、コンペに出品するなどして研鑽を積んだ方が、よりその後の選択肢が広がる傾向にあります。

◆表1　ある大学の就職・進路状況

卒業生の進路（学部）

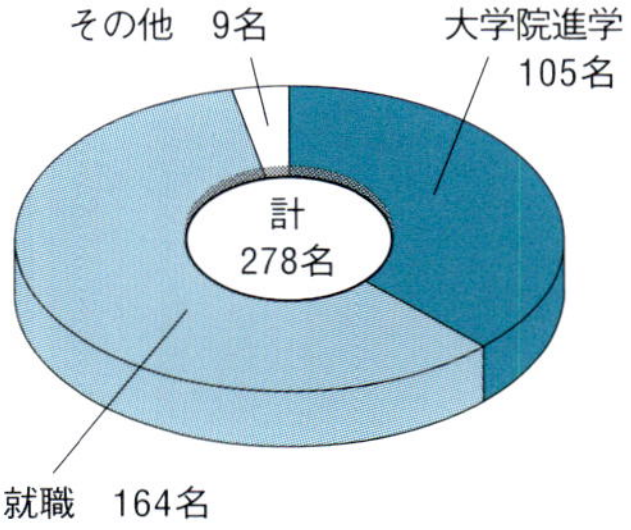

主な就職先

2020年度6月現在

建設	鹿島建設㈱、清水建設㈱、大成建設㈱、戸田建設㈱、㈱大林組、㈱竹中工務店
住宅	積水ハウス㈱、住友林業㈱、大和ハウス工業㈱
材料・住宅設備	㈱LIXIL、高砂熱学工業㈱
ディスプレイ	㈱丹青社、㈱乃村工藝社
公務員	独立行政法人都市再生機構
その他	㈱NTTファシリティーズ　ほか

05

知っておきたい 進学・就活トピック

留学と大学院進学の現状や、改正建築士法について

CHECK POINT

新型コロナウイルスの影響により留学が難しくなっているほか、公務員就職が人気になりそうな見込みです。大学院入試の難化や、大学院のうちに受験できるようになった1級建築士試験についても説明します。

海外留学は厳しい状況

新型コロナウイルスの世界的流行により、日本の外務省は140を超える国や地域に対して渡航中止勧告を発出しています（2020年8月現在）。また、外国側でも外国人の入国を禁止していたり、学生ビザの発給を停止している国があります。留学先の選択肢はゼロではないものの、非常に少なくなっているのが現状です。

そして、もし留学できたとしても新型コロナウイルスが再流行した場合、すべてオンライン授業になったり、帰国を余儀なくされる可能性もあります。そうしたリスクもふまえて留学を検討する必要があります。

大学院の入学定員の厳格化

近年、適切な教育環境を確保するため、そして大都市圏に学生が集中しすぎることを防止するため、大学の入学定員管理が厳格化されています。定員を大幅に超えた人数を入学させた場合、国立大では学生納付金相当額を国庫に返納する必要が生じ、私大では政府からの補助金が減額あるいは不交付になるため、各大学は合格者数を絞っています。そのため、各大学で受験倍率が上がる傾向が見られ、入試が難化しています。定員管理の厳格化は段階的に強化されていて、この傾向は今後も続くものと考えられています。

この制度により、大学院進学も以前と比較して難化しています。

公務員が人気になる？

新型コロナウイルスの影響で2021年卒の就職活動は大波乱となりました。2022年卒に関しても、採用を中止する企業や募集人員を減らす企業などがあり、就職が難化することは必至です。そのような状況下で、採用者数は減少傾向にはあるものの、比較的安定した雇用があり、給与も安定している公務員は

人気となる見込みです。

　建築系の学部学科で学んだ知識を活かして公務員として働きたい場合、国家公務員、都道府県庁職員、政令指定都市職員、特定行政庁・一般市町村職員などの選択肢があります。それぞれ試験があるため、公務員を志望する場合は試験対策が必要です。

改正建築士法が施行

　2020年3月から改正建築士法が施行され、大学の建築学科で指定科目を修めて卒業すれば、直ちに1級建築士を受験できるようになりました。

　今まで受験資格として扱われていた実務経験は、免許を受けるための登録要件へと変わりました。それにより、学部を卒業して就職し、すぐに一級建築士を受験することや、学部を卒業して修士1年のうちに一級建築士を受験することも可能になったのです。

　また、工業高校等で指定科目を修めて卒業すれば、直ちに2級建築士を受験できるようになりました。さらに、2級建築士は実務経験がなくても1級建築士の試験を受験できるようになったことも改正された項目です。

　ほかにも改正建築士法では、建築士資格取得のための実務経験の対象範囲が広がるなどの変更点があります。大学院生にとっては、就職活動までに1級建築士試験に合格するかどうかが大きな分岐点になりそうです。特に、1級建築士の有資格者が少ない企業や団体を目指す場合は、1級建築士試験に合格していることが有利に働く可能性は高そうです。

逆算して学生生活を送ろう

　一方で、スーパーゼネコンや大手組織設計事務所、有名アトリエなどを目指している学生は、設計の成績やコンペなどでの受賞歴が就職活動において重視されている現状も無視できません。自分が目指す企業にあわせて、学生時代にどのような実績を積むべきかを考えていきましょう。

地方学生の働き方を考える

　地方の建築学生の間では、第一希望の地元企業の少ない席が取り合いになっていることもあるようです。このような場合、大都市部の大企業で数年働いてから数年後地元の支店へ異動する、あるいは地元企業に転職するという選択肢をもつことで、キャリアの幅はぐっと広がりますよ。

コラム デザインビルドの隆盛で設計事務所はどうなるの？

デザインビルドとは？

デザインビルドとは文字どおり、デザイン（＝設計）からビルド（＝施工）までのすべてを施工会社が行うこと。設計と施工を一括して発注することは民間工事において当たり前の選択肢となっていますが、設計・施工の分離を原則としてきた公共工事にも導入され始めました。工期の短縮化などを理由に、復旧・復興事業や2020年のオリンピック競技施設建設にデザインビルドが採用されるようになってきたのです。この「設計事務所抜き」の流れによって、設計事務所の存在価値、もしくは職能そのものが今、問われています。

そのメリット・デメリットは？

では工期の短縮化（設計時から施工の準備ができる）以外にデザインビルドにはどのようなメリットがあるのでしょうか？　技術研究所を持つ大手ゼネコンは設計事務所よりも多くの新技術を開発しており、デザインビルドによって、その技術力を生かした設計ができるようになります。コストや工期について早い段階で確定できるのも利点といえるでしょう。

反対にデメリットとしては、これまで設計事務所が果たしていた「発注者の立場に立ったチェック機能」がなくなること。受注者によるチェックしかないため、工事の途中段階での見直しや調整が安易に行われやすい、見直しにおいてもコスト調整が利きにくくなるなどの問題点が考えられます。

以上のように、デザインビルドに問題がないわけではないのですが、今後この方式が増えることは避けられそうもありません。事実、設計事務所は、施工についての知識やコスト把握力という点で施工会社に劣りますし、チェック機能としての役割（高度な施工技術に対して適切な監理ができるか）を十分に果たせるのか疑問が残ります。設計力では負けないと言っても、独創性の高い「唯一無二」のデザインは別として、大きな差はなさそうです。

設計者に求められるこれからの職能とは？

近い将来に設計事務所という形態が消えてしまうのかと言えば、そうではないと断言できます。発注者の複雑で詳細な要望をまとめ上げる能力や、さまざまな利害関係者を調整しつつプロジェクトを遂行するコーディネータとしての能力などは、設計事務所がこれまで積み上げてきたものです。そしてこの能力は今後も必要とされるでしょう。ただし、設計事務所が頂点でその下に施工者という上下関係は、今後、変わってしまうかもしれません。

part

1

P020-166

建築・建設業界を知る

01

設計事務所って何？

何ができるの？

必要な資格は？

独立に必要な条件は？

CHECK POINT

設計事務所って何？

どんな仕事ができるの？

建築家との違いは？

どんな資格が必要……？

設計事務所に関する、さまざまな素朴な疑問にお答えしましょう。そして気になる独立の条件なども見ていきます。

建築設計事務所とは

建築設計事務所とは、建築主の要望を取り入れ、建築基準法や各種条例をクリアしながら設計を行い、設計通りに施工が行われているかの監理までを行う企業の総称です。建築設計事務所には、建築士資格を持つ専任の管理建築士を必ず常駐させせなくてはなりません。

1級建築士であれば、犬小屋から超高層ビルまでなんでも設計できることになっていますが、実際は所属事務所によって、担当する物件はすみ分けられています。くわしくは後述の項目を見てみてください。

建築家というのは、設計者のなかでも特別な存在とされる人です。日本における定義は明確ではありませんが、建築士の資格制度やJＩＡの登録建築家制度とは別に、建築に何か特別なものを与えられる人とされています。残念ながら自称建築家という人も存在するので、その定義のあいまいさが問題になっています。

必要な資格は？

もちろん、建築士（⇩208頁）資格が必須です。以前は、有名建築家でも建築士免許を持っていない人もいましたし、建築士の名義貸し行為が横行していました。しかし、裁判での判例によれば、たとえ無報酬であっても、名義を貸した建築士は建築主に対して賠償責任を負わなければなりません。建築基準法においても、名義貸し行為に厳しい罰則が規定されました。また、建築士の資格を持たない者が、設計監理を仕事として行うことや、そのような言葉を標榜することも建築士法で禁じられています。ですから、この仕事にかかわるには、建築士資格はなくてはならない資格なのです。

ちなみに建築士の受験資格は2020年から変わり、建築学科を出ればすぐに1級建築士を受験できるようになりました（ただし、免許登録には実務経験が必要)。試験自体は科目・出題範囲・問題数が多く、合格するのは簡単なことではありません。

さらに、設計事務所を開設するには建築士に付与される管理建築士（⇩210頁）資格が必要です。この資格は建築士の資格取得後、設計監理に関する3年間の実務経験（施工管理は含まず）を経た後、講習を受けて与えられます。資格を取得して独立するのは、なかなか難しいことではあります。

いずれにしろ、設計者は建築主の代理人であり、生命や文化に直接かかわるものを設計しているという責任を忘れてはいけません。

独立を志す方へ

独立して仕事を得るためには、カネ（資金力）・コネ（家柄）・学歴が必要条件といわれていました。しかし、いまや雑誌やインターネットのおかげでそのハードルは少し下がってきています。

また、大学や修業時代に見つけたパートナーと事務所を共同設立し、おたがいの足りないところを補うだけでなく、よりよいものをつくろうとするユニット派が増えてきているのも近年の特徴です。結婚相手に助けられている人も多く、面倒見がよく、さっぱりした性格の看護師やエリート会社員を伴侶とされている話もよく聞きます。

もうかっていても、もうかっているよと言う人はいません。たとえ余裕があっても、たいていは厳しいです、大変ですと言うものです。また、夜遅くてつらいとか、建築主に振り回されて大変だと愚痴をこぼす設計者をよく見かけますが、その目の輝きや微笑みを見れば、それ以上の魅力が建築設計にあることが想像できるのではないでしょうか。

設計事務所の未来

『新建築』に掲載されているアトリエだけが建築設計事務所ではありません。本書ではリスト形式で多くの企業を取り上げています。各企業が手掛けた建築を調べる足掛かりにしてもよいでしょう。また、リストではそれぞれの売り上げにまで言及しています。意外な建築設計事務所の、意外な売り上げに驚くかもしれませんね。

さあ、建築学科を選んだころの初心にかえり、あなたに合った建築設計事務所を探してみませんか？

02

組織設計事務所とは、どんなところ？

それぞれに得意分野と個性があり入社難易度が高い建築業界の花形

CHECK POINT

東京や大阪に拠点を置く全国規模の組織設計事務所。華やかな大規模物件を担当できるうえに高待遇で、大手ゼネコン設計部と同様、入社難易度は極めて高いようです。構造・設備部門も内部に抱えています。

組織設計事務所とは？

組織設計事務所とは、東京や大阪を拠点としながら全国主要都市に支店を置き、構造や設備設計部門を内部に抱える設計事務所のこと。その仕事は、原則であった公共建築の設計・施工分離方針により、ゼネコンが担当できないホールや庁舎などの公共中核施設の設計が多く、民間施設では中規模以上の事業系物件が中心です。

担当物件にかかわる利害関係者が多いため、企画力・デザイン力だけでなく交渉力・段取り能力、そして何よりプレゼン能力が重視されます。日建設計などの大きな事務所では、大学院卒でコンペ入選歴がないと書類審査に合格することすら難しいといわれています。また、国内物件の減少をカバーするために積極的に海外展開が始まっています。留学経験や語学力も重視されつつあります。

従業員1人当たりの売り上げは1500万円から2000万円を超え、それに見合った待遇が用意されています。一見同じように見える組織設計事務所ですが、それぞれの会社に作風や得意分野があります。それをしっかり見極め、自分に合った社風の会社を受けましょう。

沿革とその特徴

住友本店臨時建築部が発祥の業界最大手の日建設計や、三菱地所から2001年に分離独立した三菱地所設計は、押し出しの強いデザインが特徴。山下寿郎が創設した山下設計、久米権九郎の久米設計、石本喜久治の石本建築事務所、山口文象のRIAなどの建築家が興した事務所は、それぞれの創設者の意思を受け継ぎながら運営されています。

合理主義的な逓信建築の流れをくみ、NTTの建築と電力部門が分社化して誕生した実直なデザインのNTTファシリティーズ、JR東日本の営繕部門が分社化したJR東日本建築設計事務所。この2社は自社グループ以外の物件比率を高めようとしています。また、リゾート建築に強い観光企画設計社、和風旅館建築が主の石井建築事務所、売り上げのほとんどが医療施設である伊藤喜三郎建築研究所、日立直系の日立建設設計は流通施設設計を中心とするなど、特定の分野に強い事務所もあります。

日本建築界の発展に寄与したレーモンド建築事務所、横河財閥の創設者・横河民輔が興した横河建築設計事務所、分離派の旗手で逓信建築のほか京都タワーを手掛けた山田守建築事務所は、あまり大きな組織とせず、アトリエのような規模を維持したまま事務所が運営されています。

また、市浦健によって創設された市浦建築設計事務所は、市浦ハウジング&プランニングとして共同住宅の計画・設計に関するコンサルタント事務所として発展しています。

アプローチ方法は?

大手組織設計事務所といえど、リクナビなどの学生向け求人サイトに登録されていることはまずありません。各事務所のウェブサイトをまめにチェックするほか、指定校推薦枠を利用したり、教員にコネクションがある場合もあるので、早めに指導教員や先輩方に相談してください。

採用選考は経団連指針と異なり、1月よりエントリーが開始され、3月中には内定が出ます。エントリー時にはA4またはA3で1枚程度の作品サマリーが必要な場合が多く、面接時にはポートフォリオが必要なので、早めに作品をまとめておきましょう。

なお、主要事務所の動向および売上高は毎年9月頃に発売される『日経アーキテクチュア』で特集が組まれています。また、各社の作品は『近代建築』や『建築ジャーナル』、『建築画報』などにまとめられているので、事前にチェックしてください。

組織設計事務所

社名:**㈱日建設計**　http://www.nikken.co.jp/
設立:1950年　**資本金**:4億6000万円
売上高:421億6745万円
従業員数:(単独)1,995人　(連結)2,886人
有資格者数:一級建築士903名　二級建築士119名　技術士142名
初任給:院了278,200円　大卒248,200円
所在地:日本国内17都市　海外13都市
※豊富なデータと高い技術力によりシャープな建築を得意とする。住友本店建築部が起源で業界首位。

社名:**㈱三菱地所設計**　http://www.mj-sekkei.com/
設立:2001年　**資本金**:3億円
売上高:215億5200万円　**従業員数**:699人　**有資格者数**:一級建築士379名
構造一級建築士32名　設備一級建築士34名　建築設備士115名
初任給:(総合職)院了270,000円　大卒240,000円　**採用実績**:(総合職)2014年16名
所在地:東京本店　北海道支店　東北支店　中部支店　関西支店　広島事務所　九州支店
鹿児島事務所　海外２都市
※三菱地所直系の高待遇企業。押し出しの強いデザインでオフィスや商業ビル、ホテル等を設計。

社名:**㈱日本設計**　http://www.nihonsekkei.co.jp/
設立:1967年　**資本金**:1億円
売上高:197億2100万円
従業員数:969人
有資格者数:一級建築士495名
所在地:東京本社　札幌支社　中部支社　関西支社　九州支社　横浜事務所　東北事務所
上海事務所　ハノイ事務所　ジャカルタ事務所
※個人の裁量に委ねられた自由な社風・デザインを特徴とする。山下設計から分離。

社名:**㈱久米設計**　http://www.kumesekkei.co.jp/
創立:1932年　**資本金**:9000万円
売上高:116億1400万円　**従業員数**:650人
有資格者数:一級建築士350名
初任給:院了357,000円　大卒316,000円
所在地:東京本社　札幌支社　東北支社　名古屋支社　大阪支社　九州支社　京都事務所
シンガポール事務所
※環境からハイテックデザインと幅が広い。西洋の合理性と日本建築を融合した久米権九郎が設立。

社名:**㈱山下設計**　http://www.yamashitasekkei.co.jp/
創立・設立:1928年　**資本金**:1億5000万円
売上高:84億3800万円　**従業員数**:449人
有資格者数:一級建築士260名　構造一級建築士26名　設備一級建築士22名　技術士19名
初任給:院了262,200円　大卒247,000円(2019年実績)
所在地:東京本社　(支社)北海道　東北　中部　関西　九州　(事務所)横浜　福島　金沢
広島　四国　ヤンゴン
※実直で遊びのないデザインを好む。霞ヶ関ビルの山下寿郎が設立。

社名:**㈱NTTファシリティーズ**　http://www.ntt-f.co.jp/
設立:1992年　**資本金**:124億円
売上高:2864億円(NTTファシリティーズグループ連結)
従業員数:7,600人(NTTファシリティーズグループ)
有資格者数:一級建築士813名　二級建築士233名　建築設備士183名　技術士70名
初任給:院了239,860円　大卒・高専卒214,870円(2019年東京勤務実績)
採用実績:2019年88名　2018年79名　2017年76名
※逓信建築の流れをくむNTT子会社。建築設計部門のほか、エネルギー事業の設計施工も。

組織設計事務所

社名:㈱**梓設計**　http://www.azusasekkei.co.jp/
創立:1946年　**資本金**:9000万円
売上高:123億5600万円　**従業員数**:625人
有資格者数:一級建築士320名　建築設備士61名　技術士7名
初任給:(過年度実績)院了260,220円　大卒241,228円
所在地:天王洲オフィス　羽田オフィス　中部支社　関西支社　九州支社
(事務所)国内6都市　海外3都市
※空港建築が得意分野。ハイテクをイメージさせる建築が多い。

社名:㈱**石本建築事務所**　http://www.ishimoto.co.jp/
創立:1927年　**設立**:1951年　**資本金**:4000万円
売上高:66億1400万円　**従業員数**:383人
有資格者数:一級建築士209名　構造一級建築士21名　設備一級建築士15名　技術士7名
初任給:院了350,000円　大卒340,000円　**採用実績**:2015年8名　2014年8名
所在地:東京本社　札幌支所　名古屋支所　大阪支所　九州支所　横浜事務所　東北事務所
静岡事務所　広島事務所　沖縄事務所
※表現派の旗手・石本喜久治が設立。その影響からか、彩りのある建築が多い。

社名:㈱**佐藤総合計画**　http://www.axscom.co.jp/
創立:1945年　**資本金**:5000万円
売上高:86億7100万円　**従業員数**:314人
有資格者数:一級建築士201名　構造一級建築士16名　設備一級建築士9名
初任給:院了358,000円　大卒331,600円
所在地:東京本社　東北支所　関西支所　九州支所　横浜事務所　中部事務所　沖縄事務所
北京事務所
※庁舎などの公共建築に強み。早稲田大学教授であり建築音響学の先駆者・佐藤武夫が設立。

社名:㈱**大建設計**　http://www.daiken-sekkei.co.jp/
設立:1948年　**資本金**:9900万円
売上高:62億6900万円　**従業員数**:365人　**有資格者数**:一級建築士162名
初任給:(東京)院了250,400円　大卒230,400円　高専卒210,400円
所在地:本社・東京事務所　本店・大阪事務所　名古屋事務所　九州事務所　札幌事務所
広島事務所　東北事務所　沖縄事務所　北九州支所　京都支所　静岡支所　横浜支所
松山支所　徳島支所　など
※日建設計の前身に勤務していた社員によって設立。大阪を発祥とする組織事務所。

社名:㈱**安井建築設計事務所**　http://www.yasui-archi.co.jp/
創立:1924年　**資本金**:8000万円
売上高:61億400万円　**従業員数**:376人
有資格者数:一級建築士194名
初任給:院了264,000円 大卒240,000円(2019年実績)
所在地:本社・大阪事務所　東京事務所　名古屋事務所　広島事務所　九州事務所
東北ソリューションセンター　台湾事務所
※モダニスト安井武雄により大阪に設立。関西財界からの仕事を手始めに全国へ展開。

社名:㈱**東畑建築事務所**　http://www.tohata.co.jp/
創立:1932年　**資本金**:1億円
売上高:49億1100万円　**従業員数**:344人　**有資格者数**:一級建築士203名
二級建築士21名　建築構造士5名　建築設備士28名　博士(工学)3名　技術士5名
初任給:院了255,000円　大卒238,600円
所在地:本社オフィス(東京・大阪)　名古屋オフィス　九州オフィス　東北支所　横浜支所
京都支所　広島支所
※武田五一の弟子・東畑謙三により大阪に設立。関西の建築業界発展に寄与してきた組織事務所。

組織設計事務所

社名:(株)**アール・アイ・エー** http://www.ria.co.jp/
創立:1934年 **設立**:1975年
資本金:9500万円
売上高:50億300万円
従業員数:217人
初任給:(過年度実績)院了239,000円 大卒225,000円
所在地:東京本社 東北 横浜 名古屋 大阪 神戸 金沢 広島 九州 沖縄 中国
※黒部川第二発電所などで名を馳せたモダニスト山口文象が設立。再開発事業に強み。

社名:(株)**INA新建築研究所** http://www.ina-shinkenchiku.com/
創業:1955年
資本金:5000万円
売上高:39億8100万円
従業員数:270人
所在地:東京本社 東日本支社 西日本支社

※1950〜60年代、意欲的な住宅設計により雑誌「新建築」の常連だった。個人名より組織名で動く。

社名:(株)**伊藤喜三郎建築研究所** http://www.k-ito.jp/
創立:1952年
資本金:4000万円
売上高:17億6000万円
従業員数:130人
有資格者数:一級建築士67名 技術者120名
所在地:東京本社 仙台支店 大阪支店 九州支店
※成長分野である病院建築に特化した組織事務所。現在は三菱地所設計グループ。

社名:(株)**日総建** http://www.nissoken.co.jp/
創立:1963年
資本金:1億円
売上高:15億8000万円(2019年)
従業員数:110人 **有資格者数**:技術者83名
所在地:東京本社 東北事務所 横浜事務所 中部事務所 大阪事務所 広島事務所 九州事務所
※通信建築、NTTの流れをくむ合理主義の組織設計事務所。現代表もNTT出身。

社名:(株)**横河建築設計事務所** http://www.yae.co.jp/
創立:1903年
資本金:1260万円
売上高:18億8000万円
従業員数:108人 **有資格者数**:一級建築士53名
所在地:東京本社 横浜 静岡 札幌事務所 東北事務所 名古屋事務所 大阪事務所 福岡事務所
※横川財閥の創設者、横川民輔によって設立された老舗組織設計事務所。

社名:(株)**JR東日本建築設計事務所** http://www.jred.co.jp/
設立:1989年
資本金:5000万円
売上高:110億6400万円
従業員数:667人 **有資格者数**:一級建築士340名
初任給:高専卒181,375円 大卒207,020円 院了226,340円
所在地:東京本社 東北事務所 上信越事務所
※JR東日本の設計部門が独立。JR関連施設を中心に設計活動を行う。

組織設計事務所

社名：**プランテックグループ**　http://www.plantec-associates.co.jp
創立：1985年　**資本金**：4億7735万円
売上高：74億円（2018年3月期）　**従業員数**：364人（2019年12月現在）
初任給：230,000円
採用実績：2019年度10名　2018年度10名　2017年度10名　2016年度7名
所在地：東京、大阪、名古屋、仙台、福岡
海外拠点：香港、バンコク（タイ）、ホーチミン（ベトナム）、ハノイ（ベトナム）
※大江匡によって新たな建築設計事務所像を開拓。事業コンサルタントに強みを持つ。

社名：**㈱日立建設設計**　http://www.hae.co.jp/
設立：1965年　**資本金**：3億円
売上高：60億9900万円（2018年度）　**従業員数**：295人
有資格者数：一級建築士135名　構造設計一級建築士10名　設備設計一級建築士5名
初任給：大卒・高専（専攻科）卒201,000円　院了223,000円
所在地：東京本社　東日本支社　西日本支社　北日本支店
※日立グループ。生産施設に強みを持つが、公共建築の実績も。

事業企画系

社名：**㈱電通**　http://www.dentsu.co.jp/
創業：1901年　設立1906年　**資本金**：100億円
売上高：（単独）9393億円　（連結）5兆3572億円
従業員数：（単独）6,935人　（連結）62,608人
初任給：240,000円　**平均年収**：1179万円　**従業員平均年齢**：40.7歳
採用実績：2019年140名　2018年145名　2017年145名　2016年144名
※広告代理店首位。事業企画者として多くの都市計画事業に参加。

社名：**㈱博報堂**　http://www.hakuhodo.co.jp/
創業：1895年　**設立**：1924年　**資本金**：358億4800万円
売上高：1兆97億8300万円　**従業員数**：3,870人（契約社員含む）
初任給：大卒・院了　年俸制360万円＋業績賞与＋超過勤務手当
平均年収：1088万円（博報堂DYホールディングス）
採用実績：採用予定100名
※広告代理店2位。大広・読売広告社と博報堂DYグループを組む。

社名：**㈱野村総合研究所**　http://www.nri.co.jp/
設立：1965年　**資本金**：200億6793万円
売上高：（単独）3923億3000万円　（連結）5288億7300万円
従業員数：（単独）6,353人　（連結）12,708人　**初任給**：院了251,500円　大卒221,500円
平均年収：1160万円　**従業員平均年齢**：40.2歳
採用実績：2019年308名　2018年319名　2017年266名　2016年223名
※日本最大手のシンクタンク。各種事業にブレインとして参加。

社名：**㈱三菱総合研究所**　http://www.mri.co.jp/
設立：1970年　**資本金**：63億3624万円
売上高：（単独）320億円　（連結）900億2900万円
従業員数：（単独）930人　（連結）4,011人
初任給：大卒232,000円　院了264,000円　博了305,100円　**平均年収**：976万円
従業員平均年齢：43.2歳　**採用実績**：2019年33名　2018年34名　2017年42名
※三菱グループの共同出資により設立。官公庁の調査・コンサルタント業務に強み。

組織設計事務所
関・空間設計で働く

「人」と「地域」にかけがえのない空間をつくる

東北最大の組織設計事務所の、地域に寄り添う在り方を、取締役設計監理部長の江田さんと、入社3年目（取材当時）の雨宮さんに伺う。

株式会社関・空間設計
江田紳輔氏（左）
取締役設計監理部長
1970年栃木県生まれ。1994年東北大学卒業後、同社入社。一級建築士。

雨宮雅明氏（右）
設計部
1990年山梨県生まれ。2016年東北大学大学院修了後、同社入社。

前身である岡設計の仙台支店が独立・分社化した関・空間設計。地域密着の会社理念〝Spirit Of Place〟（その場に〝かけがえのない建築〟を）を掲げ、その略SOPを会社の愛称としても大切にしている。

学生時代のアルバイトが入社の縁という雨宮さんは、他社でのインターンで、大組織の中ではつくり手の意思が薄まってしまい、アトリエではデザインの個性が強すぎる、と感じることがあった。その点、同社は、社員数が30人程度と程よく、地域性を大切にしたデザインながらも、担当者の〝らしさ〟が垣間見える建築を数多く生み出しており、用途も道の駅や教育施設、火葬場など多岐にわたる点にも魅力を感じた。

採用では互いのミスマッチを減らすため、アルバイトやインターンは大事にする、と江田さん。インターンは年中受け付けており、絶え間なく希望がある。夏期の学生が多い。

現社員数は一人ひとりの声が社内に届きやすいが、若い力がもう少し欲しい。意匠・構造・設備いずれも、設計やモノづくりが好きな人材を求めている。人柄は、素直で人の話をよく聴き、物事を俯瞰的に見られる人。そこから先は、入社後に育てる。

入社すぐは企画のプレゼンに参加し、その後プロジェクトリーダー（以下PL）の下で基本設計・実施設計・現場監理と、一貫して仕事に携わり実践で学ぶ。現場でわからないことは持ち帰ってPLと相談するが、はじめのうちは何がわからないのかすらわからず問題にぶつかることも。雨宮さんはその都度、積極的に色々な人に訊いて多角的なアドバイスを受け、今ようやく足りない点に気づけるようになったそうだ。

自分で判断できるようになると、選択の幅が広がり楽しくなった。一方で現場では「このコンクリートを打設したら、もう戻れない」と、プレッシャーに苛まれることもある。苦労した分、得るものが大きいのも、この仕事の魅力だ。最近では、杉板模様のコンクリート壁を施工した際、大勢の人が携わり、昔ながらの手法も駆使して丁寧に仕上げていく瞬間に、感動を覚えた。

PLになるには、さらに数年の経験を積む必要がある。若手に大きなプロジェクトを経験させたい気持ちもあるが、まずは1000〜2000平米、背伸びすればできるくらいのプロジェクトに参加して、歯車にならず自ら考え、課題を乗り越えていくのがよいと、江田さんたちは考える。

ルールや職場環境などの課題は、〝カイゼンチーム〟で話し合う。日常業務に流されがちな問題点はここで洗い出して共有する。会社の課題も個人の悩みも、社員同士で助けあい、乗り越えていけるのも、「みんなが幸せになる場所」をつくる同社だからこその社風といえよう。

また、変わった研修制度がある。毎年、仕事をやりくりして1〜2週間の時間をつくり、国内外の好きな場所へ行って来ること。建築と関係なくても、提出した目的が認可されれば支援金が出る。「内にこもるな、外と繋がれ」という社長からの激励だ。

東日本大震災後は、復興事業が主体。行政の依頼を受け、移転統合する小中学校校舎の設計も行った。現在は、オフィスビルや集合住宅、ディーラーといった、民間の割合が増えてきている。社員一同があらゆる知見を広め、関・空間設計は、人や地域と、ずっと一緒に考え続ける。

03

アトリエ設計事務所には魅力がいっぱい

7つの系譜に分けて実態を解説

CHECK POINT

「三度の飯より設計が好き」といった人が志望するといわれているアトリエ。ここでは、それらを7つの系譜に分けて紹介します。流行に流されず、自分に合ったアトリエを見つけてください。

系譜紹介の前に

建築学生の憧れでもある、建築雑誌の常連、建築家のアトリエ。長時間労働を気にせず、作品制作に没頭する場でもあります。大学院卒でも給料は十数万円、場合によっては数万円ということもあり、とても都内では生活していけないはず。だから、霞を食って生きているといわれていますが、実は建築家本人も所員も、実家が裕福な場合が多く、好きなことができるのだから待遇など気にしないというのが現実のようです。

アトリエとひとくくりにされがちですが、系譜によって待遇やその後の身の振り方が大きく変わります。優秀な建築家を輩出する系譜には、それ相応の方法論や技術があります。志望するつもりなら、自分を見極め、適切なアトリエを選びましょう。

なお、独立を志してアトリエに進む人が多いと思いますが、独立後のリスクや所属アトリエで扱う物件の面白さ、規模を考えると、師のもとに番頭やチーフスタッフとして留まることが得策な場合もあります。

表立っての募集はなくても、定期的な採用は必ずあります。大学・大学院在籍時にオープンデスクに参加し、事務所とコンタクトできる状態をつくっておきましょう。

また、ただでさえ大変な建築設計業務ですから、そこに人間関係が入るとさらに大変です。作品性だけではなく、事務所の雰囲気も確かめてから入所するようにしましょう。

しみじみ住宅系

民家を基調とし、たくさんの仕掛けを住宅に組み込んだ吉村順三。パッシブソーラーを実践した奥村昭雄。時間をも考慮に入れ、慎ましく上質な木の家をつくり続けた益子義弘と永田昌民。かつて東京芸術大学で、肌に触れる感触を大切にし、木の住まいを設計職人としてつくっていこうとした人々がこの系譜の礎です。

彼らの流れをくむ者として、宮脇檀、中村好文、泉幸甫、伊礼智、堀部安嗣を挙げておきましょう。

近年、東京芸術大学はアート志向が強くなり、活動の場は宮脇が立ち上げた日本大学の生産工学部建築工学科居住空間デザインコースに移りました。作品を発表する雑誌も『新建築』から『住宅建築』や『住む。』に移行しています。

この系譜は、建築設計者だけに思想や技術を継承するのではなく、奥村のように構法を一般化して普及させたり（OMソーラー）、伊礼のようにディテールを標準化し工務店の技術力向上に寄与する動きも見られるため、デザインビルドを標榜する工務店にとても人気があります。

彼らが行ってきた設計は、目新しさがないようにも思えますが、よく見ていくと少しずつ変化しています。そのスピードが遅いため、学生には気づきにくいものですが、年齢を重ねれば重ねるほど、その普遍性に魅かれるものです。住宅を主とする建築家は、施主との年齢が離れてしまうと極端に仕事が減ります。しかしこの系譜は、その目安となる40代以降も年輩層から仕事が舞い込み、住宅作家として良質な住まいをつくり続けられる傾向にあります。

手書きで味のある線が描ける人、自然と戯れる趣味人、職人のようなこだわりを持つ人に適する系譜です。

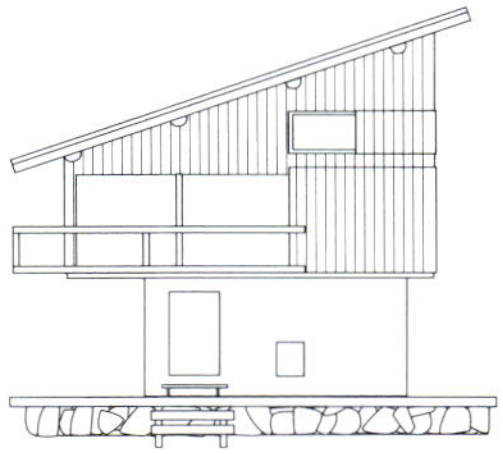

メインストリーム系

辰野金吾から丹下健三、磯崎新、黒川紀章、隈研吾、青木淳などを輩出してきた、建築のメインストリームといえる系譜です。社会や建築・美術史の流れをしっかり理解したうえで、自らが何を目指すべきかを考え、建築家のあるべき姿を示してきました。同時に東京大学の人脈を生かし、国家的な建築をつくり続けてきた系譜でもあります。

この系譜は物件規模が大きいため、設計料を所員に還元することが可能です。なかには完全週休2日制をとり、残業手当が出るなど、アトリエとは思えない組織的な事務所も存在します。

東京大学が国家の重責を背負わなくなり、中央の政治家の特命により建築をつくらなくなった現在では、活躍の場を地方の中核施設や海外に展開させています。丹下都市建築設計のように、モニュメンタリティとデザイン性を持ちつつ高層ビルにも対応できる事務所や、大江匡が創業したプランテックのように、受け身型の産業構造を脱し、企業コンサルタントという立場で設計事務所の新たな価値をつくり出す事務所、アルコムのように土木系コンサルタントと合併する事務所も現れています。

このように、アトリエからアトリエ的組織、さらに大手組織事務所へと発展する可能性もあります。東大出身者はトップを狙って、そうでない人は良質な都市をつくるために貢献できる場所といえるでしょう。

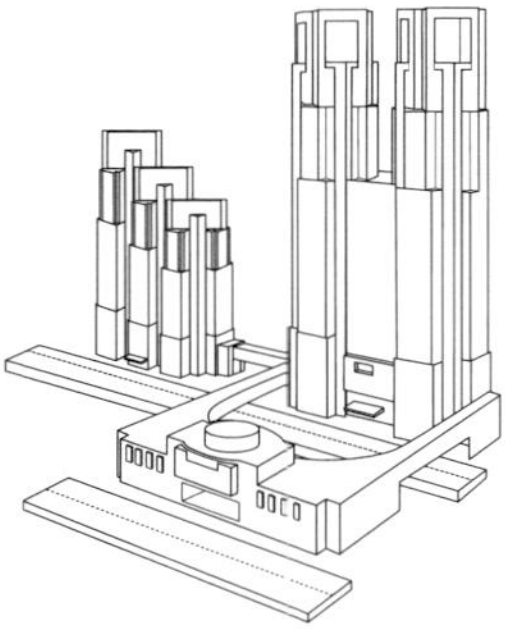

土着・在野系

早稲田大学で教鞭を執っていた吉坂隆正を師と仰ぎ、Ｔｅａｍ ＺＯ・象設計集団を輩出した早稲田大学に根付いていた系譜です。在野を掲げ、それぞれの地方に伝わる形態や素材を使った土着的な空気の濃い建築を提唱。ポストモダンを地域主義的な観点から先導しました。

給料がほとんどなくても、建築を志す学生を引きつけてきたこの系譜ですが、時代がクールになり、早稲田大学も在野より組織志向になったため、途絶えてしまう寸前です。

アヴァンギャルド系

「か・かた・かたち」の3段論法を唱え、地上から分離されたような建築をつくり続けたメタボリスト・菊竹清訓。消費社会を肯定し、建築から重さを取り払ってきた伊東豊雄。モダニズムをシフトし、建築と環境の関係もシフトさせた妹島和世と西沢立衛。巨大なアルミの風船、ワイヤーによるラーメン構造など、実現不可能と思われるようなことを成立させてきた石上純也。このように、既存の建築概念を覆すような、アヴァンギャルドな建築をつくってきた系譜です。右に挙げた以外にも、建築家の枠を超えて活動した大江匡、建築が不健康な時代に健康な建築を唱えた内井昭蔵など、菊竹は多数の建築家を育ててきました。

ここでは、ボスのアイデアだけにこだわるのではなく、所員にも積極的に意見を求め、それを昇華させていくスタイルで設計が進められます。1時間に60個のアイデアを思いつく発想力と、徹夜も辞さない粘りが必要になります。人海戦術でスタディを繰り返し、「新しい建築のかたち」を追究していくので、建築学生が最も理解しやすいモノのつくり方をしているといえるでしょう。

最近は、東京芸術大学が主な人材の供給源のようですが、学歴の幅は広く、才能と根性のある人間に門戸が開かれています。ただし、新しいことを行うにはリスクがあり、それは最終的に建築家自らが負わなくてはならないもの。高い技術を持つ施工者とよいかたちで協働しないと、非常に危険を伴うものであるということを、心に留めておいてください。

東工大アカデミズム

東工大は谷口吉郎、清家清など多数の建築家が教鞭を執っていましたが、系譜としてその思想が息づいているのは、篠原一男、坂本一成、塚本由晴、長谷川豪への流れでしょう。彼らは、学部のころから連名で論文を書き続け、工学部という枠のなかで建築意匠論を成立させつつ、それを作品に反映させてきました。独特の形態に魅かれ、表層を模写してしまいがちですが、実は形態を導き出すための深い思想が大切なのです。東工大で教育を受けた者以外がその本質を理解することは、難しいかもしれません。

篠原は、抽象的でありながらも巨大で明確なかたちをまとう、象徴的な建築をつくってきました。それに対し坂本は、象徴性を避け、分節を行い、小さなスケールで、明確なかたちを示さず、日常的でありながらも非日常性を感じさせるような複雑な建築をつくってきました。これはロバート・ヴェンチューリが『建築の多様性と対立性』を著したころの、モダニズムに対する態度と似ています。ヴェンチューリはラスベガスのフィールドワークを通じて『ラスベガス』を著しましたが、これは坂本の研究を発端に、塚本が「東京」という現代都市をリサーチした『ペット・アーキテクチャー・ガイドブック』『メイド・イン・トーキョー』に強い影響を与えているといえるでしょう。塚本は「東京」を肯定的にとらえ、建築形態などを類型化し、そのスケールを自作に取り入れています。そして長谷川は、象徴性と複雑性の狭間で揺れ動きつつ、自分の目指す道を模索しているようです。

このように、アカデミズムと強く結び付く一方、俗世間とは距離があり、施主は熱心な支持者や同僚・親戚・友人に限られている感があります。また、公共建築などの都市的なスケールにかかわる機会に恵まれにくい系譜でもあるようです。ですから、東工大出身者が研究を行いながら実務を学び実践する場としては、とくにおすすめの系譜といえます。

海外留学組

槇文彦、谷口吉生、新居千秋、阿部仁史、横内敏人、手塚貴晴・由比夫妻など、最近グッと増えている系譜です。海外有名アトリエや大学院を経て日本に凱旋帰国。海外のデザインメソッドをそのまま実現する人や、逆に日本的なものに回帰する人、それぞれのよいところを取り入れて設計に生かす人と、さまざまな姿を見せています。

また、日本人建築家が海外で活躍する機会が増え、現地で担当した所員がそのまま独立するかたちで、中国や台湾に拠点を構える建築家も出てきています。組織事務所がタイやベトナムに進出しているように、今後アジア各地、そして世界へと活躍の場が広がっていくことでしょう。

いずれにしても、業務に耐えうる語学力は必須です。ただし、海外の建築系大学院の受け入れはポートフォリオや推薦状を重視するため、他学科ほど語学力は求められません。留学前は語学がまったくダメだった建築家も多数います。他言語の環境に置かれれば半年で言葉が聞こえるようになり、1年も経てば話せるようになるといわれています。まずは留学からチャレンジしてみましょう。

海外留学組の事務所にいれば、留学に関する情報も十分得られるでしょうし、推薦状にも説得力があります。留学を志す人がアルバイトを行うのに最適です。また今後、仮に日本の建築家界が傾いたとしても、海外で仕事を得られるという、チャンスのある系譜ともいえます。

広島ミニマル派など地方組

　戦前・戦後にわたる長い間、広島に著名な建築家はいませんでした。しかし、柔らかく薄いコンクリートの住まいをつくる村上徹や、アルキテクトニカに学び白いモダニズムを実践する小川晋一が先駆者となり、空気の流れをとらえる三分一博志、人を魅きつける谷尻誠などが続いたことで、広島県は実に多くの建築家が集中する地域となりました。学歴や修業場所に一定の傾向があるわけではありませんが、環境を考慮した、ミニマルで抑制された建築が多数存在しています。広島には、もともとそのようなデザインを受け入れる気質があり、瀬戸内海の温暖な気候が後押ししたのかもしれません。

　広島の建築家たちは、花見のシーズンと年末に集まり酒を酌み交わします。その数50人以上。集まりを機会に打ち解け、完成した作品を先輩建築家に見てもらって意見を交換するとともに、施工者の情報共有を行い、作品の質の向上に努めてきました。技術をもった施工者が増えたことで、若手建築家のつたない図面でも、しっかりしたディテールで施工が可能になっていることでしょう。

　広島では、都内や大阪に拠を構える建築家が設計する住宅をよく目にします。また、環境に対する明確な回答が見える厳島神社、軸線が強調された丹下健三の広島平和記念資料館、そのほかたくさんの県外建築家の公共建築も点在します。それらも相乗効果を生み、このような特殊な地域が形成されたのでしょう。

　金沢では金沢21世紀美術館の開館をきっかけに新しいネットワークが誕生し、群馬では主要公共施設がコンペで建つようになりました。福岡でもデザインネットワークが始動するなど、それぞれの地域で建築の明るい未来を感じるような動きが見られるようになってきています。

　すべての地域が広島のようになってほしい。それを担うのは皆さんです。そういう思いで最後に広島ミニマル派を取り上げました。

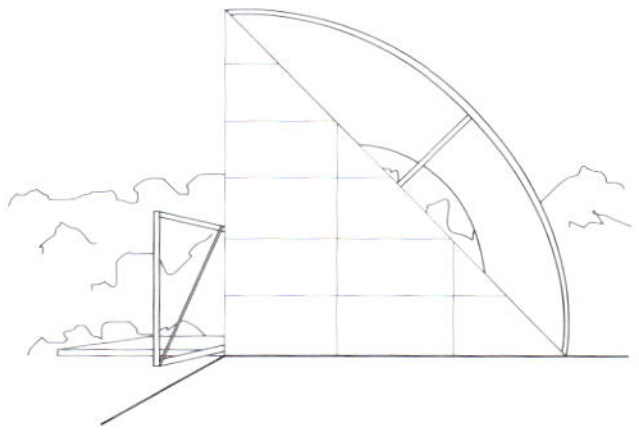

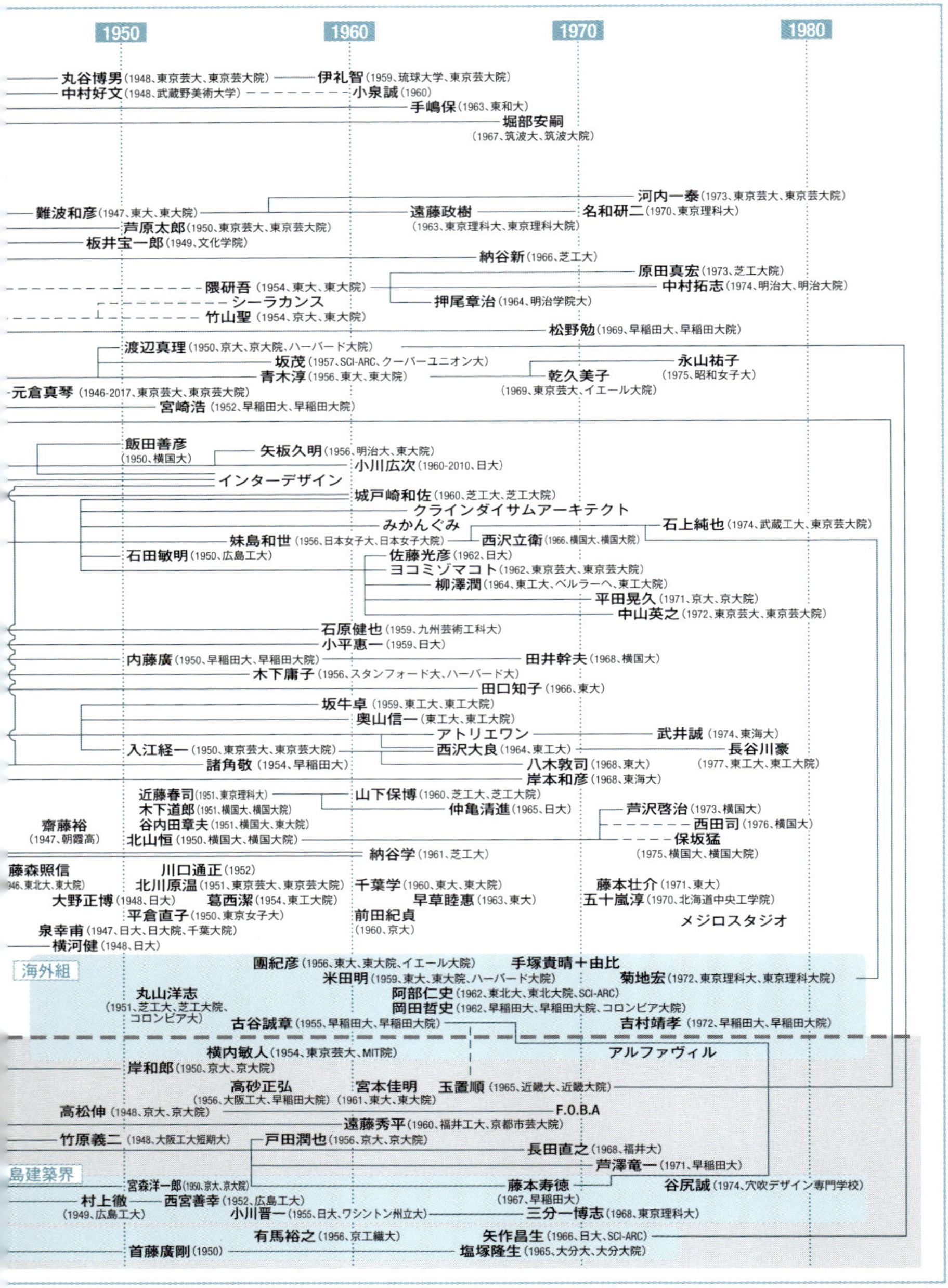
1950
1960
1970
1980
丸谷博男(1948、東京芸大、東京芸大院)
伊礼智(1959、琉球大学、東京芸大院)
中村好文(1948、武蔵野美術大学)
小泉誠(1960)
手嶋保(1963、東和大)
堀部安嗣(1967、筑波大、筑波大院)
河内一泰(1973、東京芸大、東京芸大院)
難波和彦(1947、東大、東大院)
遠藤政樹(1963、東京理科大、東京理科大院)
名和研二(1970、東京理科大)
芦原太郎(1950、東京芸大、東京芸大院)
板井宝一郎(1949、文化学院)
納谷新(1966、芝工大)
原田真宏(1973、芝工大院)
隈研吾(1954、東大、東大院)
中村拓志(1974、明治大、明治大院)
シーラカンス
押尾章治(1964、明治学院大)
竹山聖(1954、京大、東大院)
松野勉(1969、早稲田大、早稲田大院)
渡辺真理(1950、京大、京大院、ハーバード大院)
坂茂(1957、SCI-ARC、クーパーユニオン大)
永山祐子(1975、昭和女子大)
青木淳(1956、東大、東大院)
乾久美子(1969、東京芸大、イエール大院)
元倉真琴(1946-2017、東京芸大、東京芸大院)
宮崎浩(1952、早稲田大、早稲田大院)
飯田善彦(1950、横国大)
矢板久明(1956、明治大、東大院)
小川広次(1960-2010、日大)
インターデザイン
城戸崎和佐(1960、芝工大、芝工大院)
クラインダイサムアーキテクト
みかんぐみ
石上純也(1974、武蔵工大、東京芸大院)
妹島和世(1956、日本女子大、日本女子大院)
西沢立衛(1966、横国大、横国大院)
石田敏明(1950、広島工大)
佐藤光彦(1962、日大)
ヨコミゾマコト(1962、東京芸大、東京芸大院)
柳澤潤(1964、東工大、ベルラーヘ、東工大院)
平田晃久(1971、京大、京大院)
中山英之(1972、東京芸大、東京芸大院)
石原健也(1959、九州芸術工科大)
小平惠一(1959、日大)
内藤廣(1950、早稲田大、早稲田大院)
田井幹夫(1968、横国大)
木下庸子(1956、スタンフォード大、ハーバード大)
田口知子(1966、東大)
坂牛卓(1959、東工大、東工大院)
奥山信一(東工大、東工大院)
アトリエワン
武井誠(1974、東海大)
入江経一(1950、東京芸大、東京芸大院)
西沢大良(1964、東工大)
長谷川豪(1977、東工大、東工大院)
諸角敬(1954、早稲田大)
八木敦司(1968、東大)
岸本和彦(1968、東海大)
近藤春司(1951、東京理科大)
山下保博(1960、芝工大、芝工大院)
木下道郎(1951、横国大、横国大院)
仲亀清進(1965、日大)
芦沢啓治(1973、横国大)
齋藤裕(1947、朝霞高)
谷内田章夫(1951、横国大、東大院)
西田司(1976、横国大)
北山恒(1950、横国大、横国大院)
保坂猛(1975、横国大、横国大院)
納谷学(1961、芝工大)
藤森照信(946、東北大、東大院)
川口通正(1952)
北川原温(1951、東京芸大、東京芸大院)
千葉学(1960、東大、東大院)
藤本壮介(1971、東大)
大野正博(1948、日大)
葛西潔(1954、東工大院)
早草睦惠(1963、東大)
五十嵐淳(1970、北海道中央工学院)
平倉直子(1950、東京女子大)
前田紀貞(1960、京大)
メジロスタジオ
泉幸甫(1947、日大、日大院、千葉大院)
横河健(1948、日大)
海外組
團紀彦(1956、東大、東大院、イエール大院)
手塚貴晴＋由比
米田明(1959、東大、東大院、ハーバード大院)
菊地宏(1972、東京理科大、東京理科大院)
丸山洋志(1951、芝工大、芝工大院、コロンビア大)
阿部仁史(1962、東北大、東北大院、SCI-ARC)
岡田哲史(1962、早稲田大、早稲田大院、コロンビア大院)
古谷誠章(1955、早稲田大、早稲田大院)
吉村靖孝(1972、早稲田大、早稲田大院)
横内敏人(1954、東京芸大、MIT院)
アルファヴィル
岸和郎(1950、京大、京大院)
高砂正弘(1956、大阪工大、早稲田大院)
宮本佳明(1961、東大、東大院)
玉置順(1965、近畿大、近畿大院)
高松伸(1948、京大、京大院)
F.O.B.A
遠藤秀平(1960、福井工大、京都市芸大院)
竹原義二(1948、大阪工大短期大)
戸田潤也(1956、京大、京大院)
長田直之(1968、福井大)
芦澤竜一(1971、早稲田大)
島建築界
宮森洋一郎(1950、京大、京大院)
谷尻誠(1974、穴吹デザイン専門学校)
藤本寿徳(1967、早稲田大)
村上徹(1949、広島工大)
西宮善幸(1952、広島工大)
小川晋一(1955、日大、ワシントン州立大)
三分一博志(1968、東京理科大)
有馬裕之(1956、京工繊大)
矢作昌生(1966、日大、SCI-ARC)
首藤廣剛(1950)
塩塚隆生(1965、大分大、大分大院)

建築家系譜図

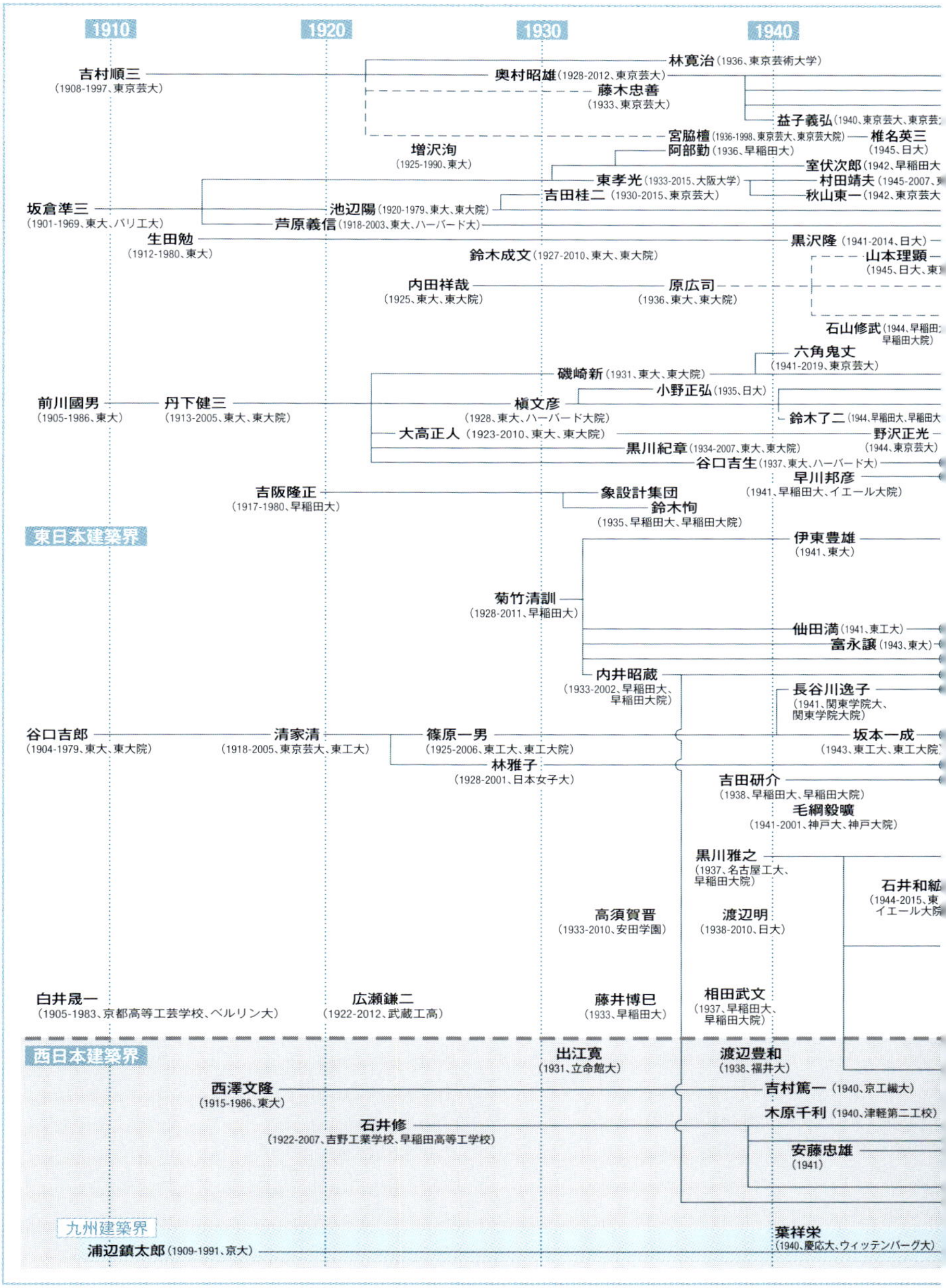

0
part 1
建築・建設業界を知る
2
3

アトリエ設計事務所
佐久間徹設計事務所で働く

形より気持ちよさ、暮らしやすさを大切にした設計を

細やかなコミュニケーションで顧客の思いを感じとり、質実剛健な建物を生み出す代表の佐久間さん、新人（取材当時）の大島さんに伺う。

佐久間徹設計事務所

佐久間 徹氏（左）
代表

1977年東京都生まれ。東京理科大学工学部第一部建築学科卒業後、有限会社アパートメント勤務を経て、2007年に同所を設立。1級建築士、管理建築士。

大島 堅太氏（右）

1992年長野県生まれ。2019年東京工業大学大学院修了後、2019年入所。

吉祥寺に事務所をかまえる佐久間徹設計事務所は、個人住宅、集合住宅、商業ビルなどの設計監理を手がけるアトリエ設計事務所。シンプルで機能的、長く気持ちよく暮らせる建物の設計を得意とする。そんな同所に入所1年目、さわやかな笑顔が印象的な大島さんにお話を伺った。

「大学院時代には、留学も経験しました。当初は自由な発想の建築が好きだったのですが、だんだんと住む人にとって心地よい〝いい〟建築が好きになってきました」

就職活動中に、アーキテクチャーフォトのサイトで同所の求人を見つけ、直感的に「ここがいい！」と応募を決断した。毎日朝9時には出社、夜は9時、10時まで残業という日もあるが、毎日はとても充実しているという。

同所の方針は、新人でも入った瞬間から、できるだけ自分の力で考えてもらうということ。大島さんも入

※https://architecturephoto.net/

所早々に基本設計から任され、今は個人住宅の設計を担当している。

「作業に没頭できるタイプだし、考えることは苦になりません。ただ、施主さんとのコミュニケーションはときに難しいなと思います。言葉の引き出し方とか…。これは冗談なのか？　本気なのか？　と思うときもありますし（笑）」と大島さん。

施主とのコミュニケーションから言葉にできない思いをも感じとって設計に生かすことを大切にしたい、と話すのは代表の佐久間さんだ。

「実際、打合せの半分以上は世間話ですしね。まずは雑談を通して設計者の人となりを信用してもらえるように努力して、そこからだんだんと施主さんのニーズを引き出していく。幸い大島君は今のところいい施主さんにあたっていて（笑）、いいコミュニケーションが図れています」

大島さんは、現在、軽井沢の宿泊施設の設計も担当。スタッフには、ジャンルが偏らないように、住宅に限らずいろいろな案件を担当してもらう、と佐久間さんはいう。同所では、設計スタッフが長く勤められる仕組みを用意しているものの、8年を目安に独立していくことが多いようだ。入所5年目になると仕事量をセーブしてもらい、1級建築士試験の受験対策に時間をあてられるのも、魅力のひとつといえるだろう。

求める人材は、前向きで元気がいい人、そしてコミュニケーション力が高い人。個人の設計事務所だと、どうしても手堅くロスなくという方向に流れがちだが、チームだと冒険ができる。そこがチームで設計をする強みだ。

取材中、終始にこやかに対応してくれた大島さんは、まさに佐久間さんのお眼鏡にかなう人材だ。冗談も交えながら笑いの絶えない取材に、同所がいかに他者とのコミュニケーションを大事にしているかが実感できた。

佐久間徹設計事務所の作品「豊田町浮石の家」
竣工:2012年12月　用途:個人住宅　構造:木造平屋建て

04

あなたの知らない いわゆる設計事務所

街を歩けば「設計」の看板。その実態とは？

CHECK POINT

学生にとって、雑誌『新建築』こそが建築界。しかし、世の中の99.99%はそのような建築でも、事務所でもありません。この項では、あなたのすぐそばに存在する、一般的な設計事務所について紹介します。

地方組織事務所とは？

地方組織事務所とは、地方に多数存在し、入札・擬似コンペなど手段はともかく、役所の仕事を中心に設計活動を行うことが多い事務所の総称です。

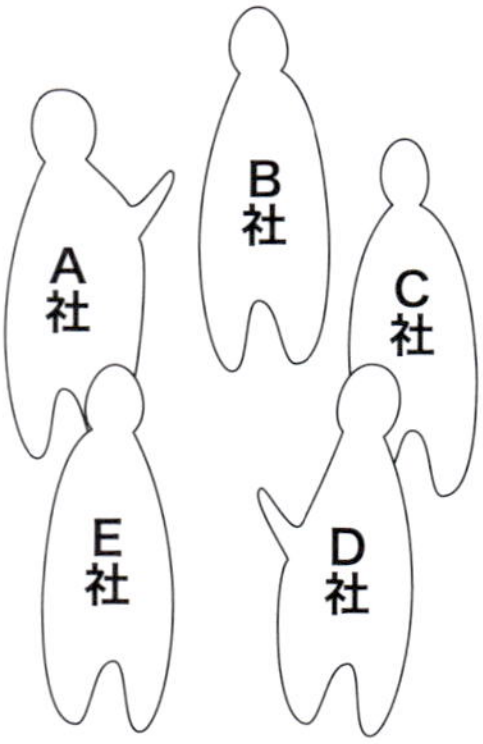

地方の中核施設は、東京の大手組織事務所が担当するので、学校や出先機関などの中規模以下の物件が主な担当。最近は箱モノ行政が敬遠されることもあり、なかなか「順番」がまわってこない代わりに、新耐震基準前に建てられた建築を診断・補強する「耐震改修」が、収入の大きな柱となっています。

民間では、流通・生産施設やスーパー・コンビニなどが主な仕事で、デザインを追求するのではなく、市場経済で必要な建築を設計していく傾向が強いといえます。

しかし、茨城県水戸市の三上建築事務所や山形市の本間設計事務所のように、たびたび『新建築』に登場する良質な事務所も多数存在します。都市部の有名事務所でなくとも、良質な建築をつくることは可能であるというよい例といえましょう。

採用ベースは大学院卒になっていて、プレゼンや設計の基本スキルのほか、組織に対応できるような人柄も求められます。専門学校卒の人でも設計補助、とくにCG作成などで入社できる可能性がありますから、挑戦してみましょう。

1人当たりの売り上げ目標を1000万円に設定している企業が多いので、公務員ほど豊かではありませんが普通の暮らしはできます。チーフクラスになれば、組織人であっても自分の事務所を構えているかのように仕事ができるようになります。

各都道府県の建築士事務所協会名簿を参考に、ウェブサイトを探してみてください。

アトリエ「的」事務所とは？

アトリエ「的」事務所とは、日本建築家協会（JIA）所属の事務所や志を同じくする事務所群が主ですが、規模の小さい個人事務所も含めての総称です。彼らのなかには、『新建築』や『新しい住まいの設計』の常連もいますが、雑誌に取り上げられることのない事務所も多数含まれています。一見、いまひとつにみえるデザインでも、大学時代はトップクラスで有名アトリエで修業していた人も多いのです。

物件としては、民間建築では住宅や医院建築等の中小規模物件が主になり、施主とのつながりで仕事が続いていく傾向があります。それに対して、公共建築は実績が物を言うので、改修や小規模施設までしか行えない事務所もあります。

「もうからない」と口では言うものの、1人でも所員を抱える事務所は1500～1800万円程度の営業収入はあります。また、青年会議所やロータリークラブなどに所属し、人脈づくりをすることも大切な仕事です。酒を飲んだり、地域の行事に積極的に参加するのは、好きだからという理由以外に、そのような背景もあります。また、ゴルフクラブのロビーや高級ホテルのプールで知り合った人から仕事を受注したり、街づくりへの関与が仕事を生んだりもします。いわば彼らは、施主の心をつかむ何かを持っている人たちなのです。堅実な仕事を行い、人柄がよければ、ビジネスとして成功を収めることができるよい例といえます。

学生や所員でいるうちは分かりに

くいものですが、独立した後に仕事が受注できれば、会社勤めでは得られない充実感や自由な時間、前職以上の収入が確保でき、小さな幸せも実感できます。

表立っての募集はしていませんが、JIAや建築家紹介サイトを参考に探してみてください。

代願・検査系事務所とは？

代願・検査系事務所とは、大工さんやハウスメーカーからの図面書きや確認申請代行が主たる業務の事務所をいいます。この事務所群では、プランは30分でつくるもの。3日もかけたら、所長に怒鳴られること必至です。デザインという言葉を発すると、反感を買う恐れすらあります。

手離れのよい仕事が多いので、資金繰りにはゆとりがあり、本来なら所員にもそれ相応の待遇を確保できるはずですが、いまだ「教えてやっているんだ」的な徒弟制度が残る事務所も少なからずあります。低待遇でよければ、未経験者でも入所は可能です。多数の物件をこなすので、申請業務を通して建築関連法規を熟知できるようになるでしょう。

また、各種機関から依頼される住宅の検査の報酬は1件1万円を超え、1日数か所をまわることも可能です。効率的かつ高収入であるため、検査業を主とする事務所も増えています。

検査員として指名されるのは、建築士会などの団体で熱心な活動をしている人が中心。せっかく団体に入会したのであれば、積極的に活動へ参加し、新たな業務分野を確保してもよいのかもしれません。

ウェブサイトを持っている事務所は少ないので、電話帳や建築士会名簿を参考に探してください。

衛星事務所とは？

衛星事務所とは、ゼネコンや組織事務所、友人などから実施設計を請負うことで成り立っている事務所群をいいます。それらと「協働」ということで、基本設計から関与できることもあり、名前を出してもらえることもあります。しかし、多くは、裏方として作業を続けていくことが中心となります。

図面を書くのがうまいだけでは施主の心をとらえることはできず、有名アトリエや組織事務所から独立した優秀な人が、衛星事務所に落ち着いてしまう傾向があります。

その背景として、意外な高収入が挙げられます。また、工事監理業務はほとんどなく法的な責任を取る必要もなく、精神的にも楽なためです。

このようになってしまうのであれば、そのまま所属事務所のチーフとして前事務所にとどまることも、1つの賢い選択といえるでしょう。

若い世代の衛星事務所は、ウェブ

いわゆる設計事務所リスト

地方組織事務所を探すには

日本建築士事務所協会連合会	http://www.njr.or.jp/

良質な建築を作る地方組織事務所

北海道　アトリエブンク	http://www.atelier-bnk.co.jp/
北海道　北海道日建設計	https://www.h-nikken.co.jp/
宮城県　関・空間設計	http://www.sopnet.co.jp/
山形県　本間利雄設計事務所	http://www.thaa.co.jp/
茨城県　三上建築事務所	http://www.mikami-arc.co.jp/
長野県　宮本忠長建築設計事務所	http://www.t-miyamoto.co.jp/
福岡県　志賀設計	http://www.shiga-ae.com/
沖縄県　国建	http://www.kuniken.co.jp/

アトリエ的事務所を探すには

日本建築家協会(JIA)	http://www.jia.or.jp/
JIA登録建築家	http://www.the-japan-institute-of-architects.com
SuMiKa	https://sumika.me/

代願・検査系事務所を探すには

i-タウンページ	https://www.itp.ne.jp/
全日本建築士会	https://www.smile-net.or.jp/

サイトを通して積極的な広報を行おうとします。掲載されている実績が前事務所時代のものであったり、共同設計が多かったり、人数に比較して公開している物件が少なかった場合は、これに該当する可能性が高いといえます。技術的には確かなものを持っている事務所ですが、一番大切なものを経験することができません。大学のOB名簿・インターネットなどで探すことができますが、内容をよく検討してください。

05

設備設計事務所ってどんなところ?

存在価値がますます高まる分野

CHECK POINT

空調設備や電気設備、さらには環境エンジニアとして建築にかかわる職種です。2008年1級建築士の付与資格として設備設計1級建築士が設立され、一定規模以上の建築への関与が義務づけられました。今後も発展が続く分野です。

技術者は不足している

最近の建築は設備の比重が大きいため、設備設計事務所の技術者はとくに不足しています。意匠では書類選考で落とされるような大学でも、大手組織事務所や大手ゼネコンに入社できてしまいます。大学の環境・設備系研究室は空調設備が主で、もう1つの柱である電気設備の技術者は、なり手さえいない状況といわれています。そんななか、2008年、1級建築士の付与資格として設備設計1級建築士（⇩211頁）の制度が始まり、一定規模以上の建築にはその関与が義務付けられたため、より一層技術者が不足しています。

意匠と設備事務所の関係

組織事務所は社内に設備部門を抱え、全社員中10～15％は設備設計の有資格者です。ここに属する技術者は意匠設計者と密にコンタクトを取り、オフィスビルや大規模施設の設備設計を担当することになります。

アトリエ系設計事務所で事業系物件を設計する場合は、独立系の設備設計事務所に依頼します。しかしそれほど物件が多いわけではないので、設備設計事務所は大都市に集中し、数も多くはありません。

住宅を中心とするアトリエ的設計事務所では、設備設計者に依頼することはほとんどありません。設計図書では照明や設備機器を書き込む程度に抑え、エアコンなどの容量設計はメーカーにお願いしてしまいます。本来は配管・配線図が必要ですが、設備業者による施工図をチェックすることで済ませてしまいます。です

独立系の設備設計事務所リスト

総合設備コンサルタント	http://www.socon.co.jp/
総合設備計画	http://www.sogo-co.co.jp/
森村設計	http://www.ptmtokyo.co.jp/
環境エンジニアリング	https://kankyo-e.co.jp/
テーテンス事務所	https://www.tetens.co.jp/
知久設備計画研究所	http://cec.na.coocan.jp/
新日本設備計画	http://www.sceo.co.jp/
産研設計	http://san-ken.co.jp/
ピーエーシー	http://www.pac-tech.co.jp/
蒼設備設計	https://www.sohmec.com/
清和設備設計	http://www.seiwass.co.jp/
経済設備設計	http://www.ks-arch.co.jp/
T・S・G	http://www.kk-tsg.co.jp/
ZO設計室	http://www.zoconeng.co.jp
イーエスアソシエイツ	http://esa.co.jp/
ヤマダマシナリーオフィス	https://www.ymo-gbac.com
科学応用冷暖研究所	webなし

組織事務所はP.24〜を参照のこと。

から、個人住宅を扱っている設備事務所は極めて少ないのです。

将来性は？

建築における設備の比重はこれからもますます高まり、技術者が不足します。さらに、デザイン系設備事務所として差別化も可能です。

たとえば従来は、プログラムや空間といった意匠設計者の思いが建築の形態を決定してきました。しかし、近年は、地球環境への負荷を減らすことが重要視され、エアコンなどの機械設備に頼らずとも快適に暮らせる仕組み、たとえば屋上緑化の効果や空気の動きを算出し、建築の形態を決定するようになってきています。設備・環境設計者がより積極的に意匠設計にかかわっていくことで、一層重要度が増すのです。

06

構造設計事務所ってどんなところ？

構造設計が今注目の的！

CHECK POINT

構造表現主義の時代！　建築の質は構造で決まります。小さな物件でも構造設計者の関与が求められており、構造から積極的に建築設計へかかわることが可能です。構造設計1級建築士の資格を取得すれば、将来的にも安心です。

大学の建築学科に入るためには数学が必要です。ということは、構造が苦手な人も、数学は得意科目だったはず。もと理系の私たちにとって、構造というものは、最も楽しく、力を発揮できる仕事の1つです。

人の生命、とくに建物の安全性に重大な影響を及ぼす構造設計にミスは許されません。きっちり仕事ができなければ、施工者や意匠設計事務所の信頼を失ってしまいます。たとえミスがあったとしても、それが安全側に転がるような運も必要です。

組織事務所では内部に構造設計部門を抱えていますが、独立系事務所としては、後述する「アトリエ」と「普通」の2系統があります。

なお、意匠設計者が法規で定められた簡単な壁量計算方法で構造設計を行う木造2階建のようなものもありますので、構造設計者がかかわる建築は、SRC・RC・S造のほか、木造3階建が主になります。

アトリエ系構造事務所

基本設計の段階から深く設計に関与し、意匠設計の人と一緒にモノをつくり上げる気風があります。近年の建築作品は、構造表現も重視され、構造設計者の力が作品の出来具合に大きな影響を与えています。

物件によりますが、構造設計料は建築設計料の15～30％が目安。総じて高待遇になります。とくに、力の流れをとらえ、新たな発想ができる人材が求められています。

近年では、大学などの各種研究機関とのつながりを密にし、新しい素材の採用、特殊な形状のスタディ、実物大実験を行う設計者も増えています。同時に、構造設計者が大学教員になり、実務的な視点で教育を行っている大学も増えました。

解析技術を駆使し、「この部材が建築を支えているんだ！」と構造を建物前面まで主張する設計者。積極的に架構をデザインする設計者。力の流れを整理し、構造を構造として見せない設計者。RC造において、鉄筋をたくさん使用する設計者。属する系譜によって、思想や手法の違いが見られます。

普通の構造設計事務所

基本設計時にかかわるのは仮定断面程度で、実施設計における構造計算と構造図の作成が主になります。現場監理も行わないことが多いですが、各種検査の時だけ日当制で立ち会う場合もあります。

所員1人の1日当たりの粗利を10万円と設定している事務所もあり、ゆとりのある業態です。構造設計1級建築士（⇩210頁）を取得していれば、新築建築物から耐震改修まで幅広い分野を扱えます。

大切なのは、現場施工に配慮した過不足のない普通の納まりで、正確かつ迅速に、そして普通に処理すること。高い生産性と経済性が求められます。ただし、構造設計一貫ソフトに依存し、単なる入力オペレーターと化している事務所もあるので、事務所見学の際、こっそり設計手法を確認してみましょう。

系譜図とこれから

次項に、主要なアトリエ系構造設計者の系譜をまとめました。建築雑誌では、とくに木村俊彦の流れをくむ設計者が多く取り上げられているようです。また、設計者の学歴にも注目してください。意匠分野と違い、中堅大学も多数の有名構造設計者を輩出しています。

近年では、これまで構造設計者がかかわっていなかった木造2階建の建築についても、施主や意匠事務所からの安全性や構造デザインの相談が増えています。一方、社会の二極化が進み、経済性を重視した構造的合理性の高い建築も求められています。よって、施主が構造事務所に直接依頼してくることもあります。

もともと構造設計者が不足していたところに、構造設計審査の厳格化、専門家によるピアチェック制度、構造設計1級建築士制度の設立、前述した社会的な要望が加わり、さらに需要が増えています。

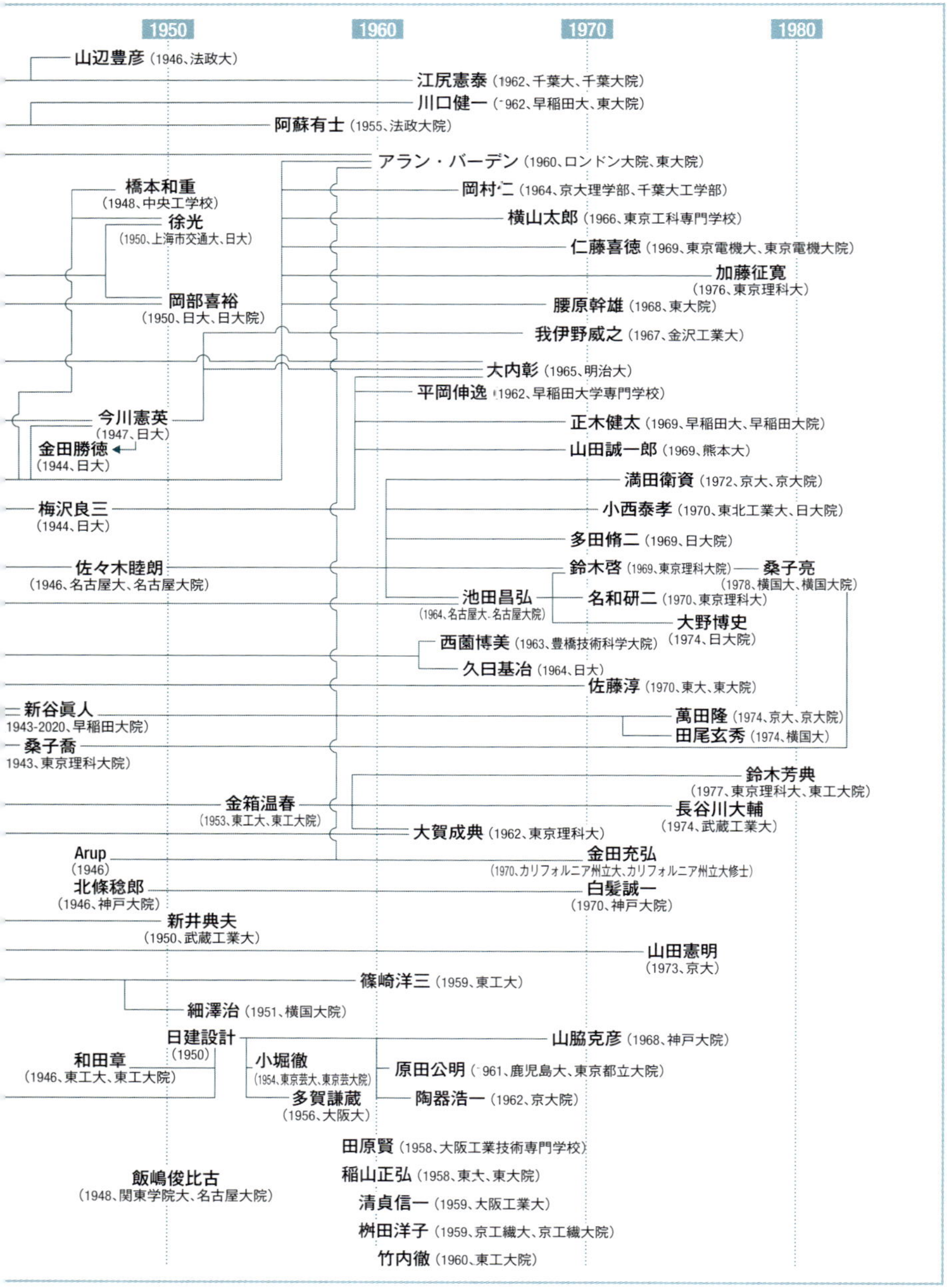
1950
1960
1970
1980
山辺豊彦（1946、法政大）
江尻憲泰（1962、千葉大、千葉大院）
川口健一（1962、早稲田大、東大院）
阿蘇有士（1955、法政大院）
アラン・バーデン（1960、ロンドン大院、東大院）
橋本和重（1948、中央工学校）
岡村仁（1964、京大理学部、千葉大工学部）
徐光（1950、上海市交通大、日大）
横山太郎（1966、東京工科専門学校）
仁藤喜徳（1969、東京電機大、東京電機大院）
加藤征寛（1976、東京理科大）
岡部喜裕（1950、日大、日大院）
腰原幹雄（1968、東大院）
我伊野威之（1967、金沢工業大）
大内彰（1965、明治大）
平岡伸逸（1962、早稲田大学専門学校）
今川憲英（1947、日大）
正木健太（1969、早稲田大、早稲田大院）
金田勝徳（1944、日大）
山田誠一郎（1969、熊本大）
満田衛資（1972、京大、京大院）
梅沢良三（1944、日大）
小西泰孝（1970、東北工業大、日大院）
多田脩二（1969、日大院）
佐々木睦朗（1946、名古屋大、名古屋大院）
鈴木啓（1969、東京理科大院）
桑子亮（1978、横国大、横国大院）
池田昌弘（1964、名古屋大、名古屋大院）
名和研二（1970、東京理科大）
大野博史（1974、日大院）
西薗博美（1963、豊橋技術科学大院）
久日基治（1964、日大）
佐藤淳（1970、東大、東大院）
新谷眞人（1943-2020、早稲田大院）
萬田隆（1974、京大、京大院）
田尾玄秀（1974、横国大）
桑子喬（1943、東京理科大院）
鈴木芳典（1977、東京理科大、東工大院）
金箱温春（1953、東工大、東工大院）
長谷川大輔（1974、武蔵工業大）
大賀成典（1962、東京理科大）
Arup（1946）
金田充弘（1970、カリフォルニア州立大、カリフォルニア州立大修士）
北條稔郎（1946、神戸大院）
白髪誠一（1970、神戸大院）
新井典夫（1950、武蔵工業大）
山田憲明（1973、京大）
篠崎洋三（1959、東工大）
細澤治（1951、横国大院）
日建設計（1950）
山脇克彦（1968、神戸大院）
和田章（1946、東工大、東工大院）
小堀徹（1954、東京芸大、東京芸大院）
原田公明（1961、鹿児島大、東京都立大院）
多賀謙蔵（1956、大阪大）
陶器浩一（1962、京大院）
田原賢（1958、大阪工業技術専門学校）
飯嶋俊比古（1948、関東学院大、名古屋大院）
稲山正弘（1958、東大、東大院）
清貞信一（1959、大阪工業大）
桝田洋子（1959、京工繊大、京工繊大院）
竹内徹（1960、東工大院）

構造設計者系譜図

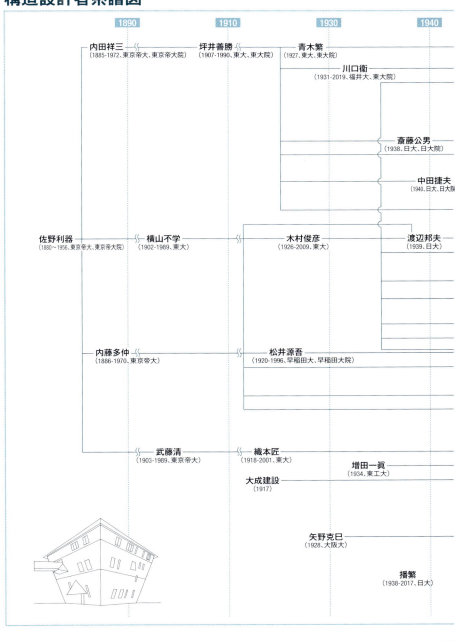

1890 1910 1930 1940

内田祥三
(1885-1972、東京帝大、東京帝大院)

坪井善勝
(1907-1990、東大、東大院)

青木繁
(1927、東大、東大院)

川口衛
(1931-2019、福井大、東大院)

斎藤公男
(1938、日大、日大院)

中田捷夫
(1940、日大、日大院

佐野利器
(1880～1956、東京帝大、東京帝大院)

横山不学
(1902-1989、東大)

木村俊彦
(1926-2009、東大)

渡辺邦夫
(1939、日大)

内藤多仲
(1886-1970、東京帝大)

松井源吾
(1920-1996、早稲田大、早稲田大院)

武藤清
(1903-1989、東京帝大)

織本匠
(1918-2001、東大)

増田一眞
(1934、東工大)

大成建設
(1917)

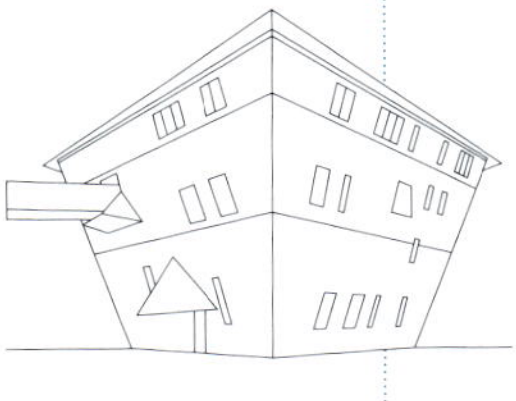

矢野克巳
(1928、大阪大)

播繁
(1938-2017、日大)

07

インテリア業界を知っておこう！

ショップ、オフィス、住居、家具、照明……インテリアデザイナーの活躍の場は多い

CHECK POINT

商業施設やオフィスで力を発揮するインテリアデザイナー。住居のインテリアコーディネーション、家具製作、ショップ店員、照明デザインなど、インテリアにかかわる仕事はたくさんあります！

インテリアデザイナーとは

主に店舗、オフィス、ときには住宅などの、内装すなわちインテリアに関する計画、デザイン、コーディネート、施工を行う職種です。なお、家具や小物はプロダクトデザイナーの領域となります。インテリアデザイナーは設計のみを行うものと、設計施工を一貫して請け負うものの2種類に分けられます。

職業としては自由業に属し、とくに資格がなくともインテリアデザイナーを自称することは可能です。ただし、改修設計は建築士法で認められた範囲、すなわち防火・耐震など、建物の安全性にかかわらない限られた範囲内で行う必要があります。よって、建築士法に定められた範囲を理解するためにも、2級建築士を取得しておくことをおすすめします。

どのような資格があるか

先に述べたように、特別な資格は必要としませんが、少なくとも2級建築士の資格を持ち、建築事務所登録をしておくことが理想です。また、インテリアを扱うだけでも、一式1500万円を超える工事を請け負う場合は、都道府県知事による建設業の許可が必要です。

インテリアに限定した場合、最も認知度が高い資格は厚生労働省管轄の公益法人によるインテリアコーディネーター試験（⇩226頁）ですが、同じような内容で国土交通省管轄の公益法人によるインテリアプランナー試験、その他、商業施設士やキッチンスペシャリストなど、多数の民間資格があります。

いずれも有資格者だからこそできる業務といったものはなく、それぞれの分野の知識があることを示すものといえるでしょう。

商業施設デザインはセンスが大切

商業施設分野では、小難しい理論やプログラムを唱えるより、直感とセンスで素早くモノを生み出せることが大切です。また、そのモノが人を呼び込むような魅力をもっていなくてはなりません。商業施設の平均寿命は7年。とくに流行に敏感であることが必要です。一方、耐久性に縛られないので、建築よりもはるかに繊細な表現が可能になります。この分野では桑沢デザイン研究所をはじめとする専門学校や、武蔵野美術大学など美術系大学の出身者が大活躍しています。

　インテリアデザインの歴史は比較的浅く、ゲイの感覚的セレクションから発展したと話す方もいらっしゃいますが、歴史的な研究はほとんど行われていません。日本の第一世代の代表は、三愛宣伝課を経て1965年に独立した倉俣史郎。つい50年前のことです。彼の活躍もあってその職能が認められ、バブル期には潤沢な予算をもって、さまざまな実験的試みが行われました。

　しかし、バブル崩壊とともに、既製の小物や家具を置くだけで売り場を構成するスタイルデザインが増えたことに加え、資格はないけれどもセンスのよい店主によるセルフビルドリメイクが台頭したこともあり、インテリア業界は冬の時代になりつつあります。また、青木淳建築計画事務所出身の若手建築家を中心に、新築にかかわりにくくなった建築家が、インテリアデザイン界に進出するようになりました。

住宅系はコーディネーション

　高級マンション等では、組織事務所のインテリア担当者が中心となって、デザインやコーディネーションを行います。また、三井ホームなどでは、内部や外部にインテリアデザイナーを抱え、照明や家具、カーテンなどのコンサルティングを行います。ただし、彼らが関与するのは高級物件。また、商業施設系がプランニングとデザインに携われるのに対し、住居系は既製品をコーディネートすることが中心になります。

　そのほか、リクシルなどのショールームで、キッチンや浴室などの設備選定のアドバイスを行うのもインテリアコーディネーターやキッチンスペシャリストの仕事です。

インテリアデザイン事務所とは

インテリアデザイナーが所属する事務所のこと。多くのインテリアデザイン事務所は設計施工の業態をとり、杉本貴志や内田繁のように、設計（＝デザイン）だけで事務所を運営していくことは極めてまれ。一流のインテリアデザイナーに許された特権といえます。

設計施工を一貫して行うということは、所員は営業マンであり、デザイナーであり、設計者であり、現場監督であり、ときには職人でもあります。業務の中心は、貸テナント内の美容室や飲食店。出店計画から開店までの期間が短く、短期間での完成が求められますし、店舗の営業時間外に施工する場合も多く、夜を徹して現場監理にあたることになります。とはいえ、現場を見ながら考えることができるうえに、職人から直接教えを請うこともできるので、モノのつくり方を理解しやすいのがポイントです。

会社化されている事務所

乃村工藝社や丹青社のように、東証に上場し会社化されているインテリア事務所も多数あります。一般商業施設はもとより、博物館の展示を扱うディスプレイ分野も業務範囲で、内装・展示にかかわる企画から施工までを一手に引き受けてきました。

百貨店のインテリア販売部門から発展した髙島屋スペースクリエイツや三越伊勢丹プロパティ・デザインは、グレードの高い商業施設や文化施設を得意分野とし、母体である百貨店の海外展開に伴い、海外進出も視野に入れ始めています。

なお、採用試験対策としては、しっかりしたお見合い図面やプレゼンセンスを感じさせるような「服の着こなし」も必要でしょう。

インテリア業、家具製作・販売

エクレアのように工務店が母体で商社的な側面を持つキッチン製作会社、カリモクや天童木工のような家具製作会社もありますが、多くのインテリア業、家具製作会社は、クロス職人集団だったり、設計者の図面にもとづき、施工を行う専門工事業者です。

家具販売業は年々大型化しており、製造販売形式をとる会社が増えてきました。そのなかでも特定の傾向を持つ商品を集める店舗、たとえば北欧系のイケア、若者に人気の高い良品計画やフランフラン、高級家具のアクタスは、セレクトショップと呼べるでしょう。また、ニトリや大塚家具、東京インテリアなどは、幅広い顧客層に対応する大手家具店といえます。

家具店での採用の中心は、店頭に立つ販売員。その店舗で扱う家具やグッズに憧れて入社する人が多いですし、衣料品店のようなノルマや自己消費はありませんから、比較的離職率は低いようです。専門的な知識が必要であること、扱う商品や売り場のレイアウトに自分の意見を反映できることなどにやりがいが感じられるでしょう。

一方、取り扱う商品の方針を決めたり、商品製作に関する段取りを行うマーチャンダイザーや、買い付けを行うバイヤーになれるのはごく少数。希望者は常にアンテナを張り、社内でアピールをしていくことが大切です。また、代理店や設計事務所・建設会社への営業を行う法人営業部も、重要な仕事の1つです。

照明デザイン事務所

プロダクトとしての照明器具のデザインを行うのではなく、照明の配置計画を中心に行うデザイン事務所を指します。

照明の配置計画は従来、ヤマギワやコイズミ、東芝ライテックなどの照明メーカーが、受注・製品販売を前提に、営業支援として無料プランニングを行ってきました。しかし、レインボーブリッジや浅草寺などのライトアップを手掛けた石井幹子が都市照明デザイナーとして認知され、LPAの面出薫が住宅や建築の施設照明に手を伸ばし、メーカーにはまねできないような魅力的な空間を実現したことで、建築家や一般の方にも照明デザイナーの仕事が理解されるようになりました。今では、彼らが育てたぼんぼり光環境計画の角館政英や、シリウスライティングオフィスの戸恒浩人が活躍しています。

事務機メーカーの変化

コクヨやオカムラ、内田洋行などの事務機メーカーは、もともと机や椅子をデザイン・製作・販売してきました。その後、企業と直接取引し、家具レイアウトまで手がけるなど事業範囲を拡大。今では、オフィスや学校、医療施設等の空間デザインも行っています。

事務機メーカーは製造業や商社がベースですから、建設業界より労働環境の整備が進んでいます。ゆえに女性が仕事をしやすい業界といえるでしょう。

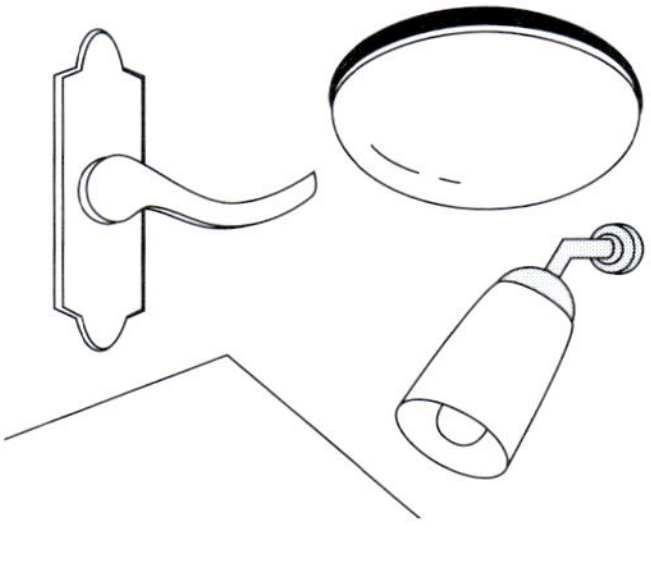

08

舞台美術のお仕事

ＴＶや映画の舞台セットをつくる美術製作会社

CHECK POINT

ＴＶや映画の舞台セットをつくる美術製作も建築学生の進路の1つ。絵おこしから製作まで一貫して携われることや、作品に名前がクレジットされることも魅力です！

舞台美術の仕事とは

一部の美術系大学には舞台美術コースがあり、舞台の空間演出を専門的に学びますが、建築学生にとって、舞台美術分野は比較的進出しやすい分野の１つといえるでしょう。

ＴＶや映画、演劇では、桟木と呼ばれる、だいたい48㎜×24㎜の細い材料を芯材として、ベニアを貼り、パネル化してセットを組み立てていきます。製作前に、ＣＡＤによる製作図の作成や、ＣＧによるイメージの確認を行ったりするので、その業務は建築学生が大学で会得したことをそのまま応用できるといえます。

ＴＶスタジオで働く

在京キーＴＶ局は、それぞれ舞台美術（大道具）製作の専門子会社を所有しています。ＴＢＳではアックスがそれにあたり、ドラマは緑山スタジオ・シティ、バラエティは東京メディア・シティ、報道は本社内スタジオと、さまざまなスタジオにアックスから人が派遣され、セットの製作にあたります。帯番組のように継続的なセットもありますが、ドラマ撮影の一瞬のために多くの時間と労力を費やすこともしばしばです。

また、同じスタジオで複数の番組が収録される場合は、前の番組のセットを片付けてから、次の番組の準備に入るため、深夜から設営を始めなければならないこともあるようです。

映画撮影所で働く

映画会社もそれぞれ撮影所や美術製作会社をもっています。黒澤映画で活躍した村木与四郎は千葉大学建築学科卒業です。そのほか、俳優座などの劇団の舞台製作部門、金井大道具などの独立系製作会社、地方におけるイベント設営会社も、それらに準ずる会社といえるでしょう。

作品に名前が！

たとえ一瞬のためでも、モノつく

0

part 1 建築・建設業界を知る

2

3

舞台美術製作会社リスト

キーTV局系列

日本テレビアート（日本テレビ）	https://www.ntvart.co.jp/
アックス（TBSテレビ）	https://www.acs-art.co.jp/
フジアール（フジテレビジョン）	https://www.fujiart.co.jp/
テレビ朝日クリエイト（テレビ朝日）	http://www.tv-asahi-create.co.jp/
テレビ東京アート（テレビ東京）	https://www.tx-art.co.jp/

映画系列

東宝映像美術	https://www.toho-eb.co.jp/
東映撮影所（東京・京都）	https://www.toei.co.jp/
角川大映スタジオ	https://www.kd-st.co.jp/
日活調布撮影所	http://www.nikkatsu.com/studio/

職業団体

日本舞台美術家協会	http://www.jatdt.or.jp/
日本映画・テレビ美術監督協会	https://www.apdj.or.jp/

りに絵おこしから製作まで、一貫して携われることが何よりも魅力です。また、よい仕事ができたり、コミュニケーション能力が高ければ、監督やプロデューサーから直接指名される形で評価されますし、制作されたフィルムに美術監督や美術制作者としてクレジットされ、多くの人の目に触れることになります。そして、それが歴史に残ることも。

　ただし、建築家同様、名前で仕事ができるようになる人はごく一部です。華やかなイメージはありますが、実際は体力と根性が必要。イメージとのギャップに戸惑い、早々に辞めてしまう人も多いようです。また、TVや映画が娯楽の中心とはいえなくなってきたことで、広告収入や配給収入が減り、美術の製作予算が削減されているため、思うように仕事ができないこともあるようです。

　よい時代を知っている業界人は、「TVは斜陽産業だから」と自虐的に言うこともありますが、それでも私たちにとっては、華やかな芸能界に身を置くことができる、魅力的な職業の1つといえるでしょう。

インテリア設計施工

社名:㈱**乃村工藝社** http://www.nomurakougei.co.jp/
創業:1892年 **設立**:1942年 **資本金**:64億9700万円
売上高:(単独)980億7400万円 (連結)1258億5900万円
従業員数:(単独)1,311人 (連結)1,956人
初任給:院了217,000円(東京) 大卒215,000円(東京)
平均年収:920万円 **従業員平均年齢**:42.7歳
採用実績:2019年58名 2018年53名 2017年45名 2016年44名
※業界最大手。東証1部上場。インテリアから博物館内装、さらにはお台場ガンダムも製作。

社名:㈱**丹青社** http://www.tanseisha.co.jp/
設立:1959年 **資本金**:40億2675万円
売上高:(単独)789億1600万円 (連結)826億7700万円
従業員数:(単独)995人 (連結)1,273人
初任給:214,000円 **平均年収**:761万円 **従業員平均年齢**:42.0歳
採用実績:2014年25名 2013年14名 2012年 男13名 女4名 2011年 男7名 女2名 2010年 男8名 女1名
※業界2位。東証1部上場。乃村工藝社同様、商業施設から美術品製作まで幅広い。

社名:㈱**スペース** http://www.space-tokyo.co.jp/
設立:1948年 **資本金**:33億9553万円
売上高:464億5800万円
従業員数:922人
初任給:院了237,000円(東京) 大卒232,000円(東京) 専門卒(3年制)227,000(東京)
平均年収:672万円 **従業員平均年齢**:36.2歳
採用実績:2016年88名 2015年73名 2014年122名 2013年54名
※東証1部、名証2部上場。名古屋を地盤とし、4本部制で全国展開を図る。

社名:㈱**J.フロント建装** http://www.jfdc.co.jp/
設立:1998年
資本金:1億円
売上高:282億円
従業員数:282人(一級建築士19名)
初任給:院了 210,000円 大卒 207,500円 高専卒 190,000円
採用実績:2018年9名 2017年10名 2016年4名 2015年2名
※大阪本社。大丸塗工、松坂屋誠工、大丸木工、日本リフェクスの合併企業。

社名:**髙島屋スペースクリエイツ㈱** http://www.ts-create.jp/
設立:1939年 **資本金**:1億円
売上高:315億円(2018年)
従業員数:417人
初任給:院了 209,500円(東京地区) 大卒207 500円(東京地区)
従業員平均年齢:48.2歳
採用実績:2018年7名 2017年7名 2016年11名 2015年11名
※老舗百貨店のブランド力を生かし、落ち着きのあるデザインを展開。ASEANへの進出も。

社名:**ジーク㈱** http://www.zycc.co.jp/
創業:1805年 **設立**:1916年
資本金:4億6000万円
売上高:285億8580万円(2019年)
従業員数:(単独)450名 (連結)480名
初任給:大卒213,000円 **従業員平均年齢**:36歳
採用実績:2019年26名 2018年31名 2017年27名 2016年 27名
※京都を本社とし全国展開を図る。旧社名・ゼニヤ。発祥は京都の両替商。

インテリア設計施工

社名：㈱ラックランド　http://www.luckland.co.jp/
創立：1970年　**資本金**：33億4108万円
売上高：（単独）352億9803万円　（連結）403億6653万円
従業員数：（単独）808人　（連結）1,257人
初任給：院了208,800円　大卒204,000円
平均年収：563万円　**従業員平均年齢**：38.0歳
採用実績：2019年59名　2018年30名　2017年51名　2016年54名
※東証1部上場。食品・飲食業主力の店舗企画・設計施工。メンテナンスに強みを持つ。

社名：㈱エイムクリエイツ　http://www.aim-create.co.jp/
創業：1959年　**資本金**：1億円
売上高：243億円
従業員数：329人（男243人　女187人）
初任給：院了269,000円　大卒249,000円
従業員平均年齢：43.8歳
採用実績：2019年65名　2018年51名　2017年58名　2016年79名
※百貨店丸井の店舗内装広告部門から発展する。旧・丸井広告事業社。

社名：㈱テー・オー・ダブリュー　http://www.tow.co.jp/
設立：1976年　**資本金**：9億4899万円
売上高：（単独）128億9700万円　（連結）162億円
従業員数：198人
初任給：院了257,867円　大卒254,617円
従業員平均年齢：31.8歳
採用実績：2020年15名　2019年5名　2018年20名　2017年22名
※東証1部上場。電通、博報堂などの広告代理店を顧客とし、イベント企画運営を行う。

社名：タカラスペースデザイン㈱　http://www.takara-s-d.com/
創業：1959年　**資本金**：2000万円
売上高：88億7000万円
従業員数：152人（一級建築士11名　二級建築士28名）
初任給：院了264,900円　大卒245,300円
従業員平均年齢：45.2歳
採用実績：2020年5名　2019年3名　2018年1名　2017年5名
※理美容室やエステ、医療施設を中心に店舗企画・設計施工を行う。

社名：㈱トータルメディア開発研究所　http://www.totalmedia.co.jp/
設立：1970年　**資本金**：5億円
売上高：85億500万円
従業員数：231人
初任給：院了226,500円　大卒209,000円
採用実績：2019年5名　2018年1名　2017年2名
従業員平均年齢：44.7歳
※凸版印刷100％出資。文化施設・博物館展示物の展示企画・設計施工が中心。

事務機・家具・什器

社名:**コクヨ㈱** http://www.kokuyo.co.jp/
創業:1905年 **資本金**:158億円
売上高:(単独)1656億8700万円 (連結)3202億円
従業員数:(単独)2,214人 (連結)6,961人
初任給:院了225,000円 大卒215,000円
平均年収:772万円 **従業員平均年齢**:44.8歳
採用実績:2020年(予)56名 2019年47名 2018年56名 2017年51名 2016年39名 2015年40名
※事務用品最大手。オフィス家具や店舗什器も有力。国内コンランショップも傘下に。

社名:**㈱オカムラ(旧 岡村製作所)** http://www.okamura.co.jp/
創業:1945年 **設立**:1948年 **資本金**:186億7000万円
売上高:(単独)2165億75万円 (連結)2479億円
従業員数:(単独)3,868人 (連結)5,121人
初任給:(技術職・デザイン職)院了229,000円 大卒213,000円
平均年収:689万円 **従業員平均年齢**:42.0歳
採用実績:2019年140名 2018年114名 2017年128名 2016年94名 2015年100名
※オフィス家具ではコクヨと双璧。飛行機工場を前身とするため金属加工技術に定評。小売店舗用什器も展開。

社名:**㈱内田洋行** http://www.uchida.co.jp/
創業:1910年 **設立**:1941年 **資本金**:50億円
売上高:(単独)960億7700万円 (連結)1643億8600万円
従業員数:(単独)1,324人 (連結)3,169人
初任給:院了238,200円 大卒225,000円
平均年収:684万円 **従業員平均年齢**:44.1歳
採用実績:2019年(予)58名 2018年59名 2017年68名 2016年56名
※オフィス家具大手。学校空間デザイン・家具販売・施工などの教育関連事業にも強み。

社名:**㈱イトーキ** http://www.itoki.jp/
創業:1890年 **設立**:1950年 **資本金**:52億9400万円
売上高:(単独)832億円 (連結)1221億7400万円
従業員数:(単独)2,022人 (連結)4,102人
初任給:(総合職)院了223,000円 大卒216,000円 高専卒208,000円
平均年収:624万円 **従業員平均年齢**:41.0歳
採用実績:2019年43名 2018年64名 2017年67名 2016年60名
※大阪本社。事務用品やスチール家具が中心。セブンチェアの正規販売も手掛ける。

社名:**㈱コトブキ** http://www.townscape.kotobuki.co.jp/
創立:1916年
資本金:1億円
売上高:75億円(2017年6月期)
従業員数:330人
初任給:大卒205,000円
従業員平均年齢:42歳
※椅子のコトブキとして名を成す。黒川紀章によるカプセルホテル第1号も施工。

社名:**㈱カッシーナ・イクスシー** http://www.cassina-ixc.jp/
設立:1980年 **資本金**:10億円
売上高:88億6600万円 (連結)116億4200万円
従業員数:(単独)249人 (連結)350人
初任給:195,000円
平均年収:497万円 **従業員平均年齢**:38.0歳
採用実績:2019年6名 2018年5名 2017年4名 2016年4名 2015年6名
※イタリアカッシーナ社の家具輸入販売のほか、独自企画やライセンス生産も行う。

インテリアデザイン事務所

㈱内田デザイン研究所（内田繁）	http://www.uchida-design.jp/
㈱スーパーポテト（故 杉本貴志、現 杉本泉）	http://www.superpotato.jp/
コイズミスタジオ（小泉誠）	http://www.koizumi-studio.jp/
㈱インフィクス（間宮吉彦）	http://www.infix-design.com/
㈲橋本夕紀夫デザインスタジオ（橋本夕紀夫）	http://www.hydesign.jp/
㈱吉岡徳仁デザイン事務所（吉岡徳仁）	http://www.tokujin.com/
㈱グラマラス（森田恭通）	http://www.glamorous.co.jp/
㈱ワンダーウォール（片山正通）	http://wonder-wall.com/
㈱ムーンバランス（辻村久信）	http://www.tsujimura-hisanobu.com/
㈲カタ（形見一郎）	http://www.kata2001.com/

照明デザイン事務所

㈱石井幹子デザイン事務所（石井幹子）	http://www.motoko-ishii.co.jp/
㈱近田玲子デザイン事務所（近田玲子）	http://www.chikada-design.com/
㈱ライティング プランナーズ アソシエーツ（LPA）（面出薫）	http://www.lighting.co.jp/
㈲内原智史デザイン事務所（内原智史）	http://www.ucld.co.jp/
㈲ICE 都市環境照明研究所（武石正宣）	http://www.ice-pick.jp/
㈲中島龍興照明デザイン研究所（中島龍興）	http://www.ne.jp/asahi/nakajima/lighting/
㈲ライトデザイン（東海林弘靖）	http://www.lightdesign.jp/
ぼんぼり光環境計画㈱（角舘まさひで）	http://www.bonbori.com/
㈲シリウスライティングオフィス（戸恒浩人）	http://sirius-ltg.com/
岡安泉照明設計事務所（岡安泉）	http://www.ismidesign.com/

キッチン製作会社

㈱松岡製作所	http://www.matsuoka-pro.com/
㈱クレド	http://www.credo-order.com/
㈱アムスタイル	http://www.amstyle.jp/
エクレア（㈱参創ハウテック）	http://www.ekrea.net/
㈱リブコンテンツ	http://www.libcontents.com/

家具・家具ショップ

㈱良品計画（無印良品）	http://ryohin-keikaku.jp/
㈱Francfranc（フランフラン）	http://www.francfranc.co.jp/
㈱アクタス	http://www.actus-interior.com/
㈱インターオフィス	http://www.interoffice.co.jp/
㈱アルフレックス ジャパン	http://www.arflex.co.jp/

09

不動産業とは何か？

売買や交換、賃貸に管理、採算計画まで、幅広い業務領域

CHECK POINT

街の不動産屋さんだけが不動産業ではありません。土地を開発し、建物を建て、都市をつくるデベロッパー、建物の管理を行う会社、賃貸を行う個人。不動産業はお金＝投資と密接に結び付いている業界でもあります。

不動産業の定義と分類

日本標準産業の大分類によれば、不動産業とは土地や建物などの売買、交換、賃貸、管理すること、または売買、貸借、交換の代理、もしくは仲介を行う仕事と定義されています。

それらを業態で分類すれば、分譲業、流通業、賃貸業、管理業に分けられます。分譲業は、土地を整備し、そこに建物を建て一般消費者に販売する業種を指し、デベロッパーと呼ばれています。流通業とは、土地・建物の売買や賃貸の仲介をする業態を指し、私たちがイメージする街の不動産屋さんのことです。賃貸業とは、土地・建物に関する賃貸を行う業種で、一般企業や個人オーナーもここに含まれます。管理業とは、設備管理や清掃などビルのメンテナンスや、分譲マンションにおける管理組合の出納事務と設備管理、清掃や管理員業務を受託する業種を指します。通常、デベロッパーは、管理業務を担当する子会社を持ち、収入の安定につなげています。

分譲と流通業に関しては、宅地建物取引士（⇩224頁）の資格が必要ですが、賃貸業は無資格でも可能です。また、分譲マンションの管理については、「マンションの管理の適正化の推進に関する法律」と「マンション管理士」資格によって業務の適正化が図られています。

デベロッパーの仕事

デベロッパーは事業主として、または売り主として、プロジェクトをまとめていくことが主な業務になります。採算計画にもとづき、土地の選定を行い、建物の大きさや用途を定め事業を遂行していきます。

計画や販売の段階では広告代理店やコンサルタント事務所の協力を仰ぎ、設計については設計事務所の協力を得て、施工はゼネコンに発注するなど、多くの企業を動かしていく必要があります。ですから、何よりもマネジメント能力やコミュニケーション能力が必要となる職種です。

　動かす金額が大きく、最上位の立場で仕事をするため、肝が座っていなくてはできません。景気の状況によっては多少の浮き沈みはありますし、大学生の就職先人気ランキングに登場することはありませんが、とても待遇がよく、街をつくるという魅力的な仕事でもあります。

　一般にデベロッパーというと三井不動産や三菱地所などの大手不動産会社を想像しますが、大手ゼネコンやハウスメーカー、URや住宅供給公社などの公的機関もその分類に含まれます。

　また、多くのデベロッパーは自社物件を持ち、賃貸業も兼業しています。たとえば東京駅の周辺は三菱地所が開発し企業に貸し出しています し、鉄道系デベロッパーは駅ビルや駅周辺の土地活用により、賃貸料収入を確保しています。

不動産の証券化

　バブルによって過熱する土地投機を抑制するために、1990年、大蔵省（現・財務省）により金融機関に対する不動産融資額の総量規制が行われました。これによって、不動産市場は急激に縮小し、多数の金融機関や不動産業が破たんすることとなります。これがバブルの崩壊です。

　その後、不動産の所有者または代理者が不動産を担保に証券を発行し、投資家に売却して資金を調達する仕組みが生まれます。さらに、その不動産から生み出された収益を投資家たちに分配します。これが不動産証券化という手法です。そのような業態、もしくは証券自体をREIT《リート》と呼び、投資信託および投資法人に関する法律にもとづき、2001年から業務が開始されています。ただし、運営母体が不動産業を兼ねている場合も多く、優良物件は自社で所有し、逆にハイリスクな物件が扱われがちになることは否めません。

　この手法により、銀行の融資によらず資金が調達でき、個人や外国資本、ブラックマネーなども流れ込むことで2000年代のプチバブルが形成されました。しかし、リーマンショックを発端とする世界的な金融危機以降、破たんするREITが出るなど、不動産市場に資金が流れ込まず急激に業界が冷え込んでしまいました。ところが、最近は株式市場が不安定になり投機資金が流入。過熱ぎみといわれています。

10

デベロッパーの分類と特徴

財閥・電鉄・金融・商社・建設・メーカー・独立系の各種に分かれる！

CHECK POINT

不動産デベロッパーを資本関係から6つに分類しました。旧財閥系は総合不動産業として君臨、その他は母体企業の特性を生かし、得意分野や地域のすみ分けが行われています。

デベロッパーの分類

デベロッパーはその資本関係から6つのグループに分類できます。

①総合不動産の旧財閥系
②地域に根ざした電鉄系
③お金のプロの金融・商社系
④施工から派生した建設系
⑤遊休資産活用のメーカー系
⑥独立独歩の独立系

①総合不動産の旧財閥系

旧財閥の流れを持つ不動産企業は、ビルや商業施設、マンションなど全ジャンルをカバーする総合デベロッパーです。

業界首位の三井不動産は、東京ミッドタウンや日本初の超高層ビルである霞ヶ関ビル、ららぽーとショッピングセンター、三井アウトレットパーク、さらに関連会社に東京ディズニーランドを運営するオリエンタルランドを持つなど、幅広い事業展開を行っています。

東京ミッドタウン
（三井不動産）

三菱地所は「丸の内の大家」が代名詞で、東京駅前丸の内に丸ビルをはじめとする30棟以上のビルを保有し確固たる地盤を築いています。保有するビルからの賃料収入が連結売上高の半分近くを占めています。

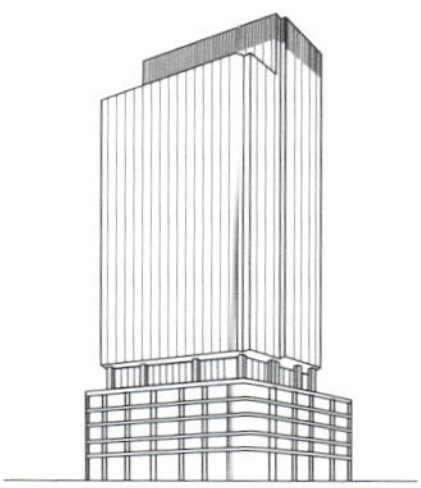
新丸ビル
（三菱地所）

住友不動産は、直接地権者にアプローチする手法による、効率的なビルづくりを得意とします。さらに「新築そっくりさん」のブランド名で住宅リフォーム事業を展開する販売会社を抱えています。

そのほか、旧・安田財閥の東京建

物がこのカテゴリに属します。

②地域に根ざした電鉄系

大手私鉄は、沿線の輸送量拡大のために積極的に宅地・観光地などの沿線開発を行ってきました。

関東では、最もおしゃれな私鉄といわれる東急電鉄系列の東急不動産が、高級住宅地として有名な田園調布を開発するとともに、歩く人が中心となる駅前づくりを行ってきました。その系列企業に仲介業に特化した東急リバブルや、スキー場の運営、ホテル・リゾートマンションの開発を行う東急リゾートが挙げられます。

関西では、同様に阪急電鉄が宝塚の開発を手掛けてきました。

③お金のプロの金融・商社系

金融系では、野村證券系列で高級マンションやインテリジェントビル開発に強みを持つ野村不動産ホールディングスがその代表です。

総合商社系では、伊藤忠都市開発や伊藤忠ハウジングなど分社化と多角化を試みる伊藤忠グループが挙げられます。

④施工から派生した建設系

ゼネコンやハウスメーカーなどは、施工の受注や建設用地の確保のため、都市開発や大規模分譲地の開拓、マンションの企画設計施工を行っています。とくに大成建設は大成有楽不動産を、長谷工コーポレーションは長谷工アーベストを抱えています。

⑤遊休資産活用のメーカー系

各業界の大手企業が古くから所有する多くの不動産を有効活用するため、自社内に不動産部門を設けるほか、NTT都市開発やJFE都市開発といった子会社を設立しています。

⑥独立独歩の独立系

独立系のマンションデベロッパーもここ数年で子会社化などの統合が進みました。大京はオリックスの連結子会社へ、その大京が穴吹工務店を完全子会社化したのです。コスモスイニシアもダイワハウスの子会社に。その統合により、業界大手の一角に名乗りを上げるなど勢力地図にも変化が起きています。

ただし、「港区の大家」ともいわれる森ビルは、地権者をまとめあげ、六本木・表参道・虎ノ門ヒルズなど、ゆとりある再開発を行っています。なお、親族企業の森トラストも順調に業績を拡大しています。

不動産デベロッパー

社名:**三井不動産㈱** http://www.mitsuifudosan.co.jp/
設立:1941年 **資本金**:3397億6600万円
売上高:(連結)1兆8611億9500万円 **従業員数**:(単独)1,577人 (連結)18,625人
初任給:(総合職)大卒255,000円 院了290,000円
平均年収:1128万円 **従業員平均年齢**:40.9歳
採用実績:2019年48名 2018年36名 2017年38名 2016年35名(総合職)
※品がよい会社。東京ミッドタウンやららぽーと系はここの作品。

社名:**三菱地所㈱** http://www.mec.co.jp/
設立:1937年 **資本金**:1422億7906万円
売上高:(連結)1兆2632億8300万円
従業員数:(単独)903人 (連結)9,619人 **初任給**:大卒260,000円 院了300,000円
平均年収:1229万円 **従業員平均年齢**:43.2歳
採用実績:2019年37名 2018年35名 2017年33名 2016年28名 2015年33名
※建築系出身者はほとんどいない。丸の内の大家としても有名。

社名:**住友不動産㈱** http://www.sumitomo-rd.co.jp/
設立:1949年 **資本金**:1228億535万円
売上高:(連結)1兆132億2900万円 **従業員数**:(単独)5,822人 (連結)13,238人
初任給:大卒250,000円 院了280,000円(2019年実施)
平均年収:1,239万円 **従業員平均年齢**:42.7歳
採用実績:2020年(予定)22名 2019年19名 2018年19名 2017年14名
※ビジネスとして不動産事業をとらえる。マンション、戸建リフォーム分野にも強み。

社名:**東急不動産㈱** http://www.tokyu-land.co.jp/
設立:1953年 **資本金**:575億5169万円
売上高:(単独)2389億7000万円 (連結)8661億260万円
従業員数:(単独)804人 (連結)20,421人 **初任給**:大卒245,000円 院了259,200円
平均年収 1,195万円 **従業員平均年齢**:45.3歳
採用実績:2020年(予定)31名 2019年33名 2018年29名 2017年30名 2016年32名
※東急電鉄から分離独立。近年、渋谷を積極的に開発中。穏やかな社風。

社名:**㈱長谷工コーポレーション** http://www.haseko.co.jp/hc/
創業:1937年 **設立**:1946年 **資本金**:575億円
売上高:(単独)5813億3400万円 (連結)8460億2900万円
従業員数:(単独)2,475人 (連結)7,315人 **初任給**:大卒240,000円 院了260,000円
平均年収:905万円 **従業員平均年齢**:41.6歳
採用実績:2019年312名(グループ合計) 2018年310名(グループ合計)
※マンション設計施工販売管理が中心。経営危機から何度も復活。

社名:**三菱地所レジデンス㈱** http://www.mec-r.com/
設立:1957年 **資本金**:150億円 **売上高**:非公開
従業員数:(単独)1,070人 (連結)9,468人(1)
初任給:大卒221,000円 院了238,000円(総合職) **平均年収**:636万円
従業員平均年齢:37.7歳
採用実績:2019年26名 2018年26名 2017年28名 2016年20名
※フジタ系藤和不動産が前身。銀行の債権放棄、三菱地所の完全子会社化を経て、三菱地所リアルエステート住宅部門を承継し2011年社名変更。

(1) 三菱地所㈱の情報による。

不動産デベロッパー

社名：**野村不動産㈱**　http://www.nomura-re.co.jp/
創業：1957年　資本金：20億円
売上高：（単独）300億2600万円　（連結）4478億975万円(2)
従業員数：（単独）2,122人　（連結）6,896人(2)　初任給：大卒240,000円　院了254,000円
平均年収：1013万円(2)　従業員平均年齢：45.2歳(2)
採用実績：2019年52名　2018年48名　2017年58名　2016年60名
※野村證券系。走りながら考える。設計部が充実。高級が基本路線。

社名：**東京建物㈱**　http://www.tatemono.com/
創立：1896年　資本金：924億円
売上高：（連結）3230億円　従業員数：（単独）655人　（連結）5,010人
初任給：大卒246,000円　院了262,000円（総合職）
平均年収：959万円　従業員平均年齢：42.3歳
採用実績：2020年17名　2019年18名　2018年17名　2017年14名　2016年14名
※旧安田財閥系。SPI利用の不動産証券化の先駆者。

社名：**㈱大京**　http://www.daikyo.co.jp/
創業：1960年　設立：1964年　資本金：411億7100万円
売上高：（単独）639億5000万円　（連結）3650億円
従業員数：（単独）784人　（連結）3,630人　初任給：220,000円
平均年収：742万円　従業員平均年齢：43.3歳
採用実績：2019年（予定）18名　2018年35名　2017年27名　2016年13名（総合職）
※ライオンズマンションブランドで有名。オリックスの下で再建中。

社名：**森ビル㈱**　http://www.mori.co.jp/
設立：1959年　資本金：795億円
売上高：（連結）2497億円　従業員数：（単独）1,560人
初任給：（総合職）大卒255,000円　院了270,000円
平均年収：872万円　従業員平均年齢：42.2歳
採用実績：2020年34名　2019年32名　2018年24名
※港区を中心に世界的な資産を持つ同族会社。ヒルズと名付けられる都市再開発事業に強み。

社名：**NTT都市開発㈱**　http://www.nttud.co.jp/
設立：1986年　資本金：487億6000万円
売上高：（単独）1886億3300万円　（連結）1680億円
従業員数：（単独）304人　（連結）811人　初任給：大卒229,570円　院了254,560円
平均年収：857万円　従業員平均年齢：43.1歳
採用実績：2019年（予定）26名　2018年19名　2017年13名　2016年15名
※NTT遊休地の活用を目的に設立。いつの間にか急成長。

社名：**大成有楽不動産㈱**　http://www.taisei-yuraku.co.jp/
設立：1971年　資本金：100億円
売上高：958億円（2018年）　従業員数：3,065人
初任給：施設管理コース（総合職）院卒217,000円　大卒213,000円
平均年収：950万円　従業員平均年齢：43.6歳
採用実績：2020年25名　2019年23名　2018年21名
※大成建設グループ。2010年大成建設の完全子会社となる。

(2) 野村不動産ホールディングス㈱の情報による。

11

建設業を許可種別から見てみよう

大臣許可と知事許可、特定建設業と一般建設業などに分類

CHECK POINT

信頼のおける業者であることを証明する意味で、建設業にとって必須となった「許可」。手掛けるエリアや工事の種別によって分かれるその種類を説明しましょう。

建設業には許可が必要

建設業は、営業に際し、国や都道府県の許可が必要です。許可は工種ごとに分かれ、土木・建築などの一式工事から、大工・左官・とび・土工などの専門工事まで29業種に分かれ、とくに一式工事の許可を得たものを総合建設業とし、工種許可にとどまるものを専門工事業者として区別しています。

なお、ゼネコンとはゼネラルコントラクターの略で、直訳すれば総合請負業になりますが、総合建設業を意味することが一般的です。

また、建築一式工事で1500万円未満、そのほかの単独工事で500万円未満の軽微な工事のみを請け負い営業する場合は、建設業の許可を必要としません。しかし、このような業者が引き起こすトラブルがしばしば問題となっています。

大臣許可と知事許可

また建設業は営業所の位置によって2つに区分されます。建設業法では常時契約などの重要な業務を行う事務所を営業所と定義しています。

2つ以上の都道府県に営業所を持つ場合、国土交通大臣の許可が必要です。それに対し、1つの都道府県の区域内だけに営業所をとどめる場合はその都道府県知事の許可で十分となります。

どちらにしても、許可を受けた地域以外で工事を行うことも、受注をすることも可能です。

一般・特定そして指定建設業

建設業の許可には通常の会社に求められるような契約の遂行に関する経営上の責任のほか、財務的な基盤や、営業所ごとに専任の技術者が求められます。その工事の実務経験が10年あれば誰でも専任の技術者になれますが、学歴によって経験年数に緩和規定が設けられています。ただし、土木一式、建築一式、電気、管、鋼構造物、ほ装、造園工事の専任技術者は実務経験だけでなく、その工事に関する国家資格を有していなければなりません。その意味で、これらの7業種を区別し、指定建設業と呼んでいます。

とくに財務的基盤と専任技術者に関する厳しい規定をクリアした会社を特定建設業、そのほかを一般建設業として区別しています。なお、4000万円以上の工事（一式工事は6000万円）を外注、すなわち下請として発注する場合は特定建設業の許可が必要です。

業界の成り立ち

鹿島建設や清水建設はそれぞれ鹿島組、清水組として大工や棟梁が興した組織です。水力発電所の工事を請け負うとび、土工が興した熊谷組など、もともとは「組」という名称で活動を開始しました。

現在では「組」というイメージがあまりよくないとのことで、「建設」の名称が使用されることが多くなりました。さらに80年代、業務を建設に限定しないとの理由から「建設」の2文字を消してCI（コーポレート・アイデンティティ）を図った会社も見られます。

一般的な感覚では、工務店は住宅を中心とする設計施工の会社というイメージです。しかし、竹中工務店や水澤工務店のように大工を発祥とする会社は、その技術や職人魂を前面に出すためか「建設」ではなく「工務店」という名称を使用しています。

また、任侠団体、いわゆるヤクザの発祥も港湾荷役労働や土工に人を手配し、働かせる人足屋でした。したがって彼らも「組」と称しています。その後、技術を極め会社として組織化するか、法を犯すことも躊躇しないかで、その道が分かれてきました。現在でもごく一部にそのような建設会社や専門工事業者があります。しかし、きちんとした建設会社はそのような団体をしっかり排除して施工を行っています。

12

ゼネコンの現況と各社の特徴

CHECK POINT

震災復興とオリンピックの特需がひと段落しつつある現在、2020年以降の生き残り戦略が注目されます。それぞれの企業規模や得意分野をグループごとに把握しましょう。

オリンピック景気でわいた業界 それぞれの会社の得意分野も知ろう

ゼネコン業界の現状

2000年以降、金融業界の再編や、その金融機関からの融資を目的にゼネコン同士の合併が活発化しました。02年には親グループの合併で三井住友建設が誕生。06年には地盤改良を得意とする不動建設が、建築部門をナカノコーポレーションと合併させ、ナカノフドー建設として、土木部門はテトラポッドのテトラと合併し、不動テトラとして再スタートを切っています。13年、ダイワハウスがフジタの海外工事実績を評価し買収。土木のハザマと建築の安藤も合併し、安藤ハザマが誕生しました。そして15年には鴻池組が積水ハウスの傘下に入るなど、合併に伴って金融支援を受け傷を癒やし、縮小する市場規模に対応してきました。

ところが景気は一転。震災復興需要のほか、オリンピック関連の公共事業や民需増大により大活況を示しました。建設技術者を育てるには時間がかかります。現場監督はもちろん、何より職人不足が深刻です。仕事があっても受け手がいない。そんな理由もあって大手ゼネコンでは職人の直接雇用なども始めました。ただし、この活況も2020年のオリンピックまで。その後は日本の高度な技術力を背景に、海外に進出する必要もあるでしょう。

ゼネコンの分類と特徴

ゼネコンは会社の規模や得意分野によってグループに分けられます。

鹿島建設・清水建設・竹中工務店・大成建設・大林組の5社を大手5社、またはスーパーゼネコンと呼んでいます。この5社は企業規模や売上高、研究開発費で6位以下を大きく引き離しており、内部には施工部門だけでなく、設計、開発、研究、コンサルタントの各部門のほか、多くの子会社を抱えています。

鹿島建設は業界の雄といわれ、設計部門は骨太のデザインを得意とし、施工部門は質の高い工事を中心に受注しています。利益管理を現場に任せるなど、現場への権限委譲がその特徴で、現場代理人のやる気につながっています。現在の押味社長は「現場第一主義」を掲げ、本人も設計ではなく現場（建築部門）出身。

清水建設は、建築部門が強い会社で、小さな物件から大規模物件までフットワークのよさが特長です。設計部門は、組織らしいシャープでそつのないデザインを行います。

竹中工務店は、土木部門を別会社とし、建築専業のゼネコンとして自立しています。設計施工の一貫受注比率が高く、設計部門は大手組織設計事務所並みの実力を持ち、平凡のようでいて非凡な建築から、アバンギャルドなものまで、独自の理論で質の高い設計を行います。また、菊竹清訓や出江寛、柳沢孝彦など多数の建築家を輩出しています。

大成建設は大手5社では唯一の非同族企業で、合議制により会社が運営されています。とくに市街地再開発事業が強みで、この分野では20％のシェアを占めます。また傘下に大成建設ハウジングを抱え、住宅事業にも手を伸ばしている点が特徴です。

大林組は、日本でＰＦＩ法が施行される前から海外でＰＦＩ事業を行い、ノウハウを蓄積してきました。それにより、国内ＰＦＩ事業ではトップシェアを占めています。

病院建築の戸田建設、土木の西松建設などは準大手ゼネコンと呼びますが、その売上高は大手の半分以下。それぞれ得意分野に特化し、堅実経営でその地位を維持しています。

海洋土木を得意とするのが、五洋建設・東亜建設工業・東洋建設、若築建設・あおみ建設で、これらを海洋5社、マリコン5社と呼びます。

新日本石油系のＮＩＰＰＯや清水建設系の日本道路、前田建設工業系の前田道路、東急建設系の世紀東急工業などを道路専業8社と呼びます。ほとんどがゼネコンの子会社ですが、公共工事の入札参加資格を得るために親会社の土木部門から分離・独立したものです。

ゼネコンは3K職場なのか？

現在、政府が旗振り役となって働き方改革を進めています。ゼネコンも例外ではなく、その改革は進んでいます。建築主への工期適正化のお願いや、完全週休2日制への取り組みなど、各社が会社の魅力を高めるべくその課題に取り組んでいます。

13

現場監督の仕事とは？

現場を管理するスーパーマン
現場監督は社長のような存在

CHECK POINT

作業着の下にネクタイを締め、図面を見ながら職人に指示を出す現場監督。彼らは具体的にどのような仕事をしているのでしょうか？　ここでは「管理」という業務を中心に現場監督の仕事を解説します。

現場管理の仕事は4つ

建築系の学生なら監督と職人の区別はつくと思いますが、実は規模によってその役割は違います。民間工事が中心の小規模ゼネコンでは監督が多能工のように働き、職人なのか監督なのかあいまいなことがあります。大規模な現場では専門工事業者の監督をさらに監督するような仕事が中心になることもあります。

近年、各種法規制や申請業務が増えたため、現場監督の仕事は書類作成を中心とするデスクワークの比率が高まってきています。しかし、現場監督は会社の現場代理人として、現場を管理することが本来の業務。ここでは中規模の現場における現場監督の管理業務を、4つに分けて解説します。

施工図を基準に品質管理

品質を管理するためには、施工図の作成やチェックが大切です。設計者が描く設計図があれば建物ができると思うのは大間違い。なぜなら、そこには建築の組み立て方が描かれていないからです。設計図は完成予想図にすぎません。大工さんには大工さん用の、鉄筋屋さんには鉄筋屋さん用の、というように、それぞれの職種ごとに施工図が必要です。そこで監督自身が施工図を描いたり、専門工事業者が描いた施工図をチェックしなければいけません。

そして、作成した施工図通りに現場がつくられているか管理することも大切です。具体的には、現場を計り、墨を出し、さらに職人さんたちに指示を出します。職人というと、怖いイメージがあるかもしれませんが、実は真っすぐで純粋な方が多く、監督が一生懸命やればやるほどしっかりついてきてくれ、ときに損得抜きで働いてくれます。だから真摯な付き合いが大切になります。現場は現代社会で失われてしまった古きよき世界を感じられる場所です。

「工期は絶対」の工程管理

建設業では工期を守るのは基本中の基本です。雨が降ろうが、雪が降ろうが、決められた期日に1日たりとも遅れずに建物を引き渡さなければなりません。そのために、すべての工事の順序、期間を把握し、月ごと、週ごと、日ごと、ときには時間ごとの計画を作成し、実行、手配するのが現場監督の仕事となります。

内容によっては雨でできなくなる作業もありますし、気温が高すぎる、または低すぎるとできなくなる作業もあります。また、前の作業が終わらなければできない作業もあり、人をたくさん投入すれば工事が早く進むものでもありません。そのような条件を想定しながら、最も効率よく仕事が進むように工程表を作成していかなければなりません。

現場は戦場のようなもの。毎日トラブルがあり、思い描いたとおりには進みません。だからこそ、綿密な計画、打ち合わせ、指示が大切です。

状況を見て細心の安全管理

工事現場には危険な作業、危険な場所がたくさんあります。刻一刻と変化していく状況のなかで、職人さんたちや現場周辺のすべての人が、事故や怪我がなく作業できるよう計画、管理するのが安全管理です。

昔は「怪我と弁当手前持ち」といわれ、怪我は怪我をした者の責任、危険な場所で平気で仕事をこなすのが職人魂のような風潮があり、安全への意識は低いものでした。また、現在でも作業効率を重視すると安全性が犠牲になりがちです。しかし現場で最も大切なのは安全です。

現場での事故は管理者であるゼネコンの責任ですが、小さなミスが大事故を生まないよう終始管理するのが代理人である現場監督の役割です。

現場を経営する原価管理

会社にもよりますが、専門工事業者との価格決定は現場単位で任されることがあります。30～40社にも上る会社と交渉し、契約と取り決めを行いながら必要な経費と利益を捻出しなければなりません。また見積り、契約時に想定しなかった作業や物価の変動が生じることもあります。原価を管理し、現場を経営することも現場監督の大切な仕事の1つ（これは主に所長の仕事）。さまざまな仕事をこなす現場監督は、現場の社長のような存在といえます。

14

ゼネコンの営業というお仕事

入札・見積り・談合？仕事の受注方法は？

CHECK POINT

ゼネコンではどのように仕事を受注しているのでしょうか？そして営業担当の役割は？ここでは郵便配達員のように働く公共工事担当と、人のつながりを重視しまとめ役を担う民間工事担当営業職について解説します。

ルールが複雑な公共工事

まず公共工事を取る方法です。何よりも先に必要なことが指名願いの提出です。各省庁、都道府県、各市町村など施工可能エリアの発注先一つひとつに丁寧に書類を提出します。

ゼネコンは土木一式、建築一式のカテゴリーに分かれ、それぞれ会社の規模や経営状態によってA、B、Cなどのランクに分けられます。Aは大規模工事、Bは中規模、Cは小規模工事の入札に参加できることになります。よって大きな工事は大きな会社、小さな工事は小さな会社と振り分けられます。

入札には、一般競争入札と指名競争入札があり、前者はランクさえ合えばどのゼネコンでも参加可能。しかし後者は、指名されなければ参加できません。

入札の情報は、建設工業新聞などの専門紙にも掲載されますが、指名を受けるためには実績のほか、担当部署への営業が必要です。営業といっても、接待やお中元・お歳暮などの贈り物は厳禁。したがって、担当課長の名刺受けにひたすら自分の名刺を入れていくという、まるで郵便配達のような営業が中心です。

また入札には、安ければ安いほどよい場合と、設定された下限価格を下回ると失格する場合の2通りがあります。前者は価格のたたき合いになって経営状態を圧迫しますし、後者は特定の企業に落札させるための談合が起こりやすくなります。

談合、つまり企業間で価格調整の話し合いが行われた場合、その事実が明らかになれば、入札中止や指名停止処分が下されますが、それを完全になくすことは難しいようです。その改善策として、最近は要望に沿った企画を求められる企画競争入札（プロポーザル形式）なども見られますが、小さい工事にそれを適用するわけにもいきません。

また近年は、ＰＦＩなどの民間資

金を導入した公共工事も多くなってきました。しかしこれに参加できるのは、体力のある大手ゼネコンに限られます。ですからこれから先も、まだ入札による工事の受注が続いていくでしょう。

このように、公共工事を発注する方法は、まだまだ最善策の結論が出ない状況です。

経験重視の民間工事の営業

民間工事では、設計者や施主、信託銀行やロータリークラブなどの各種親睦団体に属し、会員から情報を集める必要があるほか、豊富な専門知識による適切な対応が求められます。そのため現場管理や設計経験の豊富な40歳以上の方が営業職となります。

民間で一番数が多いのは設計事務所の図面をもとにした相見積りです。相見積りは、単純に工事金額が安いだけで受注できるわけではありません。技術力はあるか、材料は適正か、設計者との相性はよいか、顧客へのアフターフォローや経営状態などさまざまな要素を加味して受注につながります。さらに、概算見積りを行ったり、設備図面を手伝うなど、設計事務所の業務を手伝うことで、優先的に受注につなげようとする営業方法も挙げられます。

また、自社設計部や外部設計者と共同して、土地の有効活用などの提案を行うケースも増えています。この場合、営業がまとめ役、リーダーとなり、企画提案の段取りから予算の調整、さらにはアフターフォローまでを担当することになります。

このように民間工事は人と人の付き合いが中心となるため、高いコミュニケーション能力が求められ、そのような素養のある人が採用されています。

■受注産業だからこそ営業が大切
建設業は受注産業。依頼がない限り、仕事はできません。そこで、営業という仕事がとても大切な役割を占めます。

スーパーゼネコン

社名：**清水建設(株)**　http://www.shimz.co.jp/
創業：1804年　**設立**：1937年　**資本金**：743億6500万円
売上高：(単独)1兆2625億5400万円　(連結)1兆6982億円
従業員数：(単独)10,384人　(連結)16,297人
初任給：(総合職) 高専卒220,000円　大卒240,000円　院了260,000円
平均年収：967万円　**従業員平均年齢**：43.0歳
採用実績：(総合職・地域職合計)2019年334名　2018年285名　2017年268名
2016年252名　2015年245名
※小規模物件から超高層まで積極的な受注活動を行っている元気な会社。

社名：**(株)大林組**　http://www.obayashi.co.jp/
創業：1892年　**設立**：1936年　**資本金**：577億5200万円
売上高：(単独)1兆3982億円　(連結)2兆396億円
従業員数：(単独)8,829人　(連結)14,790人
初任給：大卒240,000円　院了260,000円
平均年収：1046万円
従業員平均年齢：42.5歳
採用実績：(技術系)2020年259名　2019年230名　2018年239名
※PFI国内実績No.1。耐震技術、鉄道工事に定評があり家族的な雰囲気の会社。

社名：**鹿島建設(株)**　http://www.kajima.co.jp/
創業：1840年　**設立**：1930年　**資本金**：814億円
売上高：(単独)1兆2803億円　(連結)1兆9742億円
従業員数：(単独)7,887人　(連結)18,425人
初任給：大卒240,000円　院了260,000円
平均年収：1139万円
従業員平均年齢：43.8歳
採用実績：2020年251名　2019年247名　2018年229名
※業界の雄。骨太のデザインを得意とし、質のよい物件を中心に受注する。

社名：**大成建設(株)**　http://www.taisei.co.jp/
創業：1873年　**設立**：1917年　**資本金**：1227億4215万円
売上高：(単独)1兆3284億円　(連結)1兆6509億円
従業員数：(単独)8,507人　(連結)14,516人
初任給：高専卒220,000円　大卒240,000円　院了260,000円
平均年収：987万円　**従業員平均年齢**：43.0歳
採用実績：2020年333名　2019年264名　2018年251名　2017年283名
2016年296名
※大手唯一の非同族・合議制の会社。個人の裁量が尊重されのびのびとした雰囲気も。

社名：**(株)竹中工務店**　http://www.takenaka.co.jp/
創業：1610年　**設立**：1899年　**資本金**：500億円
売上高：(連結)1兆3520億円
従業員数：(単独)7,630人
初任給：高専卒220,000円　大卒240,000円　院了260,000円
平均年収：957万円
従業員平均年齢：43.3歳
採用実績：(総合職)2020年239名　2019年235名　2018年229名　2017年257名
※設計力は専業以上。稀少な非上場超一流企業。負債も他社より1桁少ない。自社分析は匠の心・誠実・自由闊達。

準大手ゼネコン

社名:**五洋建設㈱**　http://www.penta-ocean.co.jp/
創業:1896年　**設立**:1950年　**資本金**:304億4900万円
売上高:(単独)4991億6400万円　(連結)5415億2800万円
従業員数:(単独)2,893人
初任給:高専卒220,000円　大卒240,000円　院了260,000円
平均年収:837万円
従業員平均年齢:42.8歳
採用実績:(建築職)2021年 土木系100名 建設系70名　2020年 土木系95名 建設系68名
※マリンコンストラクション最大手。開拓者魂が強く、海外工事受注に積極的。

社名:**㈱フジタ**　http://www.fujita.co.jp/
創業:1910年　**設立**:2002年　**資本金**:140億円
売上高:5098億円
従業員数:3,369名人
初任給:短大・高専卒220,000円　大卒240,000円　院了260,000円
平均年収:881万円
従業員平均年齢:42.1歳
採用実績:(技術系)2019年169名　2018年119名　2017年119名
※ダイワハウスグループ。本社東京都。海外にも積極的に進出。

社名:**㈱安藤・間**　http://www.ad-hzm.co.jp/
設立:2003年　**資本金**:170億円612万円
売上高:(単独)3326億9900万円　(連結)3599億7100万円
従業員数:(単独)3,576人　(連結)3,990人
初任給:高専卒 220,000円　大卒240,000円　院了260,000円
平均年収:827万円
従業員平均年齢:45.6歳
採用実績:(院卒・大卒)2020年(予定)88名　2019年77名　2018年105名　2017年118名　2016年114名
※2013年土木工事・とくにダムに強みを持つハザマと建築工事に強みを持つ安藤建設の合併により誕生。

社名:**戸田建設㈱**　http://www.toda.co.jp/
創業:1881年　**設立**:1936年　**資本金**:230億円
売上高:(単独)4680億円　(連結)5186億円
従業員数:(単独)4,132人　(連結)5,000人
初任給:(総合職・全国型)高専卒220,000円　大卒240,000円　院了260,000円
平均年収:843万円
従業員平均年齢:44.4歳
採用実績:(総合職・建築・土木)2020年(予定)130名　2019年147名　2018年150名
※三菱系の優良企業が得意先。設計施工共、病院建築に定評がある。

社名:**前田建設工業㈱**　http://www.maeda.co.jp/
創業:1919年　**設立**:1946年　**資本金**:284億6335万円
売上高:(単独)3873億円　(連結)4879億円
従業員数:(単独)3,161人　(連結)6,545人
初任給:高専卒220,000円　大卒240,000円　院了260,000円
平均年収:920万円
従業員平均年齢:43.4歳
採用実績:(技術系)2020年(予定)110名　2019年124名　2018年114名
※堅実経営の同族企業。現場もしっかり。東洋建設と資本提携。

準大手ゼネコン

社名：**西松建設(株)** http://www.nishimatsu.co.jp/
創業：1874年　**設立**：1937年　**資本金**：235億1364万円
売上高：(単独)2761億5600万円　(連結)3916億2100万円
従業員数：(単独)2,606人　(連結)2,684人　**初任給**：大卒240,000円　院了260,000円
平均年収：804万円　**従業員平均年齢**：44.3歳
採用実績：(技術系)2019年105名　2018年91名　2017年100名　2016年81名
※土木の雄。ダム・トンネル等大型土木施設が得意分野。財務体質は健全。戸田建設と提携も。

社名：**三井住友建設(株)** http://www.smcon.co.jp/
設立：1941年　**資本金**：120億379万円
売上高：(単独)3161億5000万円　(連結)4724億円
従業員数：(単独)2,798人　(連結)4,705人
初任給：(総合職)高専卒220,000円　大卒240,000円　院了260,000円
平均年収：892万円　**従業員平均年齢**：46.3歳
採用実績：(建築)2020年60名　2019年57名　2018年54名
※親グループの合併によって2003年4月合併。

中堅ゼネコン

社名：**(株)熊谷組** http://www.kumagaigumi.co.jp/
創業：1898年　**設立**：1938年　**資本金**：301億851万円
売上高：(単独)3070億900万円　(連結)4362億円
従業員数：(単独)2,578人　(連結)4,066人
初任給：(総合職)高専卒220,000円　大卒240,000円　院了260,000円
平均年収：866万円　**従業員平均年齢**：44.8歳
採用実績：2020年(予定)119名　2019年148名　2018年132名　2017年103名
2016年119名
※土木中心。飛島建設と合併協議が進むも破談。規模縮小で生残りを図る。元準大手。

社名：**東急建設(株)** http://www.tokyu-cnst.co.jp/
創業：1946年　**設立**：2003年　**資本金**：163億5444万円
売上高：(単独)1933億円　(連結)3221億円
従業員数：(単独)2,576人　(連結)2,843人
初任給：短大・高専・専門卒220,000円　大卒240,000円　院了260,000円
平均年収：939万円　**従業員平均年齢**：45.8歳
採用実績：(技術系)2020年(予定)96名　2019年94名　2018年86名　2017年84名　2016年79名
※東急グループからの積極的支援があり、マンション・鉄道建設に強みを持つ。

社名：**(株)鴻池組** http://www.konoike.co.jp/
創業：1871年　**設立**：1918年　**資本金**：52億5000万円
売上高：2610億円　**従業員数**：1,784人
初任給：高専卒220,000円　大卒240,000円　院了260,000円
従業員平均年齢：43.0歳
採用実績：(技術系)2020年(予定)107名　2019年69名　2018年74名
2017年83名　2016年72名
※関西老舗高待遇企業。ガス工事の鳳工業、鴻池運輸にグループ企業。2015年に積水ハウスの傘下に。

中堅ゼネコン

社名：㈱**奥村組**　http://www.okumuragumi.co.jp/
創業：1907年　**設立**：1938年　**資本金**：198億円
売上高：（単独）2224億円　（連結）2263億7100万円　**従業員数**：（単独）2,025人
（連結）2,100人　**初任給**：高専卒230,000円　大卒240,000円　院了260,000円
平均年収：1031万円　**従業員平均年齢**：43.3歳
採用実績：（技術系）2020年108名　2019年86名　2018年68名　2017年75名

※在阪老舗。免震工法やリサイクルに強み。堅実経営で安定度も高い。

社名：**東亜建設工業㈱**　http://www.toa-const.co.jp/
創業：1908年　**設立**：1920年　**資本金**：189億7666万円
売上高：（単独）1818億円　（連結）1902億7800万円
従業員数：（単独）1,486人　（連結）1,767人　**初任給**：高専卒220,000円　大卒240,000円
院了260,000円　**平均年収**：813万円　**従業員平均年齢**：46.1歳
採用実績：2019年44名　2018年47名　2017年41名

※神奈川県鶴見の埋め立て事業をきっかけに設立。海洋土木に強みを持つマリコン大手の一角。

社名：**鉄建建設㈱**　http://www.tekken.co.jp/
設立：1944年　**資本金**：182億9370万円
売上高：（単独）1712億2100万円　（連結）1746億7000万円　**従業員数**：（単独）1,776人
（連結）1,919人　**初任給**：高専（専攻）卒240,000円　大卒240,000円　院了260,000円
平均年収：872万円　**従業員平均年齢**：43.6歳
採用実績：（建築・設備）2020年35名　2019年42名　2018年39名　2017年37名

※ＪＲ系。鉄道建設に強み。技術士（建設部門・鉄道）を取るならお勧め。

社名：**東洋建設㈱**　http://www.toyo-const.co.jp/
創立：1929年　**資本金**：140億4936万円
売上高：（単独）1566億円　（連結）1748億円　**従業員数**：（単独）1,249人　（連結）1,619人
初任給：高専卒220,000円　大卒240,000円　院了260,000円
平均年収：776万円　**従業員平均年齢**：44.0歳
採用実績：（技術系）2020年68名　2019年91名　2018年46名　2017年54名　2016年31名

※マリコン大手の一角。前田建設工業と提携。

社名：㈱**淺沼組**　http://www.asanuma.co.jp/
創業：1892年　**設立**：1937年　**資本金**：96億1400万円
売上高：（単独）1426億9800万円　（連結）1414億7200万円　**従業員数**：（単独）1,275人
（連結）1,267人　**初任給**：高専卒220,000円　大卒240,000円　院了260,000円
平均年収：865万円　**従業員平均年齢**：43.9歳
採用実績：（技術系）2020年（予定）43名　2019年50名　2018年59名

※在阪中堅ゼネコン。大工から発展。建築が主。

社名：㈱**錢高組**　http://www.zenitaka.co.jp/
創業：1705年　**設立**：1931年　**資本金**：36億9500万円
売上高：（単独）1327億円　（連結）1329億円　**従業員数**：（単独）893人　（連結）952人
初任給：高専卒220,000円　大卒240,000円　院了260,000円
平均年収：821万円　**従業員平均年齢**：44.7歳
採用実績：（建築）2019年65名　2018年48名　2017年32名　2016年30名

※在阪老舗。シールド工法に強み。堅実経営で安定度も高い。

中堅ゼネコン

社名:**飛島建設㈱** http://www.tobishima.co.jp/
創業:1883年 **設立**:1947年 **資本金**:55億1994万円
売上高:(単独)1234億円 (連結)1348億円
従業員数:(単独)1,210人 **初任給**:(総合職)高専・専門卒220,000円 大卒240,000円 院了260,000円 **平均年収**:776万円 **従業員平均年齢**:46歳
採用実績:(技術系)2020年43名 2019年48名 2018年49名 2017年61名

※土木の名門。自社評価は利他利己・風通しがよい・アットホーム。

社名:**㈱福田組** http://www.fkd.co.jp/
創業:1902年 **設立**:1927年 **資本金**:51億5840万円
売上高:(単独)1199億円 (連結)1820億円
従業員数:(単独)937人 (連結)2,026人 **初任給**:(外勤)高専専攻科・大卒・院了200,000円～250,000円 (内勤)高専・大卒・院了190,800円～240,000円 **平均年収**:842万円
従業員平均年齢:45.0歳 **採用実績**:2019年55名 2018年33名 2017年38名

※新潟が地盤であったが県外へ積極的に進出。地場拡大型ゼネコン。

社名:**大豊建設㈱** http://www.daiho.co.jp/
設立:1949年 **資本金**:90億3977万円
売上高:(単独)1209億600万円 (連結)1628億1100万円 **従業員数**:(単独)1008人 (連結)1,646人 **初任給**:高専卒220,000円 高専専攻・大卒240,000円 院了247,000円
平均年収:754万円 **従業員平均年齢**:45.2歳
採用実績:2019年41名 2018年43名 2017年40名 2016年40名

※泥土加圧シールド・無人ケーソンの両工法が強み。土木主体だが建築の比重を高め、堅実経営に徹する。

社名:**西武建設㈱** http://www.seibu-const.co.jp/
創業:1941年 **資本金**:110億円
売上高:802億5200万円 **従業員数**:778人
初任給:高専卒200,000円 大卒225,000円 院了232,400円
平均年収:806万円(西武ホールディングス) **従業員平均年齢**:45.5歳
採用実績:2020年(予定)25名 2019年28名 2018年35名 2017年30名

※西武鉄道系の建設会社。住宅・鉄道・土木関係と幅広い業務範囲を持つ。

社名:**㈱ピーエス三菱** http://www.psmic.co.jp/
設立:1952年 **資本金**:42億1850万円
売上高:(単独)1030億3800万円 (連結)1148億4100万円 **従業員数**:(単独)1,116人 (連結)1,736人 **初任給**:高専卒220,000円 大卒240,000円 院了260,000円
平均年収:758万円 **従業員平均年齢**:43.7歳
採用実績:2019年36名 2018年44名 2017年31名 2016年34名

※プレストレストコンクリートの先駆ピー・エスと三菱建設が合併。自社評価はざっくばらんと切磋琢磨の混在。

社名:**松井建設㈱** http://www.matsui-ken.co.jp/
創業:1586年 **設立**:1939年 **資本金**:40億円
売上高:(単独)940億5100万円 (連結)944億2200万円
従業員数:(単独)751人 (連結)772人 **初任給**:大卒230,000円 院了237,200円
平均年収:743万円 **従業員平均年齢**:44.3歳
採用実績:(技術)2019年19名 2018年33名 2017年15名

※社寺・仏閣に強み。バブルにも踊らず堅実経営。

中堅ゼネコン

社名:**青木あすなろ建設㈱** http://www.aaconst.co.jp/
設立:1950年 **資本金**:50億円
売上高:(単独)956億円 (連結)1556億円
従業員数:(単独)923人 (連結)1,877人
初任給:高専卒220,000円 大卒240,000円 院了260,000円
平均年収:789万円 **従業員平均年齢**:45.7歳
採用実績:2019年54名 2018年52名 2017年47名 2016年48名
※高松コンストラクションG傘下。バブル時の積極展開が裏目。海上土木に強み。

社名:**㈱大本組** http://www.ohmoto.co.jp/
創業:1907年 **設立**:1937年 **資本金**:52億9600万円
売上高:(単独)790億600万円 **従業員数**:(単独)814人
初任給:高専・専門卒200,000円 大卒220,000円 院了230,000円
平均年収:822万円 **従業員平均年齢**:46.1歳
採用実績:(技術系)2020年27名 2019年25名 2018年30名 2017年24名 2016年28名 2015年29名
※土木から建築にシフト。無人化施工技術など独自技術に強み。岡山を地盤に全国展開。

社名:**㈱ナカノフドー建設** http://www.wave-nakano.co.jp/
創業:1933年 **設立**:1942年 **資本金**:50億6167万円
売上高:(単独)749億2700万円 (連結)1169億7700万円
従業員数:(単独)721人 (連結)1,361人
初任給:(総合職)短大・高専・専門卒205,000円 大卒231,000円 院了235,000円
平均年収:628万円 **従業員平均年齢**:46.0歳
採用実績:2019年33名 2018年29名 2017年30名
※建築中堅ナカノコーポレーションと土木中堅不動建設の建築部門の合併で誕生。民間建築が主。

社名:**北野建設㈱** http://www.kitano.co.jp/
設立:1946年 **資本金**:91億1649万円
売上高:(単独)744億5700万円 (連結)619億5100万円
従業員数:(単独)514人 (連結)1,054人
初任給:(総合職)高専卒207,000円 大卒225,000円 院了238,000円
平均年収:724万円 **従業員平均年齢**:39.6歳
採用実績:(本部:理系)2018年23名 2017年24名 2016年18名 2015年18名
※長野の文化を支える。スキー競技への後援でも有名。

社名:**㈱不動テトラ** http://www.fudotetra.co.jp/
創業:1947年 **資本金**:50億円
売上高:(単独)585億円 (連結)712億円
従業員数:(単独)770人 (連結)873人
初任給:高専卒220,000円 高専専攻・大卒240,000円 院了260,000円
平均年収:819万円 **従業員平均年齢**:47.0歳
採用実績:(技術系)2018年35名 2017年19名 2016年21名
※地盤改良の不動建設土木部門と護岸のテトラポッドの合併で誕生。

名門・伝統系

社名:㈱水澤工務店 http://www.mizusawa-inc.co.jp/
創業:1914年 設立:1944年 資本金:9000万円
売上高:42億2131万円(2012年)
従業員数:93人(2012年7月)

※数奇屋建築の名門。建築家にも絶大な信頼。

社名:㈱金剛組 http://www.kongogumi.co.jp/
創業:578年 設立:2006年 資本金:3億円
売上高:48億852万円(2012年)
平均年収:630万円(髙松コンストラクショングループ) 従業員平均年齢:39.6歳

※世界最古とされる宮大工の会社。一族経営から、大阪の中堅ゼネコン・髙松建設の子会社に。

社名:㈱佐藤秀 http://www.satohide.co.jp/
創業:1929年 設立:1948年 資本金:5億円 売上高:234億8000万円(2019年)
初任給:専門卒 200,000円 大卒 220,000円 院了 230,000円
従業員数:180人(2020年4月) 採用実績:2020年(予定)7名 2019年8名 2018年16名

※建築家佐藤秀三が設立。高い技術を誇る。

社名:白石建設㈱ http://www.shiraishi-ken.co.jp/
創業:1949年 資本金:10億円 売上高:84億800万円(2018年)
従業員数:109人 初任給:短大・高専・専門卒180,000円 大卒・院了200,000円
採用実績:2019年7名 2018年4名 2017年4名

※アントニン・レーモンドに愛された技術を誇る。本社東京都杉並区。

社名:㈱岩本組 http://www.iwamotogumi.co.jp/
創立:1933年 資本金:2000万円
売上高:25億6334万円(2017年) 従業員数:54人
初任給:専門(2年)卒200,000円 専門(3年)卒205,000円 大卒210,000円 院了220,000円
採用実績:2018年1名 2017年1名 2016年0名

※著名建築家から絶大な信頼を受けていた。現在は夢真ホールディングスの子会社に。

社名:㈱安井杢工務店 http://www.yasuimoku.co.jp/
創業:1688年 設立:1947年 資本金:5400万円
売上高:15億円(2012年度)
従業員数:63人

※寺社・仏閣など伝統建築に強い名門。京都が地盤。

社名:㈱石間工務店 http://www.ishima.co.jp/
創業:1920年 設立:1975年 資本金:5000万円
売上高:10億円

※数奇屋の名門。本社は東京都江東区。

社名:亀山建設㈱ http://www.e-kameyama.jp/
創業:1937年 資本金:2000万円
売上高:18億円(2012年)
従業員数:101名(技術技能者88名)

※セビリア万博で安土桃山城の天守閣を復元。設計・施工管理だけでなく、大工職も抱える。本社は岐阜県。

コラム ASEAN、ジャカルタへ

建築学生にも熱心なファンが多いAKBグループ。そのAKBがインドネシアのジャカルタでJKT48を立ち上げると聞いて、驚いた学生も多かったことでしょう。実は現在最も注目されている国、それがインドネシアなのです。

1990年代、人口が世界最多で成長が見込める国として、大手ゼネコンをはじめ多数の日本企業が中国に進出しました。消費欲が旺盛で、安価な労働力も魅力的。そのため、これまで中国は世界の工場として機能してきました。しかし近年では、経済成長による人件費の高騰に加え、著作権意識の欠如、反日感情、政治的要因による経済活動の制限など、極めて危険な「チャイナリスク」を企業は避けるように。それによって生産拠点を、中国からASEAN（東南アジア諸国連合）に移す動きが活発化してきたのです。

人件費が安く、豊富な労働力という点では、たとえばフィリピンも候補にあがるでしょう。人口は1億人とASEANで2番目。陽気で語学に強く、看護・介護系の仕事に定評があります。しかし少々適当で細かい作業は苦手ぎみ。時間にルーズな面もあって、生産拠点としては不向きとされています。

なぜジャカルタなのか

一方、インドネシアの人口は2億6千万人。中国、インド、アメリカに次ぐ世界第4位で、消費地としても需要は十分。そのうえ勤勉で器用、温厚で従順な国民性が、次世代の世界の工場として注目を集めています。日本に対して反日感情もないばかりか、親日度が高いため、インドネシア、とくにジャカルタは、日本企業が進出しやすい環境が整っています。

このような理由から、ジャカルタへの日本企業の進出は活発化。建設業界でも、工場建設など日本独自の高度な技術力が発揮できます。経済成長に伴う高層アパート、ショッピングセンターや公的施設などの建築需要、道路・橋などの社会資本の整備需要も期待できるでしょう。ゆえに、建設業界の次なる地はジャカルタなのです！

15

地場ゼネコンもチェックしよう！

地方にしっかり根を下ろしている建設業。転勤がないのが魅力

CHECK POINT

主に本社のある都道府県内を中心に施工を行う地場ゼネコン。監督の能力が問われる仕事ゆえ、現場監督はプライドをもって仕事ができます。大手就職情報サイトに掲載はされませんが、積極的に人材を募集中。秋以降でも充分間に合います！

地場ゼネコンとは?

地場ゼネコンは、地方都市に本社を置き、主にその都道府県内の物件を中心に施工を行う建設会社です。なかには東京や大阪近郊に支店を持つ会社もあります。仕事は、建築や道路などの公共工事、民間では鉄骨や鉄筋コンクリート造の事業用物件を中心に受注します。公共工事は原則として設計施工が分離されているので、施工を担当。民間の受注では、設計施工で依頼を受ける場合もありますが、内部に設計部を抱えている会社は少ないので、設計は設計事務所への外注が一般的です。

東証一部上場の中堅ゼネコンが1億円前後の物件から受注活動を行いますから、地場ゼネコンは1億円未満の物件が中心。それ以上は、大手・中堅ゼネコンとのJV（共同企業体）になることが多いようです。従業員1人当たりの売り上げは年間5千~8千万円程度。その多くは専門工事業者への支払いとなり、地場ゼネコンの取り分は1~2割程度になります。

あらゆる仕事を経験できる

工務店などの住宅産業では、ある程度パターン化された工事が多く、監督の仕事も限定的で、職人に頼ってしまう部分も多いものです。

一方、地場ゼネコンの現場は、野丁場といわれるようにイレギュラーな部分も多く、図面を読み込み、工程を組み、職人を手配し、的確に指示する必要があるので、監督の能力が強く問われます。よって、プライドを持って仕事をしている方が多いといえるでしょう。

現場事務所は極めて少人数。1〜2人の監督で切り盛りするので、30代前半には所長として独り立ちすることになります。

また、大手・中堅ゼネコンであれば、少なくとも関東・関西などの地域圏、場合によっては日本全国への転勤があり、家族を残し、単身赴任しなくてはならない場合もあります。ですが、地場ゼネコンでは、自宅や営業所から1時間程度で通える距離の物件がほとんど。家族との時間をしっかり確保できることと思います。

そのほか、地場ゼネコンで働く人たちは地元志向が強いので、比較的穏やかな人が多い印象も受けます。

新卒求む！

バブル時に費やした設備投資の負債、景気の低迷による民間工事の減少、公共工事の削減によって、長らく経営が厳しい状況が続き、地場ゼネコンは採用を極端に抑えてきました。しかし、2012年頃には、固定負債も解消し、人員整理や定年退職による従業員の自然減によって、優良地場ゼネコンを中心に人材確保の動きが強まっています。

地場ゼネコンはもともと、地元の工業高校や高専、大学の教員や就職課からのあっせんによって従業員を確保してきました。しかし、採用抑制の間に学生の就職活動が大手就職情報サイトを中心に行われるようになったため、サイトに登録していない地場ゼネコンと学生の接点がなくなっています。また、積極的に広報活動を行わない会社が多いので、ホームページも更新されていません。人を求めていても、学生側がその情報を把握できない問題もあります。

有力ゼネコンはここだ

84頁から始まる表は、公共工事の際、発注者が参考とする「建設業経営事項審査」の評点が高い会社を、都道府県別で抜き出したものです。これら地方の優良ゼネコンは、一定の技術力があり、経営的にも安定している会社です。

この表をベースに、地場有力ゼネコンへの就活も行ってみてください。秋以降でも採用活動を行っている会社が多いので、上場企業や公務員への就職がかなわなかった人も十分に間に合います。

都道府県別建設業者リスト

参考までに、2013年までの都道府県別の建設業経営事項審査(建築一式)において、評点Pの高い企業ランキングを紹介しよう。この指標では売上規模が大きな会社が上位になる傾向がある。また、建設会社だけではなく、建材商社や実際に公共工事には参加しないであろうハウスメーカーなども掲載されている。
なお、ここでは各地方を拠点とする企業を中心に紹介するために、東京都と大阪府については都知事・府知事許可により業務を行っている業者のみを掲載した。

MEMO

経営事項審査:経審と略され、公共工事を発注者から直接受注しようとする建設業者必須の審査。経営状況、経営規模、技術力(技術者数)、社会性(民事再生法やISOの適用)などについて数値化し、評価を行う。なお、詳細な審査結果は、(一財)建設業情報管理センターのウェブサイト(http://www.ciic.or.jp/)で公表されている。
評点P:経営審査項目に対する総合的な評点。

北海道

順位	企業名	評点P	売上高
1	岩田地崎建設	1,418	545億円
2	伊藤組土建	1,319	237億円
3	丸彦渡辺建設	1,293	200億円
4	中山組	1,288	176億円
5	岩倉建設	1,273	130億円
6	宮坂建設工業	1,267	219億円
7	田中組	1,213	91億円
8	土屋ホーム	1,211	177億円
9	北海道セキスイハイム	1,191	171億円
10	泰進建設	1,169	60億円

青森

順位	企業名	評点P	売上高
1	福萬組	1,095	46億円
2	田中建設	1,078	41億円
3	阿部重組	1,065	29億円
4	鹿内組	1,060	54億円
5	マルノ建築設計	1,058	24億円
6	鹿内組	1,056	50億円
7	上北建設	1,043	25億円
8	穂積建設工業	1,042	33億円
9	寺下建設	1,029	24億円
10	藤本建設	1,020	23億円

岩手

順位	企業名	評点P	売上高
1	日本住宅	1,226	191億円
2	平野組	1,215	86億円
3	宮城建設	1,161	119億円
4	佐賀組	1,114	90億円
5	タカヤ	1,106	67億円
6	大伸工業	1,103	47億円
7	菱和建設	1,100	67億円
8	佐々木組	1,091	60億円
9	高惣建設	1,055	39億円
10	陸中建設	1,049	31億円

宮城

順位	企業名	評点P	売上高
1	セキスイハイム東北	1,355	299億円
2	仙建工業	1,349	395億円
3	ユアテック	1,325	2001億円
4	丸本組	1,229	134億円
5	阿部和工務店	1,219	73億円
6	橋本店	1,200	180億円
7	東北ミサワホーム	1,189	250億円
8	奥田建設	1,179	105億円
9	阿部建設	1,146	68億円
10	北洲	1,141	154億円

秋田

順位	企業名	評点P	売上高
1	中田建設	1,183	64億円
2	沢木組	1,139	54億円
3	大森建設	1,088	79億円
4	伊藤建設工業	1,074	38億円
5	秋田土建	1,073	40億円
6	三菱マテリアル電子化成	1,067	93億円
7	横手建設	1,064	30億円
8	秋田土建	1,044	27億円
9	中央土建	1,041	22億円
10	小坂建設	1,024	21億円

山形

順位	企業名	評点P	売上高
1	山形建設	1,177	84億円
2	後藤組	1,144	52億円
3	升川建設	1,118	85億円
4	市村工務店	1,109	37億円
5	千歳建設	1,107	39億円
6	那須建設	1,099	67億円
7	鶴岡建設	1,096	36億円
8	ウンノハウス	1,088	60億円
9	佐藤工務	1,088	32億円
10	大井建設	1,085	38億円

福島

順位	企業名	評点P	売上高
1	生和コーポレーション	1,522	189億円
2	佐藤工業	1,247	130億円
3	クレハ錦建設	1,225	151億円
4	庄司建設工業	1,173	70億円
5	常磐開発	1,168	155億円
6	陰山建設	1,145	56億円
7	金田建設	1,127	51億円
8	オオバ工務店	1,108	37億円
9	堀江工業	1,095	47億円
10	菅野建設工業	1,093	55億円

茨城

順位	企業名	評点P	売上高
1	株木建設	1,313	315億円
2	鈴縫工業	1,271	134億円
3	秋山工務店	1,236	62億円
4	茨城セキスイハイム	1,167	137億円
5	常総開発工業	1,154	105億円
6	岡部工務店	1,122	65億円
7	昭和建設	1,114	69億円
8	染谷工務店	1,069	26億円
9	染谷工務店	1,065	21億円
10	小薬建設	1,047	26億円

※同じ会社が重複している場合があるが、これは1つの会社が複数の許可番号(都道府県知事と国土交通大臣)を持っているため。

栃木

順位	企業名	評点P	売上高
1	東武建設	1,246	166億円
2	パナホーム北関東	1,227	185億円
3	藤井産業	1,212	523億円
4	トヨタウッドユーホーム	1,200	179億円
5	増渕組	1,155	54億円
6	浜屋組	1,138	68億円
7	中村土建	1,123	50億円
8	那須土木	1,078	26億円
9	渡辺建設	1,076	62億円
10	小堀建設	1,076	52億円

埼玉

順位	企業名	評点P	売上高
1	西武建設	1,508	530億円
2	ポラテック	1,363	617億円
3	島村工業	1,321	164億円
4	埼玉建興	1,315	212億円
5	川口土木建築工業	1,284	213億円
6	古郡建設	1,265	82億円
7	エム・テック	1,250	163億円
8	佐伯工務店	1,243	61億円
9	松永建設	1,240	114億円
10	住協建設	1,229	236億円

東京

順位	企業名	評点P	売上高
1	フルーア・ダニエル・ジャパン	1,695	2.1兆円
2	ロッテ建設	1,672	3138億円
3	三星物産	1,597	1.3兆円
4	オーバーシーズ・ベクテル・インコーポレーテツド	1,593	7514億円
5	トーヨーカネツ	1,233	407億円
6	三浦組	1,118	49億円
7	三浦組	1,117	48億円
8	興建社	1,112	47億円
9	昇和建設	1,103	26億円
10	立花建設	1,092	25億円
11	リケン	1,083	809億円
12	日清エンジニアリング	1,074	164億円
13	友菱	1,064	58億円
14	東光建設	1,062	21億円
15	久保工	1,058	43億円
16	エヌ・ティ・ティ・データ	1,057	1.2兆円
17	ファーストカルデア	1,055	76億円
18	岡建工事	1,054	40億円
19	アサヒ	1,047	22億円
20	イズミ・コンストラクション	1,044	39億円

富山

順位	企業名	評点P	売上高
1	川田工業	1,329	522億円
2	辻建設	1,189	68億円
3	石友ホーム	1,173	97億円
4	塩谷建設	1,149	62億円
5	日本海建興	1,114	39億円
6	三協立山	1,098	1852億円
7	砺波工業	1,086	30億円
8	近藤建設	1,063	42億円
9	くみあい建設	1,060	27億円
10	桜井建設	1,041	28億円

群馬

順位	企業名	評点P	売上高
1	関東建設工業	1,374	347億円
2	井上工業	1,346	279億円
3	佐田建設	1,344	228億円
4	石川建設	1,263	179億円
5	河本工業	1,205	162億円
6	冬木工業	1,197	120億円
7	立見建設	1,166	83億円
8	第一工業	1,092	33億円
9	柏井建設	1,091	63億円
10	小野里工業	1,089	71億円

千葉

順位	企業名	評点P	売上高
1	新日本建設	1,554	606億円
2	新昭和	1,448	506億円
3	広島建設	1,304	130億円
4	京成建設	1,244	165億円
5	ミサワホーム東関東	1,219	215億円
6	阿部建設	1,153	93億円
7	三協フロンテア	1,149	該当なし
8	畔蒜工務店	1,148	35億円
9	古谷建設	1,143	68億円
10	ウラタ	1,100	53億円

神奈川

順位	企業名	評点P	売上高
1	日揮	1,709	5569億円
2	千代田化工建設	1,591	2546億円
3	馬淵建設	1,425	244億円
4	飛島建設	1,418	1056億円
5	JFEエンジニアリング	1,398	2787億円
6	JFE工建	1,342	711億円
7	東芝プラントシステム	1,329	1623億円
8	松尾工務店	1,315	226億円
9	大勝	1,267	153億円
10	JXエンジニアリング	1,230	338億円

新潟

順位	企業名	評点P	売上高
1	福田組	1,566	1114億円
2	第一建設工業	1,491	427億円
3	植木組	1,412	349億円
4	本間組	1,401	347億円
5	イシカワ	1,317	167億円
6	加賀田組	1,303	281億円
7	丸運建設	1,210	117億円
8	田中産業	1,193	139億円
9	廣瀬	1,192	75億円
10	小柳建設	1,191	102億円

石川

順位	企業名	評点P	売上高
1	日成ビルド工業	1,431	418億円
2	真柄建設	1,345	114億円
3	トーケン	1,136	63億円
4	豊蔵組	1,108	59億円
5	ニューハウス工業	1,084	73億円
6	みづほ工業	1,046	32億円
7	兼六建設	1,044	39億円
8	アシーズ	1,026	34億円
9	北川ヒューテック	1,016	169億円
10	表組	1,005	23億円

福井

順位	企業名	評点P	売上高
1	塩浜工業	1,260	158億円
2	村中建設	1,223	140億円
3	石黒建設	1,216	148億円
4	村中建設	1,179	128億円
5	キハラコーポレーション	1,138	42億円
6	木原建設	1,127	115億円
7	田中建設	1,125	44億円
8	技建工業	1,088	47億円
9	キハラコーポレーション	1,074	42億円
10	関組	1,072	40億円

山梨

順位	企業名	評点P	売上高
1	内藤ハウス	1,393	197億円
2	早野組	1,288	180億円
3	芙蓉建設	1,156	70億円
4	アエラホーム	1,150	198億円
5	長田組土木	1,109	51億円
6	国際建設	1,082	51億円
7	日経工業	1,059	19億円
8	三井建設工業	1,035	19億円
9	齋藤建設	1,035	27億円
10	齋藤建設	1,019	20億円

長野

順位	企業名	評点P	売上高
1	北野建設	1,600	523億円
2	守谷商会	1,432	302億円
3	ヤマウラ	1,384	186億円
4	岡谷組	1,239	108億円
5	吉川建設	1,227	130億円
6	北信土建	1,218	67億円
7	セキスイハイム信越	1,208	155億円
8	新津組	1,206	57億円
9	神稲建設	1,204	102億円
10	新津組	1,202	52億円

岐阜

順位	企業名	評点P	売上高
1	岐建	1,570	453億円
2	大日本土木	1,553	688億円
3	TSUCHIYA	1,547	474億円
4	西濃建設	1,193	85億円
5	市川工務店	1,158	123億円
6	青協建設	1,145	71億円
7	中島工務店	1,134	51億円
8	佐伯綜合建設	1,133	35億円
9	内藤建設	1,123	49億円
10	吉川工務店	1,098	55億円

静岡

順位	企業名	評点P	売上高
1	木内建設	1,564	488億円
2	セキスイハイム東海	1,415	350億円
3	須山建設	1,352	118億円
4	富士ハウス	1,352	418億円
5	鈴与建設	1,323	215億円
6	ザ・トーカイ	1,270	1085億円
7	中村組	1,232	113億円
8	石川建設	1,209	65億円
9	平井工業	1,204	63億円
10	中村建設	1,203	130億円

愛知

順位	企業名	評点P	売上高
1	名工建設	1,580	757億円
2	矢作建設工業	1,539	624億円
3	アイシン開発	1,494	298億円
4	中電不動産	1,368	234億円
5	小原建設	1,364	169億円
6	トヨタT&S建設	1,359	214億円
7	伊藤工務店	1,317	114億円
8	徳倉建設	1,315	381億円
9	ジェイアール東海建設	1,308	269億円
10	近藤組	1,270	202億円

三重

順位	企業名	評点P	売上高
1	日本土建	1,203	70億円
2	北村組	1,194	101億円
3	三交不動産	1,185	455億円
4	生川建設	1,156	74億円
5	三交ホーム	1,076	82億円
6	大宗建設	1,075	28億円
7	船谷建設	1,071	23億円
8	堀崎組	1,055	18億円
9	山口工務店	1,052	21億円
10	丸亀産業	1,042	54億円

滋賀

順位	企業名	評点P	売上高
1	桑原組	1,324	153億円
2	奥田工務店	1,219	74億円
3	辻寅建設	1,177	40億円
4	パナホーム滋賀	1,114	70億円
5	西村建設	1,104	51億円
6	平和奥田	1,101	112億円
7	澤村	1,099	24億円
8	三陽建設	1,082	39億円
9	杉橋建設	1,078	27億円
10	三東工業社	1,070	54億円

京都

順位	企業名	評点P	売上高
1	金下建設	1,295	133億円
2	藤井組	1,198	28億円
3	かねわ工務店	1,178	46億円
4	吉村建設工業	1,149	54億円
5	岡野組	1,144	59億円
6	北和建設	1,116	42億円
7	太平工業	1,116	43億円
8	野口建設	1,112	35億円
9	デザオ建設	1,106	48億円
10	ミラノ工務店	1,101	35億円

大阪

順位	企業名	評点P	売上高
1	松本組	1,194	58億円
2	森長工務店	1,140	25億円
3	安部工務店	1,081	22億円
4	スナダ建設	1,069	79億円
5	シミズ・ビルライフケア関西	1,056	82億円
6	中山製鋼所	1,052	2597億円
7	狭間組	1,027	21億円
8	堺土建	1,024	25億円
9	星光ビル管理	1,023	379億円
10	日本土建工業	1,020	26億円

兵庫

順位	企業名	評点P	売上高
1	柄谷工務店	1,327	129億円
2	神崎組	1,318	93億円
3	近畿菱重興産	1,292	169億円
4	ノバック	1,286	200億円
5	ソネック	1,282	75億円
6	美樹工業	1,238	256億円
7	新井組	1,210	164億円
8	ジェイアール西日本ビルト	1,207	104億円
9	前川建設	1,203	85億円
10	川崎重工業	1,202	1.3兆円

和歌山

順位	企業名	評点P	売上高
1	淺川組	1,291	200億円
2	三友工業	1,156	38億円
3	日鉄住金プラント	1,153	616億円
4	小池組	1,104	42億円
5	三洋建設	1,063	28億円
6	保田組	1,032	21億円
7	中井組	1,017	28億円
8	初島組	1,012	32億円
9	田中組	1,003	19億円
10	夏山組	982	24億円

島根

順位	企業名	評点P	売上高
1	今井産業	1,210	147億円
2	松江土建	1,174	68億円
3	大畑建設	1,094	48億円
4	中筋組	1,089	56億円
5	カナツ技建工業	1,085	76億円
6	宮田建設工業	1,062	30億円
7	まるなか建設	1,030	43億円
8	フクダ	1,019	24億円
9	一畑工業	1,019	16億円
10	平井建設	1,008	32億円

広島

順位	企業名	評点P	売上高
1	広成建設	1,472	380億円
2	増岡組	1,217	157億円
3	共立	1,209	120億円
4	広島菱重興産	1,204	82億円
5	大之木建設	1,164	65億円
6	北川鉄工所	1,157	302億円
7	合人社エンジニアリング	1,125	79億円
8	山根木材	1,089	100億円
9	砂原組	1,088	50億円
10	中電工業	1,084	61億円

徳島

順位	企業名	評点P	売上高
1	姫野組	1,214	97億円
2	亀井組	1,049	29億円
3	北島建設	1,047	23億円
4	井上建設	991	20億円
5	北岡組	990	18億円
6	岡田組	987	15億円
7	岡下建設	987	17億円
8	鳳建設	977	13億円
9	亀井組	973	17億円
10	神原建設	973	13億円

奈良

順位	企業名	評点P	売上高
1	村本建設	1,422	418億円
2	中尾組	1,060	22億円
3	森下組	1,054	33億円
4	松塚建設	1,044	31億円
5	中尾組	1,043	14億円
6	中尾組	1,038	23億円
7	山上組	1,036	24億円
8	三和建設	1,027	35億円
9	山上組	1,018	25億円
10	崎山組	1,018	20億円

鳥取

順位	企業名	評点P	売上高
1	美保テクノス	1,131	57億円
2	井木組	1,094	42億円
3	馬野建設	1,037	27億円
4	大和建設	1,016	16億円
5	やまこう建設	1,011	29億円
6	一条工務店山陰	1,010	46億円
7	平田組	1,003	15億円
8	田中工業	995	12億円
9	大松建設	993	13億円
10	懸樋工務店	991	10億円

岡山

順位	企業名	評点P	売上高
1	大本組	1,610	755億円
2	アイサワ工業	1,422	251億円
3	セキスイハイム中四国	1,314	296億円
4	ミサワホーム中国	1,298	299億円
5	荒木組	1,229	102億円
6	中村建設	1,192	72億円
7	蜂谷工業	1,152	70億円
8	中国建設工業	1,122	41億円
9	エス・バイ・エル・カバヤ	1,117	118億円
10	梶岡建設	1,104	27億円

山口

順位	企業名	評点P	売上高
1	カシワバラ・コーポレーション	1,230	334億円
2	洋林建設	1,148	63億円
3	安成工務店	1,128	75億円
4	井森工業	1,099	63億円
5	新光産業	1,096	98億円
6	宇部工業	1,081	89億円
7	エルクホームズ	1,056	58億円
8	協和建設工業	1,053	31億円
9	澤田建設	1,051	36億円
10	澤田建設	1,039	40億円

香川

順位	企業名	評点P	売上高
1	合田工務店	1,453	230億円
2	穴吹工務店	1,257	1306億円
3	菅組	1,204	68億円
4	四電エンジニアリング	1,195	394億円
5	穴吹建設	1,135	99億円
6	谷口建設興業	1,132	35億円
7	坂出土建工業	1,112	29億円
8	四電ビジネス	1,091	277億円
9	小竹興業	1,090	66億円
10	四電ビジネス	1,088	366億円

愛媛

順位	企業名	評点P	売上高
1	一宮工務店	1,215	136億円
2	門屋組	1,068	30億円
3	河上工務店	1,058	18億円
4	四国通建	1,052	212億円
5	井原工業	1,046	53億円
6	尾藤建設	1,041	24億円
7	野間工務店	1,012	12億円
8	岡崎工務店	1,001	12億円
9	堀田建設	990	40億円
10	山本建設	985	13億円

福岡

順位	企業名	評点P	売上高
1	セキスイハイム九州	1,458	410億円
2	上村建設	1,432	208億円
3	九鉄工業	1,378	256億円
4	溝江建設	1,250	177億円
5	北洋建設	1,243	158億円
6	福屋建設	1,218	91億円
7	照栄建設	1,174	91億円
8	ミサワホーム九州	1,153	184億円
9	池田興業	1,152	235億円
10	昭和建設	1,151	121億円

長崎

順位	企業名	評点P	売上高
1	谷川建設	1,249	152億円
2	西日本菱重興産	1,206	134億円
3	梅村組	1,131	54億円
4	上滝	1,119	68億円
5	西海建設	1,094	75億円
6	大進建設	1,087	27億円
7	大石建設	1,078	50億円
8	堀内組	1,033	39億円
9	星野建設	1,029	39億円
10	池田工業	1,029	27億円

大分

順位	企業名	評点P	売上高
1	佐伯建設	1,326	155億円
2	梅林建設	1,305	242億円
3	さとうベネック	1,235	103億円
4	菅組	1,162	67億円
5	平倉建設	1,100	45億円
6	西日本土木	1,068	60億円
7	九工建設	1,046	15億円
8	森田建設	1,033	28億円
9	新成建設	1,019	37億円
10	熊野建設	1,010	24億円

鹿児島

順位	企業名	評点P	売上高
1	渡辺組	1,252	80億円
2	山佐産業	1,197	67億円
3	前田組	1,131	54億円
4	南国殖産	1,105	1916億円
5	植村組	1,101	72億円
6	南生建設	1,077	38億円
7	弓場建設	1,077	43億円
8	内村建設	1,068	27億円
9	新生組	1,056	18億円
10	坂本建設	1,054	29億円

高知

順位	企業名	評点P	売上高
1	大旺新洋	1,271	185億円
2	岸之上工務店	1,180	70億円
3	和建設	1,088	67億円
4	新進建設	1,068	32億円
5	小松建設	1,021	19億円
6	ミタニ建設工業	1,011	52億円
7	響建設	997	13億円
8	轟組	996	51億円
9	山本建設	969	10億円
10	北村商事	965	80億円

佐賀

順位	企業名	評点P	売上高
1	松尾建設	1,474	550億円
2	中野建設	1,183	88億円
3	唐津土建工業	1,082	45億円
4	黒木建設	1,045	33億円
5	栗山建設	1,043	14億円
6	岸本組	1,043	31億円
7	岸本組	1,035	28億円
8	中島建設	1,014	29億円
9	建設センター	1,008	32億円
10	五光建設	1,001	45億円

熊本

順位	企業名	評点P	売上高
1	光進建設	1,228	68億円
2	岩永組	1,172	56億円
3	三津野建設	1,156	54億円
4	建吉組	1,103	44億円
5	吉永産業	1,095	54億円
6	新規建設	1,094	37億円
7	冨坂建設	1,085	23億円
8	小竹組	1,082	38億円
9	和久田建設	1,079	47億円
10	エスケーホーム	1,031	27億円

宮崎

順位	企業名	評点P	売上高
1	志多組	1,218	63億円
2	坂下組	1,207	53億円
3	吉原建設	1,188	129億円
4	神崎建設工業	1,120	42億円
5	上田工業	1,118	45億円
6	増田工務店	1,113	60億円
7	大淀開発	1,097	56億円
8	桜木組	1,086	30億円
9	はやま建設	1,071	27億円
10	加賀城建設	1,061	22億円

沖縄

順位	企業名	評点P	売上高
1	國場組	1,330	246億円
2	屋部土建	1,170	82億円
3	金秀建設	1,163	100億円
4	仲本工業	1,160	79億円
5	大城組	1,156	64億円
6	大米建設	1,151	105億円
7	沖電工	1,118	146億円
8	太名嘉組	1,107	65億円
9	沖創建設	1,090	123億円
10	照正組	1,065	31億円

0

part 1 建築・建設業界を知る

2

3

コラム 企業判断の基礎的用語を押さえよう

東京証券取引所	広く一般から資本を集めるために株券などを売買する市場。上場により社会的信用度が増す。1部に約2100社、2部に約500社が上場し、1部のほうが審査は厳しい。
マザーズ／ヘラクレス	新興企業などが株券などによって資金を調達するために開かれた市場。東証1部2部に比べ基準が大幅に緩く、経営安定度が低い会社も多い。
創業	その会社が事業を開始した時期を指す。個人事業主時代も含む。
設立	株式会社など、会社法上の設立登記を行った時期を示す。景気の波に耐えてきた老舗か、新興企業かの判断が可能。
資本金	会社の運転資金として株主から預かる事業の元手。基本は企業規模に比例するが、設備投資が必要な業種が大きくなる傾向がある。
売上高	1年間における商取引の総額。外注や製造原価がかかる会社は大きくなりがちなので、異業種間の比較にはなじまない指標。
初任給	就職した初年度に受け取る給与月額。4月分の給与の場合、公務員は月単位の前払いのため全額支給、民間企業は出勤日数換算なので減額される。
平均給与	人件費を従業員数で割った金額。給与の伸び率が高いか、長く勤める人が多い会社、寡占企業や大卒のみ採用する企業体で高くなる傾向が強い。
平均年齢	全従業員の平均年齢を示した数字。離職率が低い会社ほど平均年齢が高くなり、長く勤められ、組織が安定した会社といえる。
採用実績	1年間の新卒採用数。年度ごとに変動がない企業は経営安定度が高い。社員数に比較し多い場合は、急成長しているか、離職率が高い。

売り上げと利益に関する4つの指標

売上総利益 ＝ 売上高 － 売上原価（商品や材料代の原価）

売上総利益は粗利ともいい、販売費や事務経費を考慮せず、企業が得る基本的な収益を指す。

営業利益 ＝ 売上総利益 － 販売費（人件費）－ 一般管理費（事務経費）

営業利益は、売上総利益から販売費や事務経費を引いたもので、本業の強さを見るときに最適な指標。

経常利益 ＝ 営業利益 ＋ 営業外収入（不動産賃料や有価証券売却益）－ 営業外費用（利息や証券売却損など）

経常利益は、不動産賃料や有価証券売却益、損益を考慮した金額。
財務力を含めた企業の総合的な実力を見るときに適切な指標。

従業員1人当たりの売上高 ＝ 売上高 ÷ 従業員数

同一業種で複数の社を比較するときに適切な指標。
設計事務所では約1／3が給与に充てられるといわれている。

16

サブコンって何？

業務の範囲がとても広い設備工事業

CHECK POINT

ゼネコンの下請けと謙遜していますが、その技術力は高く、会社の規模や待遇はゼネコン以上。メンテナンス収入のほか、建築設備の比重が上がり続けている現在、最も有望な業種の1つです。

サブコンとは？

サブコンとはサブコントラクターの略で、建設業界では電気工事、空調・給排水設備工事など主に設備関係の工事を行う会社を指します。

民間の建築工事では、ゼネコンからの発注により、下請けとして工事に参加します。また公共工事では、電気工事や空調・給排工事を建築工事と分離発注することが多いため、ゼネコンと対等の位置付けで工事に参加します。ただし、契約上は対等でも、工事の段取りが建築工事中心となるため、建築工事の監督の指示を仰ぐことが多く、下請け的な動きをすることもあるようです。

大手サブコンの特徴

空調・給排水工事を主体とする高砂熱学工業、新菱冷熱工業などのサブコンは、売り上げ1000億円超と準大手ゼネコンにせまる規模を持ち、平均年収も800万円以上と大手ゼネコン並の待遇となっています。業務の範囲は建築設備に関する施工だけでなく、豊富な特許や研究成果をもとにした企画提案・設計など、設備工事全般にわたります。さらに、プラントも対象となるなど、守備範囲の広さが特徴です。

一方、電気工事では、東京電力や関西電力の系列企業である関電工やきんでんが挙げられます。これらは、電気工事だけでなく、発電所を含む特殊用途や海外展開、管工事にも手を広げ、さらには特命工事の比率が高いため、抜群の安定度を誇ります。公的企業の系列だったため、平均年収は準大手ゼネコンと同等の水準にとどまりますが、手厚い福利厚生と退職後の企業年金など、額面以上の待遇が確保されています。

これら大手のサブコンでは、業務範囲が極めて広く、電気や機械科出身者が大きな割合を占め、建築出身者はそのほんの一部を担うことになりそうです。

地域のサブコン、実働部隊

サブコン、すなわち設備工事業は、それぞれの地域に多数存在します。設計事務所と同様、会社の規模によってその会社が施工する物件の規模が分かれています。

従業員50人から100人規模の地場大手サブコンは、公共工事を他社と共同して行うJV（ジョイントベンチャー）や、マンションやオフィスを中心に、設計・施工図の作成や現場管理を行います。従業員20人程度の小さい会社は、住宅などの設備工事を工務店から受けるほか、規模の大きいサブコンの職人、実働部隊として動くこともあります。

サブコンは安定度抜群

実は大手サブコンにしても、地場の設備工事業にしても、倒産することはまずありません。なぜなら、竣工・引き渡し後のメンテナンス収入が見込めるからです。

設備機器は定期的なメンテナンスが必要で、使い方によっては壊れることもあると一般消費者から認知されています。そのため、お客さまが配管の詰まりや、凍結による水道管破裂で工事業者に修理をお願いした場合、心から感謝されることはあっても、工事の状態を非難されることはないのです。そういう意味で建築本体工事を行う建設会社・工務店に比べてリスクが極めて少ない仕事といえます。

ただし、ポスティングなどによって消費者に直接アプローチを試みる設備業者が、ちょっとしたことでも配管や設備機器の取り替えを要求し、法外ともいえる請求を行っている実態もまま見受けられます。

サブコンの認知度はあまり高くないですが、環境技術の開発、既存建築物の設備機器修復・更新、オフィスや店舗、住宅における設備関係投資比重の増加により、大きく発展が見込める業界です。

設備工事会社

社名:**高砂熱学工業(株)**　http://www.tte-net.co.jp/
設立:1923年　**資本金**:131億3491万円
売上高:(単独)2429億5100万円　(連結)3208億9300万円
従業員数:(単独)2,064人　(連結)5,920人
初任給:(グローバル職)高専卒225,000円　大卒242,000円　院了255,000円
平均年収:862万円　**従業員平均年齢**:42.1歳
採用実績:2019年77名　2018年88名　2017年95名　2016年87名

社名:**新菱冷熱工業(株)**　http://www.shinryo.com/
設立:1956年　**資本金**:35億円
売上高:(単独)2007億4300万円　(連結)2596億7100万円
従業員数:(単独)2,217人
初任給:高専卒225,000円　大卒242,000円　院了250,000円
平均年収:907万円　**従業員平均年齢**:43.4歳
採用実績:2020年85名　2019年86名　2018年78名

社名:**三機工業(株)**　http://www.sanki.co.jp/
創立:1925年　**設立**:1949年　**資本金**:81億518万円
売上高:(単独)1515億8400万円　(連結)2076億8400万円
従業員数:(単独)1,992人　(連結)2,501人
初任給:高専本科卒210,000円　高専専科・大卒230,000円　院了242,000円
平均年収:837万円　**従業員平均年齢**:43.0歳
採用実績:2019年82名　2018年80名　2017年92名

社名:**ダイダン(株)**　http://www.daidan.co.jp/
創業:1903年　**設立**:1933年　**資本金**:44億7972万円
売上高:(単独)1672億4500万円　(連結)1692億2900万円
従業員数:(単独)1,507人　(連結)1,617人
初任給:高専卒250,000円　大卒262,000円　院了266,000円
平均年収:900万円　**従業員平均年齢**:42.6歳
採用実績:2019年56名　2018年60名　2017年46名　2016年49名

社名:**(株)大気社**　http://www.taikisha.co.jp/
創立:1913年　**設立**:1949年　**資本金**:64億5517万円
売上高:(単独)1326億8300万円　(連結)2253億7800万円
従業員数:(単独)1,483人　(連結)4,783人
初任給:高専卒222,000円　大卒243,000円　院了258,000円
平均年収:927万円　**従業員平均年齢**:43.9歳
採用実績:2019年66名　2018年54名　2017年54名　2016年44名

社名:**新日本空調(株)**　http://www.snk.co.jp/
設立:1969年　**資本金**:51億5860万円
売上高:(単独)960億9900万円　(連結)1201億600万円
従業員数:(単独)1,099人　(連結)1,625人
初任給:高専卒215,000円　大卒230,000円　院了240,000円
平均年収:854万円　**従業員平均年齢**:44.2歳
採用実績:2020年35名　2019年38名　2018年45名　2017年46名

設備工事会社

社名:㈱**朝日工業社**　http://www.asahikogyosha.co.jp/
創業:1925年　**設立**:1940年　**資本金**:38億5710万円
売上高:(単独)1014億2900万円　(連結)1039億6400万円
従業員数:(単独)930人　(連結)972人
初任給:(総合職/関東圏)短大・高専・専門卒234,000円　大卒248,000円　院了256,000円
平均年収:905万円　**従業員平均年齢**:44.9歳
採用実績:(理系)2020年(予定)37名　2019年38名　2018年34名　2017年34名

社名:**東洋熱工業㈱**　http://www.tonets.co.jp/
設立:1937年　**資本金**:10億1000万円
売上高:874億円
従業員数:805人
初任給:高専・専門卒216,000円　大卒(技術系)236,000円　院了250,000円
従業員平均年齢:43.2歳
採用実績:2019年32名　2018年45名　2017年24名　2016年31名

社名:㈱**テクノ菱和**　http://www.techno-ryowa.co.jp/
設立:1949年　**資本金**:27億4680万円
売上高:(単独)556億8500万円　(連結)609億2600万円
従業員数:(単独)725人　(連結)844人
初任給:高専本科222,000円　高専専科・大卒240,000円　院了250,000円
平均年収:736万円　**従業員平均年齢**:43.7歳
採用実績:2019年24名　2018年33名　2017年26名　2016年28名

社名:㈱**弘電社**　http://www.kk-kodensha.co.jp/
創業:1910年　**設立**:1917年　**資本金**:15億2000万円
売上高:(単独)330億7800万円　(連結)356億5400万円
従業員数:(単独)589人　(連結)667人
初任給:大卒・院了215,500円　**平均年収**:659万円
従業員平均年齢:44.5歳
採用実績:(理系)2019年9名　2018年13名　2017年11名　2016年16名　2015年17名

社名:**斎久工業㈱**　http://www.saikyu.co.jp/
創業:1923年　**設立**:1951年　**資本金**:14億8125万円
売上高:471億6731万円
従業員数:506人
初任給:高専・専門(2年)卒207,650円　大卒215,890円　院了224,130円
従業員平均年齢:42.1歳
採用実績:2019年15名　2018年21名　2017年20名　2016年20名

社名:**三光設備㈱**　http://www.sankostb.com/
設立:1953年　**資本金**:2億1600万円
売上高:127億6000万円
従業員数:275人
初任給:大卒・院了216,000円
従業員平均年齢:45歳
採用実績:2019年5名　2018年4名　2017年4名

設備工事会社（電力会社系）

社名:㈱**きんでん**　http://www.kinden.co.jp/
設立:1944年　**資本金**:264億円
売上高:(単独)4567億円　(連結)5212億円　**従業員数**:(単独)7,836人
(連結)10,949人　**初任給**:高専卒190,000円　大卒216,000円　院了223,100円
平均年収:848万円　**従業員平均年齢**:40.9歳
採用実績:(総合職)2020年(予定)160名　2019年131名　2018年138名
※関西電力グループだが、関電からの受注比率は低い。合弁により海外進出も。

社名:㈱**関電工**　http://www.kandenko.co.jp/
設立:1944年　**資本金**:102億6400万円
売上高:(単独)4931億2800万円　(連結)5402億円　**従業員数**:(単独)7,488人
(連結)9,861人　**初任給**:高専卒190,000円　大卒216,000円　院了231,000円
平均年収:724万円　**従業員平均年齢**:41.5歳
採用実績:(技術職)2020年(予定)91名　2019年118名　2018年129名　2017年140名
※東京電力系として設立。全国に支店網を持つ。近年は海外工事も受注を行う。

社名:㈱**九電工**　http://www.kyudenko.co.jp/
設立:1944年　**資本金**:125億6156万円
売上高:(単独)3651億700万円　(連結)4081億4300万円　**従業員数**:(単独)6,826人
(連結)9,993人　**初任給**:高専卒189,000円　大卒210,000円　院了225,000円
平均年収:662万円　**従業員平均年齢**:39.2歳
採用実績:(技術系)2020年83名　2019年89名　2018年113名　2017年98名　2016年86名
※九州電力系。九州地方を中心に展開。

社名:㈱**ユアテック**　http://www.yurtec.co.jp/
設立:1944年　**資本金**:78億390万円
売上高:(単独)1902億300万円　(連結)2027億6000万円　**従業員数**:(単独)3,747人
初任給:高専卒182,500円　大卒203,000円　院了214,000円
平均年収:698万円　**従業員平均年齢**:42.0歳
採用実績:2019年76名　2018年83名　2017年74名　2016年65名　2015年57名
※東北電力系。東北地方を中心に展開。

社名:㈱**トーエネック**　http://www.toenec.co.jp/
設立:1944年　**資本金**:76億8000万円
売上高:(単独)1968億6600万円　(連結)2033億9200万円
従業員数:(単独)4,858人　(連結)6,920人
初任給:高専卒186,200円　大卒210,000円　院了221,700円　**平均年収**:692万円
従業員平均年齢:41.3歳　**採用実績**:2020年(予定)45名　2019年43名　2018年56名　2017年49名
※中部電力系。名古屋圏を中心に展開。

社名:㈱**中電工**　http://www.chudenko.co.jp/
設立:1944年　**資本金**:34億8190万円
売上高:(単独)1331億2600万円　(連結)1850億円　**従業員数**:(単独)3,583人
(連結)4,236人　**初任給**:短大・専門卒175,700円　高専卒184,800円　大卒209,900円
院了211,600円　**平均年収**:693万円　**従業員平均年齢**:40.1歳
採用実績:2021年(予定)95名　2020年95名　2019年80名
※中国電力系。中国地方を中心に展開。

コラム マニュアルを超えろ！

企業の人事担当者と話していると、よく耳にすることがあります。
「最近の学生は、就職マニュアルを見て、みんな同じことをエントリーシートに書いてくるのです。マニュアルなんてつくらないほうがよいのでは？」と。
自分で考えて行動することを求められる総合職や技術職で、マニュアルそのままのエントリーシートを書いていたとしたら、絶対に通りません。ダメなエントリーシートを見てみると、注意事項や形式を押さえたうえで企業に合わせて作成しているのではなく、単純にマニュアル掲載事例と同じことを書いています。大量にエントリーしようとして、設問と違った答えを書いている場合も……。
よいエントリーシートにするために、自分の実力に合わせて以下のステップを踏んでみましょう。

step1　マニュアルどおりに、自分の性格・志望企業を意識してつくり上げる。
step2　マニュアルを意識しながら、少しでもよいから自分独自の色を出す。
step3　マニュアルに載るものを避け、まったくオリジナルなものをつくり上げる。

step1は必ず到達すべきハードル。一方step3は、誰もがはじめからできることではありません。一つひとつ段階を踏んで、書き方の訓練をしていけばよいのです。

そして、明言しましょう。
『建築学生の就活完全マニュアル』では、伝統校出身者や成功者のエントリーシートを取り上げています（176頁〜）。それを読み込めば、情報の蓄積が足りない新設校や地方大学の学生も、彼らと同じスタートラインに立てるでしょう。
また、それぞれに合った幸せな就職がありますから、それに気付くことができるようにいろいろな職業を取り上げています。自分に合った業種・会社・職種を選び取った人だけが、就職活動を成功させるのです。

ゼネコン
中央設備エンジニアリングで働く

「特化」した強みを生かしてサブコンからゼネコンへ事業領域を広げる

社名に「設備」とついているが実は特色ある総合建設会社、という同社の魅力をエンジニアリング統括部長の喜多さんと入社4年目（取材当時）の亀田さんに伺う。

中央設備エンジニアリング株式会社
喜多道一氏（左）
エンジニアリング本部
エンジニアリング統括部長
1級建築施工管理技士

亀田秀実氏（右）
東京事業本部　建築統括部
建築第二部　第一課
2014年東京電機大学未来科学研究科建築学専攻卒業後、同社入社。

私たちの仕事は、建築工事でもなく設備工事でもなく、生産機械の納入でもありません。お客様が施設に求める機能のすべてをご提供すること――これは同社のHPにある言葉。元々サブコンだった同社が、自身の強みを発揮して食品工場や物流施設などの企画から設計、建設、維持管理までを一手に引き受けるゼネコン（元請け会社）として現在に至る会社のかたちを物語るものだ。

このことは仕事の割合にも出ている。元請け（食品工場、物流施設等）の割合は8割、設備のみのサブコン的な仕事が2割という構成。社内に建築部ができて10年、特化した分野の技術を磨き元請け仕事を増やしてきたという。「今後も社員が面白がって知識を身につけたくなるような新たな分野があれば深めたい」（喜多さん）と同社の柔軟さも伺える。

亀田さんの入社は4年前。大学で

は環境系の研究室だったが、施工管理の仕事がしたかったことに加え、建築と設備の両方に興味があったことから入社を決めた。入社後は、全員が現場管理を行う技術部に配属される。小さな現場では所長のすぐ下で、大きな現場では先輩の元で仕事を覚える。研修もあるが、基本は現場で学ぶことに。新卒者を設計部などに入れないのは「現場を見ないともったいないから」と喜多さん。現場で実際に見て、聞いて、触って覚えたほうが早く身につくというわけだ。現場ならではの苦労もあるが、足場が外れ、できた建物が見えたときの達成感とやりがいは大きい。

職人との意思疎通も新人には難関だ。年配の方は父親以上、下の方は10代とさまざま。適切な指示を出すことは難しい。亀田さんも苦労したというが、ある現場での経験でコツをつかんだという。それは、いくら片付けの指示をしても、産廃が非常に多く出て片付かない現場。そこで自らゴミ拾いを率先したところ、指示が行き届くようになった。自分が先頭に立って動くことで現場での信頼は得られたが、先輩から現場管理とは「自分が動かず人を動かすこと」といわれてしまう。現在はそのどちらもできるように実践中とのことだ。

キャリアを積めばさまざまな進路が見えてくる。亀田さんは「現場経験10年を目処に大きな現場を預かる力を身につけ、現場所長か、設計者となるかの進路を考えたい」という。

同社の設計はクライアントの要望を形にすることが肝要。コミュニケーション能力や機能的なデザイン力が求められ、それ以上に営業マンの資質も求められる。一方、現場所長になれば人の管理、工程の管理とともに現場の醍醐味であるお金の管理もできるようになる（喜多さん）。どちらも魅力的で悩ましい。会社も本人の適性を踏まえてキャリアビジョンを支援するとのこと。将来を選べるのも同社の魅力といえそうだ。

「大企業の安心感と、中小企業のなんでもできる社風が融合した、働きやすい職場」も同社の大きな魅力。実際、亀田さんも就職にあたり、伊藤忠・名古屋鉄道という大企業の傘下であることが最後の一押となった。その安定感と職種選択の自由さで、結婚や出産など人生の節目を迎えても、そのときの自分に合った職種を選びながら、この会社で働き続けたいと亀田さんは笑顔で答えた。会社側も女性が働きやすい職場づくりに積極的に取り組んでいるとのことだ。

17

住宅建築業界を分類する

それぞれの得意分野と特徴を把握しよう

CHECK POINT

商品開発力と組織の力のハウスメーカー、大量供給により低価格化を推進するパワービルダー、地域特性を取り込む地域ビルダー、地域密着型の地域工務店というように住宅建築業界は大きく分けて4つに分類できます。

住宅産業を分類する

住宅を中心とする市場は以下の4種類に分けられます。

①ハウスメーカー
②パワービルダー
③地域ビルダー
④地域工務店

それぞれのチャンネルの特徴を説明していきましょう。

①高級志向のハウスメーカー

ハウスメーカーは、工業化、システム化によってコストダウンを図り、住まいを商品として売り出すことにより、60年代から住宅産業の中心となってきたチャンネルです。

各社独自の構法による商品開発に力を入れており、地元メディアなどが企画する住宅展示場にショールームをつくり、出来上がりのイメージを実感させてきました。組織も大きく、スーツを着こなし、きちんとした接客を行うため、他チャンネルに比べて高級なイメージを与えています。また、自社で大規模団地を開発するほか、土地供給公社などと組んで大量販売に結び付けています。

ダイワハウスや積水ハウスは、商品開発・工場生産・販売・現場管理をメーカー直営で行っています。一方、セキスイハイムやパナホームは、営業所を地域の有力企業に任せるディーラー制を取っています。投資額が抑えられ、人材確保を任せられることから、初期はディーラー制による販売形態が多かったのですが、最近ではより効率的な経営のために、ディーラーの合併や直営化が進められています。

②価格で勝負のパワービルダー

パワービルダーは、規格化と大量購入、地域の拡大によって売り上げと利益を拡大してきた会社です。スケールメリットの活用のほか、施工のアウトソーシングを行うことで、他チャンネルに比べ、圧倒的に安い価格で顧客を獲得しています。最近では、法人所有の遊休地や個人資産整理物件を低価格で購入し、住宅一次取得層向けの3～10戸ほどの建築条件付き小規模分譲地を開発しています。なお、モデルルームがない場合も多いのですが、設置する場合はメーカーの共同展示場ではなく、その近辺に構えて費用を抑えています。

③地場をよく知る地域ビルダー

地域ビルダーは地域工務店が拡大したもので、2×4構法や自社プレカット工場を持つことでコストダウンを図ろうとしています。地域の人脈を生かし、独自の分譲地を開発するほか、新聞広告や、モデルハウス兼営業所をエリア内に多数設けることで地域への認知度を高めています。

また、複数の建築家を前面に出し、デザインによって差別化を図ろうとしている会社もあります。価格的には②のパワービルダーより高いものの、①のハウスメーカーには遠く及ばない状態です。

④小回りの利く地域工務店

地域工務店は、次項で詳しく述べますが、大工さんが中心となり設計者へ確認申請を外注して、概算見積りにより住宅を建てる昔ながらの形態が1つ。また、自然素材を売りにしたり、高気密やパッシブソーラー系のFCに加盟することで、①～③と差別化を図ろうとする会社もあります。他チャンネルが組織化し、会社としての対応を売りにしているのに対し、地域密着で人と人の長い付き合いにより、仕事を確保する傾向が強いのが特徴です。

大工さんが中心の会社は、②のパワービルダー並みの価格で勝負するか、出し桁などの民家型の住宅で利益を確保する傾向があります。自然素材やFC系は、家を買うのではなくつくることを売りにし、②や③のチャンネルよりも価格を高く設定していますが、①のハウスメーカーほどの単価にはならないのが現状です。

18

地域の工務店の仕事

住宅の設計から施工まで
すべてに携われる仕事

CHECK POINT

住宅を中心に設計から施工まですべてにかかわるのが地域の工務店。代表者の世代交代によって、魅力あるデザインを備えた会社が育ちつつあります。とくに女性ならではの感性がこの業界で歓迎されています。

いわゆる工務店とは

竹中工務店など大手建設会社でもその名称を使用していますが、一般的には、主に住宅を中心に設計施工を行う地域に根ざした建設会社を工務店と呼びます。これらは、「家守」「ホームドクター」などの看板を掲げ、小規模な改修工事などを行い、それを新築の受注に結び付けることから、会社所在地から車で1～2時間圏内を営業エリアとしています。

大工上がりの旧態依然とした工務店は減少し、モデルハウスやショールームを構え、デザイン力を売りにする会社が増えてきました。設計事務所に比べ待遇がよいことや、現場を直接見て職人と話す機会が多いことから、施工管理技術をしっかり身に付けられる点が魅力です。

仕事の内容は、

①設計施工すべての実施
②設計者の図面による施工
③建売・売建方式による取引
④ハウスメーカーの下請け施工
⑤土地取得から分譲まで

と5種類に分かれますが、経営安定のために複数の領域をバランスよく行っている会社もあります。

とくに②の設計者の図面による施工は質の高い建築を学ぶため、すなわち社員教育のために物件数を絞りチャレンジしている会社もあります。

学生の皆さんには設計と施工管理の両方が経験できる①をメインとする工務店がお勧めです。

工務店団体リスト

SAREX	http://www.sarex.or.jp/
→技術力が高い２代目優良工務店が多数参加。	
OZONE家design	https://www.iedesign.ozone.co.jp/
→東京ガス系。入会するにはデザイン・施工力などの審査がある。	
OMソーラー株式会社	https://omsolar.jp/
→パッシブソーラーシステムの先駆者。デザイン力が高い。	
新木造住宅技術研究協議会	http://shinjukyo.gr.jp/
→東北・北海道拠点。高気密・高断熱で差別化を図る。	
全国中小建築工事業団体連合会	http://www.zenkenren.or.jp/
→住宅を中心とする中小の工務店団体が加盟する上部団体。	

10～20名程度の会社が◯

社員構成は事務職や営業職のほか、現場監督や設計者が所属する技術部門と、実際の施工部隊から成り立っています。施工部隊は、社員大工や契約大工だけを持つことが多く、設備や基礎工事、内装や外壁、屋根・板金工事は、別途専門工事業者に発注することになります。

社員数は1名から数10名とさまざまですが、大規模な会社より20人前後の会社のほうが仕事を学びやすく、ある程度の自由度をもって設計施工に携われると思われます。

アトリエ化する工務店

現在、工務店は世代交代が進んでいます。2代目は大手ゼネコンや有名設計事務所の出身者が多く、デザイン力を兼ね備えた工務店、アーキテクトビルダーへ変貌させようとしています。また、相互の企画連携や各種団体での交流により、いままでにない活気がみなぎっています。

待遇は比較的よくて、経営者以外の勤務時間は短いことが多く、健康的な生活が期待できます。地方では社員に自宅を建てさせ、それをモデルハウスにしている会社もあります。それにより生活感が直接施主に伝えられ、契約率が高くなるそうです。

女性がイメージを変える

女性の人当たりのよさやデザインの柔らかさ、主婦と共通する感覚により、工務店のイメージアップを図ろうという動きもあります。職人は女性に優しく、女子学生にとっても有力な就職先の1つです。

地域工務店リスト

北海道地方

武部建設(空知)	http://www.tkb2000.co.jp/

モダンクラシックを掲げ、落ち着いた味のある建築から、古民家再生まで手掛ける。

須藤建設(胆振)	http://www.sudo-nst.co.jp/

一般建設部門と住宅部門を持ち、北海道らしいおおらかなデザインが特徴。関東地方にも進出済。

東北地方

森内建設(青森県)	http://www.moriuchi-a.com/

アトリエ的な建築をつくり、良質な建築雑誌「Ahaus」の発行、ギャラリーNOVITAの運営も。

共栄ハウジング(宮城県)	http://www.kyouei-housing.jp/

宮城県近郊の建築家に絶大な信頼を置かれているほか、自社による自然素材系住宅の設計施工も。

八光建設(福島県)	https://hk-const.com/

福島・仙台が拠点。インテリアショップやレストランなど多角化。広瀬鎌二設計の「しもくの家２」も併設。

四季工房(福島県)	http://www.sikikobo.co.jp/

エアパス工法や自然素材を多用した落ち着いた住宅が得意分野。関東・東北地方に多数支店あり。

関東地方

内田産業(埼玉県)	http://www.uchida-sangyou.co.jp/

手加工によるきざみを得意分野とし、埼玉から都内へ進出。

相羽建設(東京都)	http://www.aibaeco.co.jp/

建築家伊礼智の協働したi-worksなど、実用的かつ良質で美しい「生活道具」のような住まいが得意。

渡辺富工務店(東京都)	http://watanabetomi.co.jp/

技能五輪入賞33回の大工技術を誇り、建築家物件も多い。

創建舎(東京都)	http://www.soukensya.jp/

木の香りのする暖かい普通の家を得意とするOM系工務店。女性スタッフが多いことも特徴。

鈴木工務店(東京都)	http://www.suzuki-koumuten.co.jp/

OMソーラーがメイン。可喜庵を拠点に地域貢献・文化事業を行っている。

栄港建設(神奈川県)	http://www.eikou.co.jp/

多くの建築家から信頼を得る施工者。女性現場監督が活躍していることも特徴。

東海地方

納得住宅工房(静岡県)	http://www.nattoku.jp/

モダンと自然素材の２つのラインを示し、家具まで設計するフルオーダー住宅を手掛ける。

パパママハウス(愛知県)	http://papamamahouse.com/

女性が好みそうなナチュラル系を中心にさまざまなデザイン住宅を手掛ける。大阪に支社あり。

中島工務店(岐阜県)	http://www.npsg.co.jp/

加子母の木にこだわり、プレカット工場・乾燥庫を所有。東京や神戸に支店。全国に材料・技術を提供。

造家工房　亀井(三重県)	http://www.zouka.net/

住宅のデザイン・性能への意識も高い、大工による工務店。木を知る大工は木組みを現す木造建築に強い。

関西地方

羽根建築工房(大阪府)	http://www.hanebou.com/

大工職による手刻みにこだわる。大工・スタッフは若いが、技術力あり。建築家からの依頼も多い。

コアー建築工房(大阪府)	http://www.woodlife-core.co.jp/

国産材・自然素材にこだわり地域トップクラス。腕のよい大工職をかかえ、地域還元型のイベントも。

ツキデ工務店(京都府)	http://www.tukide.jp/

京都・奈良の伝統的な技術・材料をベースに木造住宅を提供。古民家の再生も多く手掛けている。

新協建設工業(大阪府)	http://shinkyo-osaka.net/

健康な住まいの提供に力を入れている。そのほか、耐震診断やシックハウス調査なども取り組む。

中国地方

イワキ(広島県)	http://www.iwakinoie.com/

主婦層に人気のプロバンス風、メディタリアン風などの洋風住宅をベースに自然素材を多用。

リンケン(島根県)	http://www.rinken-style.jp/

地域性を生かし自然のなかの住宅・施設を多く手掛ける。技術力に定評があり、建築家物件も多数施工。

ヨハネハウス(山口県)	http://www.johanehaus.com/

設計事務所出身の社長を中心にデザインを磨く。設計スタッフは各種講習会などに積極的に参加。

安成工務店(山口県)	http://www.yasunari.co.jp/

年間130棟実績。プレカット工場、断熱材工場を持ち、設計・施工の効率化を実践。建設業以外の多角化も。

九州地方

長崎材木店(福岡県)	http://www.nagasakizaimokuten.co.jp/

サーフィン・車好きの社長のもと自由な社風。新しいデザイン・技術を取り入れ、実力主義の社内体制。

エコワークス(福岡県)	http://www.eco-works.jp/

新産住拓グループ会社。OMソーラー系工務店。社長は研究熱心で環境部門では全国でもトップクラス。

新産住拓(熊本県)	http://www.shinsan.com/

自社の山を持ち、材料から施工まで高い品質を保持。顧客満足を徹底する家づくりで安定した受注を保つ。

チトセホーム(宮崎県)	http://chitose-home.com/

スタンダードな技術をベースに、シンプルモダンやセミ和風の無理のないデザイン住宅を多く手掛ける。

シンケン(鹿児島県)	http://www.sinkenstyle.co.jp/

設計力・施工力・営業力ともトップクラスの工務店。福岡にも拠点をつくり、さらなる飛躍を目指している。

19

ハウスメーカーの歴史を知る

住宅の商品化によって確固たる地位を築く

CHECK POINT

大量生産・工業化によって製造原価を抑え、品質の高い住宅をプロダクトとして供給してきたハウスメーカー。その始まりは約60年前、その成り立ちと特徴について理解しましょう。

草創期のハウスメーカーとは

戦後の住宅不足を背景に殖産住宅、日本電建（現大東建設）、太平住宅などのハウスメーカーの元祖ともいうべき会社が誕生しました。これらは、前積式割賦販売という頭金をある程度貯め、家が手に入るとそこからは月賦返済という独自のローン返済方式により購入者の敷居を下げ、発展しました。しかし、1年で10％以上という高度成長により前積式割賦販売のメリットは薄れ、また、施工を下請け工務店（協力会社）任せにしたことで合理化も進まず、創業から50年程で第一線から退いていきました。

プレハブ住宅と建築家との蜜月の時代

前述の3社は設計は自社、施工は協力会社が行う方式をとっていました。その後、商品企画から営業、設計、施工、メンテナンスまでを一手に受け、自社工場で部品などの製造（プレハブ住宅）を行うハウスメーカーが登場します。

プレハブ住宅の原点といえる「ミゼットハウス」が大和ハウス工業から発売されたのは1959年。いまから60年程前のことです。前川國男は山陰工業と木造プレハブ住宅「プレモス」を生産、武蔵工業大学の広瀬鎌二は松下電工（現パナソニック）と一緒に商品開発を行っていました。70年、東京大学の大野勝彦は、積水化学工業と「セキスイハイムM1」を共同開発して建築界に衝撃を与えました。戦後、モジュールやJIS規格が建築学会などで盛んに研究され、住宅産業に建築家と事業家は、共に大いなる可能性と夢を描

ミゼットハウス

いていました。しかし、住宅産業が巨大化していくと建築家が入る余地がなくなり、疎遠になっていったのです（ただし、宮脇檀をはじめとする一部の住宅作家とは交流が続きました）。

パワービルダーの登場とハウスメーカーの巨大化

90年代にはパワービルダーやローコストビルダーと呼ばれる会社が登場します。CMでの露出が多いタマホームが有名ですが、飯田グループホールディングスはその雄のひとつ。売り上げは1兆円を超えています。

プレハブメーカー各社も、現在では住宅の供給にとどまらず、都市開発などを含む大規模なディベロッパーとして、ゼネコンとして、さらには流通事業者としても業務を拡大しており、今やハウスメーカーというくくりが正しいのか判断できないような会社がいくつも出てきています。

建築家が商品力でも負ける

ハウスメーカーのつくる住宅は、建築家がつくるものよりも劣るのでしょうか？　いえ、決してそんなことはありません。まずは、デザインから見てみましょう。どれも同じようなデザインだと思いがちですが、単体で見た場合、破綻のないデザインは好感が持てます。多くの設計者はこのレベルのデザインができません。ハウスメーカーは、商品開発に多額の資金と優秀な人材を投入しています。また、構造や温熱環境などの性能面でも、工場生産のため、現場でつくるのとは異なり、設計通りの性能がバラツキなく出ているはずです。

現場管理についても同様です。いつも同じ専門工事業者が、同じ仕様の物をつくっています。その工程は、常にメーカーと施主の厳しい目にさらされ、改良が続けられていますから、設計事務所の現場と比較すると格段にしっかりしています。

これから

施主の多様化への対応、事業系物件への進出によって、社員の技術力向上が望まれます。一方、ショールームスタッフや設計部はもちろん、ゼネコンと違い工程管理が主業務となる現場は、女性の働きやすい職場といえるでしょう。

また施主は、名刺にある肩書きを重視する傾向があるので、2級建築士はできるだけ早いうちに取得しておくべきです。

20

ハウスメーカーの手法とは？

顧客満足度を高め、顧客が望むクオリティを実現するための追加工事によって利益確保を図る

CHECK POINT

おそらく「清貧が最良である」と、多くの建築系学生は信じていることでしょう。しかし、住宅建築は経済活動の一環であり、それを商売としてとらえなければいけません。目の前の現実をみて、そのうえで何ができるかを考えましょう。

商品力の強化を目指す

ハウスメーカーは、商品の優位性を、その構法によって説明してきました。しかし工学的知識があれば、どれが優れているかは設計条件や設定強度で決まることであり、工法の優位性がナンセンスな議論であることは建築学生なら分かるでしょう。

大地震の後には耐震化を、凶悪事件の後は防犯を、ここ数年はエコを「売り」にするハウスメーカーが増えてきています。しかし、お互いに競っているため、それらはいつも横並び。つまり、「性能」では決定的な差が生まれにくくなっています。

そこで差別化を図るため、「建築家」のデザインを導入したメーカーが出てきました。大和ハウス工業によるエドワード鈴木の「エディズハウス」、良品計画による難波和彦や隈研吾の「無印良品の家」などがその代表です。

しかしながら、一般の方々に建築家は認知されていません。残念ながらそれらの試みはあまりうまくいかなかったようです。

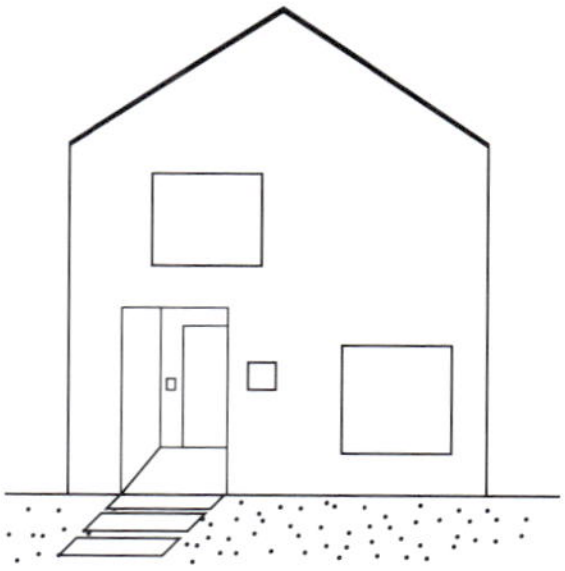

無印良品の家

モデルルームとキャンペーン

ハウスメーカーは、地元放送局が冠となる住宅展示場に出展しています。ここにふらりと来た見込み客をしっかりと追いかけ、受注につなげることが第一です。

モデルルームは坪100万円、1億円をかける豪邸もあり、現実味がないといわれていますが、それは素人には分からないもの。その豪邸と自分の家のイメージと重ね合わせてしまうものです。また最近の展示場には、専門家も驚くほどのアイデアがいっぱい詰まったものもあります。

実は、自社商品に自信があるハウスメーカーは、この展示場でしつこく営業活動を行いません。このあたりも、就職活動の参考にしてよいかと思います。

受注のもう1つの大きなルートは、建ててくれた人からの紹介です。自分がよいと思えば、他人に勧めるのは当然のことです。とくに、人と同じ物を好むハウスメーカーのお客さまは、この傾向が強いといえます。顧客満足度が高ければ、紹介が得られるのです。そのため、お客さまへのアフターフォローを大切にします。紹介率が高い会社ほど優良であり、勧めやすい会社ともいえます。

追加工事による利益確保

チラシに坪30万円など破格の文字が躍り、大手ハウスメーカーでも、契約時に高額の値引きをする。それで、ハウスメーカーはやっていけるのでしょうか？　実は、ハウスメーカーにとっては、契約してからが勝負なのです。

たとえば、玄関ドアや衛生設備機器をより高いグレードのものへ変更したり、屋根に太陽光発電パネルを載せたりすることで、追加工事が発生します。また、建築前には当然、地盤調査を行いますが、地盤補強も高めに設定するなど、各工程で少しずつ追加が行われていきます。たとえ契約時の粗利が3～5％だとしても、最終的には20～30％以上の粗利を確保しているのです。また、坪単価にバルコニーや吹抜け、屋外デッキが含まれ、建築基準法上の床面積による坪単価と違う場合もあります。

新興系には注意

住宅は、建てて終わりではありません。多くの職人が関係し、いまだ工学的にすべてがコントロールされているわけではないため、建ててから数年後に必ず不都合が出ます。これらのクレーム処理を行っていると、本業が圧迫されます。また、売り上げが落ちれば、銀行融資が抑制され運転資金の確保が難しくなります。そうして、新興のローコスト系ハウスメーカーは、市場から消えていくのです。

自分が関わった会社がつぶれてしまったり、自分がよいと思えない商品を売ることほど、つらいことはありません。商品力や、会社の経営状態をしっかり調べて、就職活動を行いましょう。

21

ハウスメーカーの仕事を知る

職種もきっちりシステム化。採用後の仕事をしっかり把握しよう。

CHECK POINT

採用時のカテゴリー化、分業化された職種がハウスメーカーの特徴です。仕事の内容を把握し、自分がどこに適するか考えて応募しましょう。

ここではハウスメーカーの採用のカテゴリー、職種を具体的に解説していきましょう。

採用のカテゴリー

採用時の応募枠は、営業総合職と技術総合職、一般職に分類されます。採用人数の比率は6対1対1と、圧倒的に営業職が多い傾向です。

また、最近の傾向として、非建築女子学生を一般職に留めず、営業または技術総合職として積極的に採用しています。

営業総合職の仕事

営業総合職は、顧客開拓、相談、建築、引渡しまで、すべての場面において、お客さまに対する窓口となります。設計・管理に関しては、技術職との連携も必要です。

住宅はとても高い買い物です。ですから、お客さまもたくさんの要望があり、ときには無理難題を言うことや、こちらのミスに起因するクレームもあるでしょう。また、営業成績を貼り出し、営業職にプレッシャーをかける会社もあります。

営業職は、お客さまに一番近い存在ですし、人とのつながりや、達成感を感じられる職種なのですが、同時に強いストレスもあるでしょう。それゆえ、離職率の高さが問題となっています。

そこで、最近では仕事のすべてを営業とするのではなく、営業の比率を8割に抑え、設計の仕事を1割、施工の仕事を1割とするなど、営業社員に営業以外の仕事を与えることで、息抜きできる環境を整えている企業も増えているようです。

技術総合職の仕事

技術総合職は、営業から得た要望書をもとに設計を行うことや、施工管理、積算が主な仕事になります。

一般的にハウスメーカーの住宅はデザインや性能によってシリーズ化されており、お客さまもそれにのっとって要望を出してきます。ですから、営業所における住宅設計職は、間取りの組み合わせが主業務となりがちです。新しい住宅商品の企画は本社の商品開発部の担当となります。

施工管理は、1人で多くの物件を抱え、工程管理、近隣への配慮、施工状況確認、各種書類作成が主業務となります。建築がシステム化されているため、ゼネコンの監督のように施工図を作成したり、納まりに知恵を絞ったり、専門工事業者と交渉することはありません。とてもスマートな管理を行うことが特徴です。

一方、特建事業部においては、集合住宅、医院、介護施設等、設計・施工共に難易度の高い物件が中心となります。設計事務所や外部施工者と協働することもありますし、設計事務所、ゼネコンからの転職組が多いことも特徴です。

一般職の仕事

一般職は3つに大別できます。

①営業事務職
②技術事務職
③総務事務職

①の営業事務職は、住宅展示場やショールームでの接客、プレゼン資料の作成などの、営業総合職をサポートする仕事が中心です。

②の技術事務職は、設計や施工を支援、すなわち、CADの入力や部材の発注が中心となります。

③の総務事務職は一般の会社と同様、総務や経理を担当することが主業務です。

地域採用について

地域の有力企業が販社となるディーラー制をとっている会社は、各都道府県単位、営業地域を限定した採用になります。一方、積水ハウスなど、ハウスメーカー本体が全国に直接営業所を設置・運営する形態の会社でも、地域採用や配属希望地の反映が行われています。

社員が出身地などの希望地域で長期間働けることは、地縁血縁からの受注、リピーターや顧客からの紹介を期待するハウスメーカーにとって、とても大切なことです。

また、名刺の裏側に、出身地・出身大学・趣味・家族構成を記載している会社もあります。これは、顧客との話のきっかけをつかむ重要なツールとして、名刺を機能させたいとのことでしょう。

このように、ハウスメーカーは地域密着戦略を進めています。

大手ハウスメーカー

住宅の商品化で業界を牽引。住宅需要の低下に伴い、事業者として不動産業を展開したり、店舗や事務所建築に重点を移す会社も。

社名：**大和ハウス工業㈱** http://www.daiwahouse.co.jp/
創業：1955年　**資本金**：1616億9920万円
売上高：（単独）1兆9751億5000万円　（連結）3兆6500億円
従業員数：（単独）16,904人　（連結）44,791人
初任給：（総合職）高専卒198,000円　大卒216,000円　院了227,500円
平均年収：893万円　**従業員平均年齢**：38.7歳
採用実績：（技術系）2020年（予定）380名　2019年407名　2018年403名

社名：**積水ハウス㈱** http://www.sekisuihouse.co.jp/
創業：1960年　**資本金**：2025億9120万円
売上高：（単独）1兆1725億7190万円　（連結）2兆4151億8600万円
従業員数：（単独）16,616人　（連結）24,391人　**初任給**：（営業職・技術職）院了226,500円　大卒213,500円　（地域勤務職）短大・専門卒168,500～178,500円　大卒178,500～188,500円　**平均年収**：813万円　**従業員平均年齢**：38歳
採用実績：（技術職）2019年178名　2018年177名　2017年190名

社名：**住友林業㈱** http://sfc.jp/
創業：1691年　**設立**：1948年　**資本金**：327億5200万円
売上高：（単独）4586億6200万円　（連結）1兆3089億円
従業員数：（単独）4,914人　（連結）19,332人　**初任給**：（総合職）高専卒203,000円　大卒213,000円　院了227,000円　**平均年収**：858万円　**従業員平均年齢**：42.5歳
採用実績：（業務企画職/建築技術職）2020年42名/41名　2019年42名/37名　2018年39名/52名

社名：**旭化成ホームズ㈱** http://www.asahi-kasei.co.jp/j-koho/
設立：1972年　**資本金**：32億5000万円
売上高：（単独）4068億円（2018年）　（連結）6493億円（2020年）
従業員数：（連結）7,290人　**初任給**：（総合職/技術系）大卒22,5800円　院了233,200円
平均年収：786万円　**従業員平均年齢**：37.5歳
採用実績：2019年119名　2018年154名　2017年189名

社名：**積水化学工業㈱** http://www.sekisui.co.jp/
設立：1947年　**資本金**：1000億円
売上高：（単独）3599億9300万円　（連結）1兆1292億5400万円
従業員数：（単独）2,622人　（連結）27,003人　**初任給**：大卒225,500円　院了242,000円
平均年収：927万円　**従業員平均年齢**：42.6歳
採用実績：2019年128名　2018年146名　2017年123名

社名：**パナソニックホームズ㈱（旧パナホーム㈱）** http://homes.panasonic.com/
設立：1963年　**資本金**：283億7592万円
売上高：（単独）2512億2800万円　（連結）3750億円
従業員数：（単独）3,984人　（連結）5,802人　**初任給**：大卒215,500円　院了237,000円
平均年収：675万円　**従業員平均年齢**：42.9歳
採用実績：2020年50名　2019年54名　2018年121名　2017年156名

社名：**ミサワホーム㈱** http://www.misawa.co.jp/
創業：1967年　**設立**：2003年　**資本金**：118億9200万円
売上高：（単独）1907億円　（連結）3993億4700万円
従業員数：（単独）2,615人　（連結）8,895人　**初任給**：大卒214,000円　院了235,000円
平均年収：712万円　**従業員平均年齢**：44.1歳
採用実績：2019年69名　2018年100名　2017年74名

大手ハウスメーカー

社名:**三井ホーム㈱** http://www.mitsuihome.co.jp/
設立:1974年 **資本金**:139億70万円
売上高:(単独)1658億1100万円 (連結)2617億200万円
従業員数:(単独)2,079人 (連結)3,752人 **初任給**:総合職/大卒213,000円 院了218,000円 設計専任職/大卒176,000〜186,000円
平均年収:650万円 **従業員平均年齢**:39.4歳 **採用実績**:(総合職/設計専任職)2020年(予定)62名/0名 2019年57名/0名 2018年62名/0名

社名:**トヨタホーム㈱** https://www.toyotahome.co.jp/
設立:2003年 **資本金**:129億円
売上高:(連結)1645億円
従業員数:(単独)791名 (連結)3,418名
初任給:総合職/大卒212,000円 院卒232,600円
採用実績:2019年27名 2018年36名 2017年16名

ハウスメーカー オーダーメイド系

大手ハウスメーカーに対抗するため、在来木造構法を採用し完全自由設計を売りに成長してきた会社。地元工務店もそのライバル。

社名:**大東建託㈱** http://www.kentaku.co.jp/
設立:1974年 **資本金**:290億6000万円
売上高:6140億5900万円 (連結)1兆5911億780万円
従業員数:(単独)9,274人 (連結)17,646人
初任給:大卒220,000円 院了230,000円
平均年収:871万円 **従業員平均年齢**:41.9歳
採用実績:(技術)2020年76名 2019年186名 2018年183名 2017年169名 2016年179名

社名:**㈱一条工務店** http://www.ichijo.co.jp/
創業:1975年 **設立**:1978年
資本金:4000万円(グループ計:5億4460万円)
売上高:(単独)3837億円 (グループ計)4392億円
従業員数:約4,850人(グループ計:約5,600人)
初任給:総合職(全国型)院了223,100円 大卒213,000円 高専・専門卒192,100円
(総合職ブロック型)院了215,300円 大卒205,500円 高専・専門卒181,800円
平均年収:554万円 **従業員平均年齢**:36.9歳
採用実績:(建築系)2020年86名 2019年120名 2018年94名

社名:**㈱ヤマダホームズ(旧㈱ヤマダ・エスバイエルホーム)** https://yamadahomes.jp/
設立:1951年 **資本金**:90億円
売上高:(単独)467億3400万円 (連結)582億4400万円
従業員数:(単独)1,662人 (連結)1,702人
平均年収:469万円 **従業員平均年齢**:43.1歳
初任給:大卒・院了210,000円(見込時間外手当含)
採用実績:2019年59名 2018年49名 2017年30名

社名:**日本住宅㈱** https://www.nihonjutaku.co.jp/
設立:1984年 **資本金**:9030万円
従業員数:742名
初任給:営業職/大卒172,200円 施工管理、設計職/大卒188,000円
採用実績:2020年106名(予定) 2019年40名 2018年57名

ハウスメーカー　オーダーメイド

社名：㈱日本ハウスホールディングス　http://www.nihonhouse-hd.co.jp/
設立：1969年　**資本金**：38億7337万円　**売上高**：（単独）438億8500万円
（連結）487億4800万円　**従業員数**：（単独）1,074人　（連結）1,309人
初任給：営業職・技術職（設計職・施工監理職）大卒・院了184,000～203,860円
平均年収：545万円　**従業員平均年齢**：38.1歳　**採用実績**：2019年120名　2018年111名

社名：ポラス㈱（ポラスグループ）　http://www.polus.co.jp/
設立：2001年　**資本金**：4000万円　**売上高**：2968億円（グループ合計）
従業員数：4,489人（グループ合計）　**初任給**：大卒222,000円　院了238,000円　**従業員平均年齢**：34.4歳
採用実績：2019年110名　2018年98名　2017年96名　2016年94名　2015年86名

社名：スウェーデンハウス㈱　http://www.swedenhouse.co.jp/
設立：1984年　**資本金**：4億円　**売上高**：366億円　**従業員数**：869人
初任給：大卒203,000円　院了213,000円　**採用実績**：（営業職/技術職）2019年23名/16名　2018年8名/5名

社名：㈱土屋ホーム（土屋ホールディングス）　http://www.tsuchiya.co.jp/
設立：1976年　**資本金**：71億1481万円　**売上高**：（連結）267億4400万円
従業員数：（連結）779人　**初任給**：（過年度実績）大卒228,000円　**平均年収**：529万円
従業員平均年齢：43.2歳　**採用実績**：2017年11名　2016年11名　2015年24名　2014年17名

ローコスト系パワービルダー

一括購入によってローコスト化をはかり、地域の拡大によって薄利多売で運転資金を回す。ただし、10年程度で消える会社も多いので注意が必要。

社名：タマホーム㈱　http://www.tamahome.jp/
設立：1998年　**資本金**：43億1014万円　**売上高**：（単独）1793億円
（連結）2092億円700万円　**従業員数**：（単狙）3,145人　（連結）3,348人
初任給：（全国）短大・専門卒176,000円　大卒184,000円　院了194,000円
平均年収：638万円　**従業員平均年齢**：39歳
採用実績：2019年261名　2018年254名　2017年305名　2016年100名
※近年、最も勢いのあるローコストメーカー。

社名：㈱センチュリーホーム　http://www.centuryhome.co.jp/
設立：1983年　**資本金**：6000万円　**売上高**：139億円（2012年）
従業員数：279人（2012年）　**初任給**：（総合職）大卒・院了250,000円
短大・専門卒220,000円（過去実績）　**採用実績**：新卒採用なし
※完全企画プランと総額表示をうたった新聞折込広告販売方式により急成長。急失速。離職率に注意。

社名：㈱LIXIL住宅研究所（アイフルホーム）　http://www.lixil-jk.co.jp/
創業：1984年　**設立**：2002年　**資本金**：12億5000万円
売上高：267億円（2019年3月期）　**従業員数**：200人（2018年）
初任給：院了250,200円　大卒240,000円　短大卒210,000円
採用実績：2020年（予定）8名　2019年7名　2018年11名
※ローコストの元祖。現在はLIXIL住宅研究所に。親会社の一販売チャンネルとして機能。

飯田グループホールディングス

飯田一男やその一族らが創業した6社が2013年に経営統合。主力の分譲戸建住宅は年4万戸超。

社名：一建設㈱　https://www.hajime-kensetsu.co.jp
設立：1967年　**資本金**：32億9850万円
売上高：（連結）4028億6200万円　**従業員数**：（連結）1,770人
初任給：大卒・院了230,000円　短大・高専卒210,000円　**従業員平均年齢**：36.6歳
採用実績：2018年140名　2017年104名　2016年79名
※地域密着で土地を仕入れ、安価で良質な家を数多く供給。住宅情報館を子会社に持つ。

飯田グループホールディングス

社名:㈱アーネストワン　http://www.arnest1.co.jp/
設立:1981年　資本金:42億6900万円
売上高:(連結)3003億9100万円　従業員数:(連結)1,894人
初任給:大卒・院了220,000円　短大・専門・高専卒210,000円　平均年収:478万円
従業員平均年齢:32.3歳　採用実績:2019年222名　2018年190名　2017年163名　2016年154名
※首都圏を地盤に、戸建住宅だけでなくマンション分譲も行う。

社名:㈱飯田産業　http://www.iidasangyo.co.jp/
設立:1977年　資本金:20億円
売上高:(連結)1934億7100万円　従業員数:(連結)1,185人
初任給:(施工管理)大卒225,000円　(設計)大卒 210,000円　平均年収:593万円
従業員平均年齢:34.6歳　採用実績:(技術職)2019年22名　2018年25名　2017年24名
※首都圏を地盤とする戸建住宅分譲業。

社名:㈱東栄住宅　http://www.touei.co.jp/
設立:1951年　資本金:78億1968万円　売上高:(連結)1572億4700万円
従業員数:(連結)707人　初任給:(大卒・院了)技術系総合職230,000円
平均年収:636万円　従業員平均年齢:36.4歳
採用実績:(技術職)2020年8名　2019年17名　2018年8名　2017年4名
※首都圏を地盤に、戸建住宅だけでなく賃貸戸建事業も開始。

社名:タクトホーム㈱　http://www.tacthome.co.jp/
設立:1984年　資本金:14億2902万円　売上高:(連結)1462億4800万円
従業員数:(連結)900人　初任給:(施工管理・設計・土木管理)大卒230,000円
専門卒 210,000円　平均年収:524万円　従業員平均年齢:34.9歳
採用実績:2019年30名　2018年84名　2017年57名
※首都圏を地盤とする戸建住宅分譲業。

社名:アイディホーム㈱　http://www.idhome.co.jp/
設立:1995年　資本金:8億7966万円　売上高:999億円　従業員数:636人
初任給:院了250,000円　大卒230,000円　専門・短大・高専卒210,000円
従業員平均年齢:34.6歳
採用実績:2020年(予定)30名　2019年37名　2018年55名　2017年28名　2016年12名
※コスト意識と品質管理を徹底し、全国進出も計画。

建売系パワービルダー

若年一次住宅取得者を対象に土地とセットで低価格住宅を供給する。売建方式も採用。安くとも数値上は高性能であるし、設備のグレードもよい。

社名:フジ住宅㈱　http://www.fuji-jutaku.co.jp/
設立:1974年　資本金:48億7206万円　売上高:(単独)1008億1300万円
(連結)1104億4400万円　従業員数:(単独)922人　(連結)1,205人
初任給:営業職・技術職　院了230,000円　大卒215,000円　短大・専門卒195,000円
平均年収:543万円　従業員平均年齢:40.2歳
採用実績:2020年(予定)34名　2019年31名　2018年18名
※大阪府を地盤とし、自由設計方式の戸建住宅に強み。東証1部上場。

社名:㈱アイダ設計　http://www.aidagroup.co.jp/
創立:1981年　資本金:2億1632万円
売上高:500億円　従業員数:1,054人
初任給:大卒・院了200,000円 専門卒190,000円　平均年収:518万円
従業員平均年齢:41歳　採用実績:2020年(予定)43名　2019年24名　2018年20名
※首都圏を中心とする戸建住宅分譲業。

22

リフォーム・リノベーション業界の現在

これから、ますますの発展が望める業界

CHECK POINT

持続可能な社会づくりや人口減少という時代背景があるからこそ既存ストックの活用が注目されています。単なる模様替えから付加価値を付けるリフォーム・リノベーションへ。これから成長が期待される分野です。

いまリノベーションが注目の的

既に倒産してしまいましたが、「パッ！とさいでりあ」の新興産業や「ペンタ君」のペイントハウスなど一部の心無い業者によって、リフォーム産業に施工のやり逃げや、暴利をむさぼるようなイメージがつくられました。

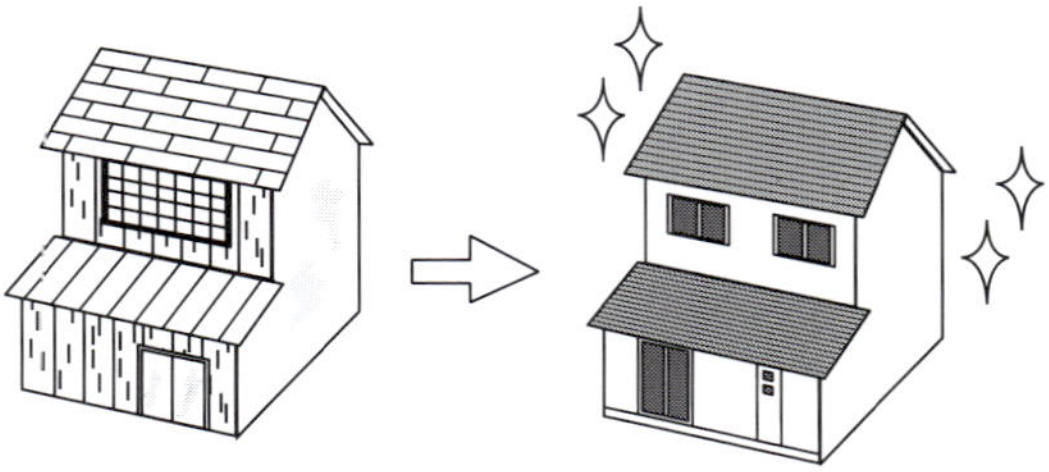

一方、建築家では青木茂がリファイニング建築により建築学会業績賞を２００１年に受賞。また、古い建築をリノベーションして貸し出すブルースタジオや東京R不動産が一般誌で特集され注目を浴びています。古い部分から感じられるノスタルジーに、新しい機能を挿入し、空間を再構成したために現れる微妙なズレ。それらが、我々をひきつけます。

構造躯体の長寿命化、景気の減速、所得の低下、人口減少による空き家の増加により、新築より初期投資を抑えられるリフォーム市場はさらなる成長が予測されます。

また、そのブームを後押ししているのが人気ＴＶ番組といえるでしょうが、何らかの理由があり、新築が不可能な物件を取り上げることが多いようです。

たとえば、以下のケース。住宅の敷地は、消防活動ができるように道路に２ｍ以上接していなければなりません。また、ゆとりある都市環境の実現のために、建ぺい率や容積率、各種斜線規定が定められています。新築を建てるには、これらの規定がクリアできない場合、リフォームで対応することになるでしょう。その場合の責任を負うのは、関与する建築士となるので注意が必要です。

付加価値を付ける

リフォームは単なる模様替えというものから、それ自体に付加価値を付ける段階になりました。たとえば、高齢化社会を見越した政府の補助金によるバリアフリーへの対応。新耐震基準前に建築された物件の耐震補強を目的とするもの。給湯器やコンロ、各種配管などの設備の更新や断熱材の付加を行い、より環境に優しい仕様とするもの。設計事務所などによる、空間の価値を高める方法はさまざまです。

バリアフリー化による補助金はわずかで、それだけでは業務として成立しないものの、学校や公共施設の耐震化に関しては潤沢な補助金が供給されています。そのため、とくに地方の設計事務所では耐震バブルともいえるような状態が続き、収入の大きな柱となっています。

定期更新が必要な設備関係では、ガス会社は子会社を設け、設備メーカーは代理店のフランチャイズ化によってリフォームに対応しようとしています。しかし、営業力が弱く採算が取れる状態までいかず、試行錯誤の段階にあるのが現状です。

建築家によるリフォームも注目されています。しかし、マンションであればその施工状況を予測できるものの、木造家屋は仕上げをはがしてみないとまったく分かりません。ですから、設計者単独ではなかなか手を出しにくいというのが本音です。

また、地域の工務店にとっても、あるいはハウスメーカーにとっても、リフォームはこれからの大きな柱となります。小さくても定期的なメンテナンス収入が得られ、何年か置きに大きな工事が取れることも考えられます。さらに、リフォームは期間が短く、現金で支払いをするお客さまが多いので、経営面からも非常に有利です。

リフォーム・リノベーションは新築以上に知識と経験が必要です。私たちが考えていくべきは、リフォーム・リノベーションによって住まいがより安全で暮らしやすくなることだけでなく、住む人の生き方を変えられるような素敵な建築をつくっていくことでしょう。

ホームセンター系リフォーム企業

Do It Yourself が基本だったホームセンターでも、専門工事業者への取り次ぎ、建築士やインテリアコーディネータによるコンサルティング部門の充実を図ったリフォーム部門を併設している。

社名：**コーナン商事㈱**　http://www.hc-kohnan.com/
設立：1978年　**資本金**：176億5800万円
売上高：3746億円　**従業員数**：正社員3,925人
初任給：(総合職)大卒・院了(関東)217,000円　(関西他)214,000円
平均年収：491万円　**従業員平均年齢**：39.8歳
採用実績：2019年98名　2018年81名　2017年69名　2016年47名　2015年52名
※本社は大阪府堺市。東証1部上場のホームセンター。全国453店舗。

社名：**DCMホーマック㈱**　http://www.homac.co.jp/
設立：1951年　**資本金**：109億8166万円
売上高：1779億2500万円　**従業員数**：1,498人(正社員)
初任給：大卒・院了199,000～204,000円(地域による)　**従業員平均年齢**：42.9歳
採用実績：2019年43名　2018年23名　2017年32名　2016年16名
※ホーマック・ダイキ・カーマを事業会社とする東証1部上場DCMホールディングスグループ。

社名：**㈱ジョイフル本田 リフォーム事業部(旧㈱ジョイフル本田リフォーム)**
http://www.jhreform.com/
設立：1983年　**資本金**：120億円　**売上高**：178億円
従業員数：546人(内正社員301人)　**初任給**：短大・専門卒180,450円　大卒209,550円
採用実績：2020年8名　2019年6名　2018年6名　2017年10名　2016年7名
※関東地区を中心に展開する超大型ホームセンタージョイフル本田に併設。2017年事業統合。

ハウスメーカー系リフォーム企業

特徴的な構法が売りのハウスメーカーは、自社顧客のアフターフォローを兼ね、それぞれにリフォーム部門を併設している。とくに以下の3社は別会社として積極的な事業展開を行っている。

社名：**大和ハウスリフォーム㈱**　http://www.daiwahouse-reform.co.jp/
創業：2003年　**資本金**：1億円
売上高：880億円
従業員数：2,925人
初任給：大卒・院了202,000円　専門・短大・高専卒182,000円
採用実績：2020年(予定)109名　2019年97名　2018年68名　2017年39名　2016年6名
※大和ハウス工業のリフォーム事業部時代から培ってきたノウハウを活かし、リフォーム工事の請負から点検検査、中古住宅買取再販事業も行う。

社名：**積水ハウスリフォームグループ**　http://www.sekisuihousereform.co.jp/
設立：2005年　**資本金**：1億円
売上高：(グループ合計)679億(2019年)　**従業員数**：(グループ合計)1,660人
初任給：192,500円
採用実績：(グループ合計)2020年(予定)27名　2019年9名　2018年6名　2017年4名
※積水ハウスが2005年、リフォーム事業を会社分割。さらに2016年、積水ハウスリフォーム東日本㈱、積水ハウスリフォーム中日本㈱、積水ハウスリフォーム西日本㈱の3つに分社したグループ。

社名：**住友林業ホームテック㈱**　http://www.sumirin-ht.co.jp/
設立：1988年　**資本金**：1億円
売上高：703億円
従業員数：2,156人
初任給：短大・高専卒217,260円　大卒231,280円　院卒238,180円
採用実績：2020年(予定)87名　2019年105名　2018年47名　2017年46名　2016年64名
※住友林業100%出資。リフォームおよびメンテナンス専業。

0

part 1 建築・建設業界を知る

2

3

ハウスメーカー系リフォーム企業

社名:**三井不動産リフォーム㈱**　http://www.mitsui-reform.com/
設立:1980年　**資本金**:3億円　**売上高**:148億3600万円　**従業員数**:347人
初任給:(総合職)大卒200,000円　院了205,400円
採用予定数:2020年(予定)18名　2019年16名　2017年17名　2016年20名
※三井ホームのリフォーム部門と三井デザインテックのリモデリング部門の統合で誕生。

ディベロッパー系リフォーム企業

マンション管理組合から定期的に発注される大規模改修工事を受けるディベロッパー系施工者のほか、屋外塗装業から発展した事業者、各住戸のリフォームを中心に活動する事業者も。

社名:**㈱東急コミュニティー**　http://www.tokyu-com.co.jp/
設立:1970年　**資本金**:16億5380万円
売上高:1254億円　**従業員数**:(単独)8,075人　(連結)15,053人
初任給:首都圏勤務210,250円　関西圏・名古屋圏勤務199,740円　**平均年収**:588万円
従業員平均年齢:38.6歳　**採用実績**:2020年(予定)91名　2019年121名
2018年113名　2017年96名　2016年113人 2015年93名
※マンション・ビル管理業務を主体として、修繕・リフォーム事業も展開。東証1部上場。

社名:**㈱長谷工リフォーム**　http://www.haseko.co.jp/hrf/
創業:1978年　**設立**:2009年　**資本金**:3億円　**売上高**:355億7800万円
従業員数:582人　**初任給**:大卒210,000円　高専・専門卒190,000円
採用実績:2018年24名　2017年15名
※長谷工グループにおいて大規模修繕工事、インテリアリフォーム工事部門を担う。

社名:**㈱大京穴吹不動産(旧㈱大京リフォーム・デザイン)**　http://daikyo-anabuki.co.jp/
設立:1988年　**資本金**:1億円
売上高:50億円(リフォーム売上高31億円)　**従業員数**:1,320人
※大京グループにおいて、大京穴吹不動産に大京リフォーム・デザインが吸収合併。

インフラ活用系リフォーム企業

定期的な設備機器の更新が必要な、都市ガス・LPガス販売事業者はリフォーム部門を併設。電力会社はリフォーム部門を持たないため、大型家電店がオール電化型リフォームに進出中。

社名:**㈱エディオン**　http://www.edion.co.jp/
設立:2002年　**資本金**:119億円4000万円　**売上高**:(単独)6694億3600万円
(連結)7335億7500万円　**従業員数**:(単独)7,830人　(連結)8,778人
初任給:(ゼネラルコース)専門(4年)卒・大卒・院了212,900円　**平均年収**:521万円
従業員平均年齢:41.4歳　**採用実績**:2020年(予定)161名　2019年207名　2018年225名
※家電量販店をベースにDIY店ホームエキスポにてリフォーム事業を展開。東証1部上場。

社名:**東京ガスリノベーション㈱(旧東京ガスリモデリング㈱)**　http://rm.tgrv.co.jp
設立:2020年　**資本金**:1億円　**売上高**:約100億円
従業員数:354人　**初任給**:大卒210,000円　院了228,000円
採用実績:2018年2名　2017年2名　2016年4名
※東京ガス100%出資子会社。2020年、東京ガスリモデリング㈱と東京ガスリビングエンジニアリング㈱が統合。

社名:**日本コークス販売㈱**　http://www.nihoncokes.co.jp/
設立:1949年　**資本金**:4800万円　**売上高**:約14億円
※コークス販売のほか、東京ガスエネルギー特約店としてLPガスや住宅設備機器を販売。

地域密着型であり、新興産業が多いリフォーム業界は、株式公開企業が少なく、その具体的情報が明らかになっていない。前項に記載した会社のほかに、下記のような企業が比較的売り上げ規模が大きいので紹介しておこう。

リフォーム企業リスト

東日本拠点

社名:**㈱LIXILトータルサービス** http://www.lixil-totalservice.co.jp/
設立:2013年 **資本金**:1億円 **売上高**:1612億円 **従業員数**:2,600名
初任給:短大・高専卒192,000円 大卒208,000円 院了215,000円
従業員平均年齢:42.6歳
採用実績:2020年(予定)15名 2019年19名 2018年13名 2017年16名
所在地:(本社)東京 (支店)北海道 東北 北関東 埼玉 千葉 東京 神奈川 中部 北陸 関西 中国 四国 九州

※本社東京都。住生活グループ・LIXIL系。建築業・専門工業者への支援が主。

社名:**㈱LIXILビバ** http://www.vivahome.co.jp/corporate_top/
創業:1977年 **資本金**:245億9610万円
売上高:1885億600万円 **従業員数**:1,447名
初任給:(ナショナル社員)短大・専門・高専卒196 800円 大卒・院了211,500円
従業員平均年齢:39.3歳
採用実績:2019年71名 2018年23名 2017年56名 2016年89名

※本社埼玉県。住生活系グループ・LIXIL系。ホームセンターをベースにリフォームへ。

社名:**㈱ヤマダ電機 リフォーム事業部(旧 ㈱ナカヤマ)**
http://www.yamada-denki.jp/service/reform/
創業:1973年(1) **設立**:1983年(1)
資本金:710億円(1)
売上高:(連結)1兆6115億3800万円(1)
従業員数:19,985名(1)

※旧・株式会社ナカヤマ。2018年4月1日ヤマダ電機と吸収合併しリフォーム事業部として事業を継続。

社名:**㈱エンチョー** http://www.encho.co.jp/
設立:1962年 **資本金**:29億295万円
売上高:370億円 **従業員数**:(単独)406名、(連結)454名
初任給:大卒206,000円 短大・専門卒184,950円 **平均年収**:539万円
従業員平均年齢:42.5歳
採用実績:2020年(予定)16名 2019年14名 2018年7名 2017年7名 2016年6名

※本社静岡県。東海地区を中心に展開するホームセンター。リフォーム太陽光事業など。

社名:**㈱フレッシュハウス** http://freshhouse.co.jp/
設立:1995年 **資本金**:1億円
売上高:78億7541万円
従業員数:317名

※本社神奈川県。SOMPOホールディングスグループ。リフォームをメインとしながら、木の家新築事業も。神奈川・都内が中心。

社名:**BXゆとりフォーム㈱** http://www.yutoriform.com/
創業:1997年 **設立**:2006年 **資本金**:9000万円
売上高:67億3000万円
従業員数:256名
初任給:専門卒210,000円 大卒213,200円 院了216,400円
採用実績:2019年11名 2018年8名 2017年3名 2016年8名 2015年8名

※本社東京都。文化シャッター系列。東京都内を中心に20店舗。総合リフォーム店。

(1) ㈱ヤマダ電機の情報による。

リフォーム企業リスト

東日本拠点

社名:㈱OKUTA　http://www.okuta.com/
設立:1992年
資本金:6700万円
売上高:75億2000万円
従業員数:297名
所在地:埼玉本社、東京、神奈川、千葉、埼玉の各エリアに店舗あり。
※本社埼玉県。リフォーム専業で都内および埼玉県内に展開。コンテストへ積極的に応募。

社名:㈱イーグル建創　http://www.eaglekenso.com/
設立:1995年
資本金:3000万円
売上高:66億1000万円
従業員数:285人
所在地:東京本社　都内と神奈川に支店16店舗
※本社東京都。外装塗装、屋根改修、太陽光発電、耐震工事が主。都西部地区で展開。

社名:㈱ハウスクリニック　http://www.houseclinic.co.jp/
創業:1994年　**設立**:1995年　**資本金**:4980万円
売上高:(単独)69億円　**従業員数**:(単独)73名
初任給:205,000円　**平均年収**:521万円
従業員平均年齢:32.0歳　**採用実績**:2019年2名　2018年3名　2017年3名
所在地:東京本社　(営業所)東京、神奈川、埼玉、千葉、近畿、東海、四国、北関東、北海道、東北、九州
※本社東京都。都内賃貸物件の原状回復工事が主。フランチャイズ化も。

社名:㈱Ginza　http://r-ginza.jp
設立:1992年　**資本金**:5000万円
売上高:38億5000万円
従業員数:127人
初任給:専門学校219,000円　大卒229,000円
採用実績:2018年12名　2017年17名　2016年6名
※本社東京都。リフォーム専業。予算別パックの料金に特徴。首都圏に展開。

社名:㈱オノヤ　http://onoya.jp/
設立:2011年　**資本金**:2900万円
売上高:44億4000万円　**従業員数**:172名
初任給:200,000円
採用実績:2020年(予定)15名　2019年13名　2018年9名　2017年15名　2016年13名
所在地:福島本社　宮城にも事業所あり
※本社福島県。建材販売業からリフォーム産業へ参入。福島県下に店舗網。

社名:㈱シマックス　http://shimax-grp.jp/
設立:2004年
資本金:1億円
売上高:36億円(2017年)
従業員数:80名

※本社埼玉県。主要株主はベンチャーキャピタル。東京・新宿にショールームあり。

リフォーム企業リスト

東日本拠点

社名：㈱**日本エコシステム**　http://www.j-ecosystem.co.jp/
設立：1997年　**資本金**：1億円
売上高：(単独)32億2000万円
従業員数：207名

※本社東京都。総合商社伊藤忠系列。太陽光発電が主。全国のショッピングセンターへ出店。

社名：㈱**頸城建工**　http://www.kubiki-kenko.com/
設立：1970年　**資本金**：5000万円
売上高：28億5000万円（2019年）
従業員数：90名
初任給：専門・高専卒177,000円　大卒・院了200,000円
採用実績：2018年2名　2017年 2名　2016年4名
※本社新潟県。住宅リフォームと公共事業を中心とする土木工事が主。

社名：㈱**高千穂**　http://www.takachiho-hsc.com/
創業：1970年　**設立**：1974年
資本金：7922万円
従業員数：99名

※本社神奈川県。住宅の設計施工からリフォーム分野に事業展開。建材販売も。

社名：㈱**ハウスメイトワークス**
http://www.housemate.co.jp/company/index.html
設立：1987年　**資本金**：1億円
従業員数：421人
所在地：東京本社　(支店)東京、神奈川、埼玉　(ベース)東京、埼玉、神奈川、千葉に計12ベース

※本社東京都。賃貸仲介のハウスメイト系。賃貸リフォームや大規模改修が主業務

リフォームとリノベーションの違い

MEMO

一般的に同じように扱われる2つの言葉ですが、実は大きな違いがあります。

リフォームとは、新築時のもくろみに近づくよう復元する、たとえばクロスの張り替えや設備の更新など、傷んだところをもとに戻していくような修繕工事です。

一方、リノベーションとは、新築時とのもくろみとは違う、よりよいものに改修していくこと。耐震や防火性能を現代の水準に高めたり、壁内断熱性能の向上や、開口部の取り替えによって温熱環境をよくするような改修工事なら、リノベーションといえます。

リフォーム企業リスト

西日本拠点

社名:㈱**サニックス** http://sanix.jp/
創業:1975年 **設立**:1978年 **資本金**:140億4,183万円
売上高:525億3100万円(連結) **従業員数**:2,008人(連結)
初任給:首都圏エリア 短大・専門卒235,000円 四大卒260,000円 院了275,000円
平均年収:503万円 **従業員平均年齢**:42.5歳
採用実績:2020年(予定)72名 2019年57名 2018年50名 2017年0名
※本社福岡県。太陽光発電、シロアリ駆除、ビルメンテナンス、リサイクルなど幅広い業態。

社名:㈱**ウエストホールディングス** http://www.west-gr.co.jp/
創業:1981年 **設立**:2006年
資本金:20億2091万円 **売上高**:639億400万円(連結)
従業員数:445名
所在地:(本社)東京 広島 (支社)関西 九州 (支店)名古屋
※太陽光とエコリフォーム事業が主。業界大手。JASDAQ上場。

社名:㈱**アヤハディオ** http://www.ayahadio.com/
設立:1961年 **資本金**:3億円
売上高:281億5000万円
従業員数:1,219人
初任給:大卒210,000円 院了223,000円
採用実績:2020年(予定)5名 2019年7名 2018年6名
※本社滋賀県。滋賀県およびその周辺に店舗を構えるホームセンター。

社名:**ニッカホーム㈱** http://www.nikka-home.co.jp/
創業:1987年 **設立**:1994年 **資本金**:8,000万円
売上高:353億円 **従業員数**:1,172人
初任給:222,000円
従業員平均年齢:31.0歳
採用実績:2020年(予定)60名 2019年43名 2018年30名 2017年44名
※本社愛知県。外壁・屋根をベースに設備リフォームも展開。東海地区が主。

社名:㈱**オンテックス** http://www.ontex.co.jp/
創業:1984年 **設立**:1988年 **資本金**:9000万円
売上高:138億8,500万円 **従業員数**:980名
初任給:(企画営業)230,000円 (技能士)200,500円
従業員平均年齢:31.4歳
採用実績:2019年108名 2018年90名 2017年78名
※本社大阪府。外壁塗装、屋根リフォームで全国展開。スーパー銭湯や不動産事業部も併設。

社名:**新生ホームサービス㈱** http://www.shinseihomeservice.com/
設立:2004年 **資本金**:5000万円 **売上高**:約111億万円 **従業員数**:599人
初任給:A:180,000円+高率歩合給+報奨金(固定残業代50,000円/53hを含む。超過時は別途支給) B:220,000円+歩合給+報奨金(固定残業代50,000円/40hを含む。超過時は別途支給) 入社後AまたはBより選べる **従業員平均年齢**:34.0歳
採用実績:2017年 大卒32名 短大卒12名 2016年 大卒28名 短大卒7名 2015年 大卒34名 短大卒10名
※本社兵庫県。著名大学教授を社外顧問に全国展開。リフォーム専業。

リフォーム企業リスト

西日本拠点

社名:㈱ナサホーム　http://nasahome.co.jp/
設立:1996年　資本金:1600万円
売上高:66億7000万円　従業員数:約240人
初任給:専門・短大・高専卒200,000円　大卒・院了220,000円　※月給には固定残業代月40時間(48,864円)を含む。
従業員平均年齢:32.0歳　採用実績:2018年23名　2017年22名　2016年24名
※本社大阪府。近畿圏を中心とするリフォーム専業店。スタジオ制をとりデザイン性を演出。

社名:㈱メノガイア　http://www.menogaia.co.jp/
設立:1995年　資本金:7億6,428万円
売上高:38億円(単独)　従業員数:158人
初任給:220,000～250,000円(残業代込み)
従業員平均年齢:32.4歳
採用実績:2018年4名　2017年5名　2016年6名
※本社兵庫県。住宅設備会社を発祥とし、リフォーム・ハウスクリーニングに強み。

社名:コープ住宅㈱　http://www.coop-sumai.com/
設立:1987年　資本金:4000万円
売上高:58億2150万円
従業員数:131名
初任給:院了203,000円　大卒194,000円　短大・専門・高専卒170,000円
採用実績:2020年4名　2019年3名　2018年2名
※本社兵庫県。生活協同組合コープこうべ系。組合員に対し戸建リフォーム事業を展開。

社名:㈱CONY JAPAN　http://conyjapan.co.jp/
創業:1970年　設立:1997年　資本金:3000万円
売上高:55億8700万円　従業員数:210人
初任給:(関西圏勤務者)210,000円　(関東圏勤務者)220,000円
従業員平均年齢:32.0歳
採用実績:2019年30名　2018年37名　2017年31名
※本社大阪府。リフォーム専業。近畿エリアを中心に神奈川、東京支店も。

社名:㈱アートリフォーム　http://www.artreform.com/
創業:1952年　設立:1985年　資本金:1,000万円
売上高:58億2000万円　従業員数:231名
初任給:220,000円
従業員平均年齢:35.8歳
採用実績:2020年(予定)29名　2019年18名　2018年12名　2017年15名
※本社大阪府。畳敷物店から家具店へ、さらにリフォーム事業へ業態転換。近畿圏が主。

社名:㈱住居時間　http://www.smiletime.co.jp/
設立:2001年　資本金:1000万円
売上高:59億7400万円
従業員数:270名
初任給:大卒・院了215,000円　短大・専門卒205,000円
採用実績:2019年60名　2018年52名
※本社愛知県。外壁・屋根をベースに設備リフォームも展開。東海地区が主。

リフォーム企業リスト

西日本拠点

社名:㈱朝日リビング　http://www.asahiliving.co.jp/
設立:1979年　資本金:1億円
売上高:23億円　従業員数:255名
初任給:160,000円　従業員平均年齢:39歳
所在地:(本社)大阪 東京　(支社)札幌　仙台　神奈川　静岡　名古屋　広島　福岡
採用実績:2019年(予定)5名　2018年4名　2017年5名

※戸建住宅のほか、マンションリフォームも展開。全国23拠点。

社名:オーヤシマ㈱　http://www.tousaikan.com/
設立:1975年　資本金:1000万円
売上高:14億4000万円(2019年)　従業員数:57名
初任給:(営業職)大卒・専門卒218,843円　短大卒212,764円
従業員平均年齢:44,0才
採用実績:2020年(予定)1名

※本社和歌山県。給排水工事など設備関係に強み。陶彩館を和歌山県と大阪府で運営。

社名:㈱松下サービスセンター　http://www.matsushita-sc.co.jp/
設立:1998年
資本金:5000万円
従業員数:160名

※本社石川県。サイディング貼付による外壁リフォームが主。北陸・信越・関東に展開。

社名:石友リフォームサービス㈱　https://www.ishitomo-reform.co.jp/
設立:1997年
資本金:2000万円
従業員数:171名
所在地:富山、石川、福井、埼玉に計17店舗

※本社富山県。北陸最大手石友ホーム系。リフォーム専業店として北陸地区に展開。

23

住設機器・建材産業の現在

**新築からストックへの転換！
海外進出に活路を**

CHECK POINT

企業間合併、間接部門の圧縮、海外生産拠点の整備を進めていましたが、市場は一転！　震災復興やオリンピックへの期待感、大企業の業績改善から、急激に需要が回復しました。

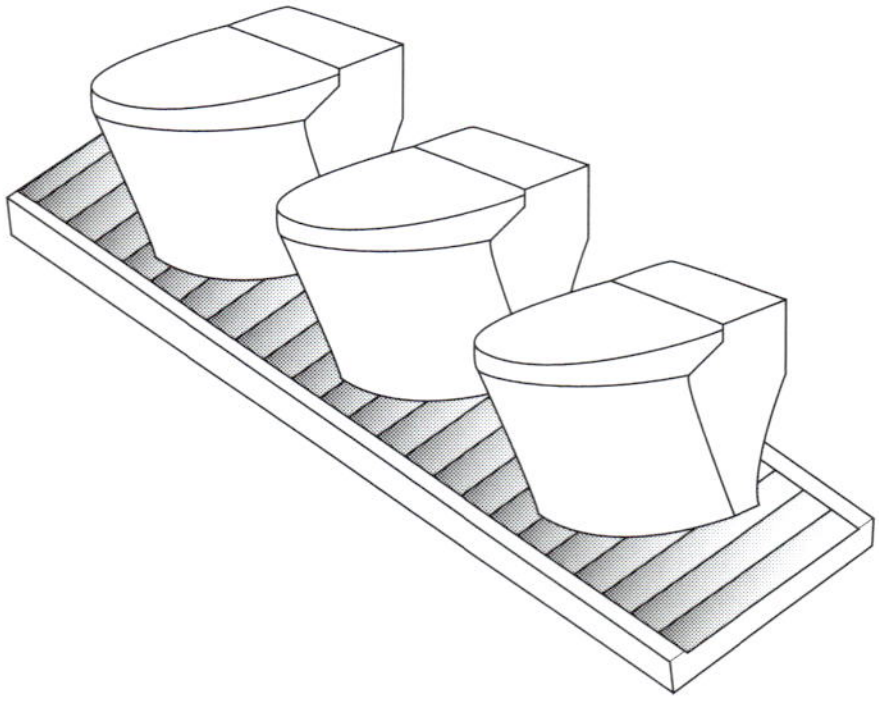

質から量へ

住宅新築の市場が縮小するなか、住設機器、建材メーカーは、富裕層が中心となるリフォーム市場に活路を見いだし、製品単価を上げることによって売り上げや利益の確保を図ってきました。しかし、中国における鉄の需要の増大や、原油価格の高騰による材料単価の上昇、2011年の東日本大震災とタイの大洪水によって生産拠点が打撃を受けるなど、厳しい経営状態が続いていました。

ところが、2012年後半から、東日本大震災の復興、消費税増税前の駆け込み需要、オリンピックに対する期待感も相まって、急激に需要が回復。増税後も円安による大企業の業績改善に伴い、生産量の拡大が求められているため、質から量への転換が行われています。ただし企業は、数年先の需要減を見越し、組織を拡大せずにアウトソーシングサービスを利用して、この波を乗り切ろうとしています。

企業の統合が続く

アルミサッシ首位で総合建材メーカーのトステムと衛生陶器2位のイナックスは2001年に経営を統合。続いて、キッチン好感度で首位を争っていたサンウエーブや、日本軽金属の子会社だったアルミサッシの新日軽も2010年に子会社化。翌年には全社統合し、リクシルとなりました。2013年にはグローエも買収。海外市場を視野に入れています。

ビルサッシに強い三協アルミニウム工業と住宅サッシに強い立山アルミニウム工業は2003年に経営統合を行い、三協・立山ホールディングスを設立しました。

YKK、TOTO、大建工業は2002年にリフォーム分野の提携を始めましたが、近年、共同ショールームを設立するなど業務提携を拡大しています。

これらは、販売網の合理化や管理部門の一体化による経営コストの削減、製品の統合による市場の寡占化、価格の安定化を目指すものです。

営業力強化とコスト削減

たとえばTOTOでは、70年代にインドネシアで合弁企業を設立後、世界各国に子会社を設立し、販売やマーケティングを行ってきました。さらには工場を中国などの人件費の安い地域に進出させることで製造原価の低減を図るとともに、成長著しい現地消費に対応しています。今後、建材メーカーの海外進出がより一層加速するとともに、それを管理する人材が望まれます。

また、販売力の強化もこの業界の課題です。いままでは文系出身者が営業部門を担ってきましたが、他社製品との違いを明確に説明するために、とくに構造材メーカーで開発部門から営業部門への人員転換が行われています。

かつては顧客のニーズを把握しその後の製品開発に役立てるために、一時的な配置転換をする場合が多かったのですが、専門知識に長けている技術者が販売店や設計者、施工者に対し、直接説明し、技術的なバックアップを行うことで、自社製品の採用率を高めようとしているのです。これにより、材料と格闘するだけで済んだ研究者たちにコミュニケーション能力が求められてきています。

建材メーカーのこれから

住設機器・建材産業は、オリンピック景気やアベノミクスによって当面の需要は確保できています。ただし、国内人口や需要の減少に備え、素材メーカーや自動車メーカーのように積極的に海外進出をしていかなくてはなりません。そのために、国内外問わず他社に勝る製品の開発、海外企業の買収や現地法人の設立による海外生産・販売ネットワークの確立が求められています。

住設・建材会社

建材商社

社名：**伊藤忠建材㈱**　http://www.ick.co.jp/
設立：1961年　**資本金**：5億円
売上高：（単独）3138億円　（連結）3357億円　**従業員数**：（単独）399人　（連結）627人
初任給：（総合職）大卒230,000円　院了240,000円　**従業員平均年齢**：43.4歳
採用実績：2020年（予定）14名　2019年11名　2018年10名　2017年13名

※伊藤忠商事子会社。総合建材商社

社名：**ジャパン建材㈱**　http://www.jkenzai.co.jp/
設立：2006年　**資本金**：1億円　**売上高**：（単独）2847億6100万円
（連結）3684億7900万円　**従業員数**：1,419人（2020年2月29日現在）
初任給：（総合職）大卒191,000円　**平均年収**：542万円（JKホールディングス）
従業員平均年齢：44.1歳（JKホールディングス）
採用実績：（JKホールディングス）（総合職）2020年（予定）53名　2019年59名
2018年46名　2017年50名

※総合建材卸。全国に100箇所以上の営業拠点を構える。

社名：**SMB建材㈱（旧 三井住商建材）**　http://www.smb-kenzai.com/
設立：1966年　**資本金**：30億円3500万円
売上高：3387億円　**従業員数**：477人
初任給：大卒217,000円　院了231,000円
採用実績：（基幹職）2020年（予定）7名　2019年8名　2018年0名　2017年6名
2016年4名（旧三井住商建材㈱）

※三井住商建材㈱が、2017年、丸紅建材㈱と事業統合してできた総合建材商社。

社名：**ナイス㈱**　http://www.nice.co.jp/
創業：1950年　**設立**：2007年　**資本金**：220億6920万円
売上高：（単独）48億3300万円　（連結）2514億7500万円　**従業員数**：（単独）821人　（連結）2,495人
初任給：（総合職）大卒203,200円　院了218,600円　専門卒188,200円
従業員平均年齢：39.6歳　**採用実績**：2019年43名　2018年52名　2017年60名

※建材販売のほか、マンションや戸建事業も手掛けるディベロッパー。

社名：**㈱ジューテック**　http://www.jutec.jp/
設立：2009年　**資本金**：8億5000万円
売上高：（単独）1374億4000万円　（連結）1623億9800万円
従業員数：（単独）778人　（連結）1,102人　**初任給**：（営業職）大卒・院了 205,000円
平均年収：606万円（ジューテックホールディングス）
従業員平均年齢：41.0歳（ジューテックホールディングス）
採用実績：2019年40名　2018年31名　2017年27名（ジューテックホールディングス）
※総合建材卸。平成29年に東証一部銘柄に上場。

社名：**三菱商事建材㈱**　http://www.mckenzai.co.jp/
設立：1994年　**資本金**：5億円
売上高：1273億円　**従業員数**：約200人
初任給：（総合職）大卒210,000円
採用実績：2019年総合職2名　2015年 総合職2名　事務職2名
2014年 総合職2名　事務職2名　2013年 総合職2名　事務職3名

※三菱商事100%出資。総合建材商社

住設・建材会社

住設・建材総合

社名:**パナソニック㈱**　http://www.panasonic.com/jp/home.html
創業:1918年　**設立**:1935年　**資本金**:2589億円
売上高:(単独)4兆588億円　(連結)7兆4906億円
従業員数:(連結)259,385人　**初任給**:大卒212,500円　院了236,500円
平均年収:754万円　**従業員平均年齢**:45.7歳
採用実績:2020年(予定)301名～

※照明器具業界首位。キッチン・UB・ドア・床材等幅広い建材を扱う。

社名:**旭化成建材㈱**　http://www.asahikasei-kenzai.com/
創業:1963年　**設立**:1976年　**資本金**:30億円
売上高:(連結)2兆1516億円　**従業員数**:(連結)40,689人
初任給:(旭化成グループ)大卒222,890円　院了247,550円　博了289,910円
採用実績:(旭化成グループ)大卒総合職 2019年239名　2018年179名　2017年165名　2016年145名　2015年158名

※住宅用ALC「ヘーベル」ブランドで消費者から認知度が高い。

社名:**㈱LIXIL**　http://www.lixil.co.jp/
創業:1923年　**設立**:2001年　**資本金**:346億円
売上高:(単独)8832億円　(連結)1兆6944億3900万円
従業員数:(単独)16,883人　(連結)61,634人
初任給:大卒214,000円　院了231,000円
採用実績:2019年188名　2018年218名　2017年185名

※トステム・イナックス・東洋エクステリア・新日軽・サンウエーブの結合により誕生。

社名:**TOTO㈱**　http://www.toto.com/
創立:1917年　**資本金**:355億7900万円　**売上高**:(連結)5964億円
従業員数:(単独)8,169人　(連結)33,554人
初任給:(東京勤務)高専本科卒191,000円　大卒221,500円　院了246,000円
平均年収:679万円　**従業員平均年齢**:43.2歳

※衛生陶器首位。ユニットバスやキッチンにも強み。ブランドイメージは高い。

社名:**大建工業㈱**　http://www.daiken.jp/
設立:1945年　**資本金**:153億円
売上高:(単独)1546億9600万円　(連結)2024億8100万円
従業員数:(単独)1,714人　(連結)3,807人
初任給:(全国コース)大卒210,000円　院了221,460円
平均年収:554万円　**従業員平均年齢**:41.6歳
採用実績:2019年34名　2018年33名　2017年31名　2016年30名

※総合建材大手。内装材を中心に幅広い商品を扱う。

社名:**永大産業㈱**　http://www.eidai.com/
設立:1946年　**資本金**:32億8530万円
売上高:(単独)547億円　(連結)571億円
従業員数:(単独)984人　(連結)1,400人　**初任給**:大卒205,200円　院了220,100円
平均年収:546万円　**従業員平均年齢**:40.5歳
採用実績:2019年25名　2018年39名　2017年29名　2016年26名　2015年25名

※住宅用木質建材、設備機器に強み。会社更生法から30年を経て2007年東証2部再上場。現在は東証1部上場。

住設・建材会社

塗装･左官

社名:**関西ペイント㈱**　http://www.kansai.co.jp/
設立:1918年　**資本金**:256億5800万円
売上高:(単独)1486億7800万円　(連結)4068億8600万円
従業員数:(単独)1,499人　(連結)16,459人　**初任給**:大卒224,200円　院了239,700円
平均年収:811万円　**従業員平均年齢**:42.4歳　**採用実績**:(技術系)2020年(予定)10名
2019年8名　2018年10名　2017年9名　2016年16名　2015年12名　2014年12名
※通称カンペ。大阪を本社とし総合塗料の2強。

社名:**アイカ工業㈱**　http://www.aica.co.jp/
創立:1936年　**資本金**:98億9170万円
売上高:(単独)1094億3100万円　(連結)1915億100万円
従業員数:(単独)1,239人　(連結)4,781人　**初任給**:大卒218,140円　院了235,480円
平均年収:651万円　**従業員平均年齢**:39.6歳
採用実績:(技術系/営業系) 2020年(予定)16名/13名　2019年23名/22名
2018年21名/18名　2017年15名/16名　2016年15名/15名　2015年13名/9名
※メラミン化粧合板、ジョリパットなどを生産する総合化学企業。愛知県本社。

社名:**エスケー化研㈱**　http://www.sk-kaken.co.jp/
設立:1958年　**資本金**:26億6200万円
売上高:(単独)833億5200万円　(連結)960億2800万円
従業員数:(連結)2,163人　**初任給**:大卒235,000円　院了250,000円
平均年収:580万円　**従業員平均年齢**:40.7歳　**採用実績**:2020年(予定)23名
2019年13名　2018年24名　2017年20名　2016年11名　2015年21名　2014年23名
※外壁塗料に強み。塗装大手。

社名:**日本ペイント㈱**　http://www.nipponpaint.co.jp/
創業:1881年　**設立**:1898年　**資本金**:7億3900万円
売上高:(単体)634億円　(連結)6229億8700万円(日本ペイントホールディングス㈱)
従業員数:(単独)875人　(連結)20,244人
初任給:大卒216,680円　院了225,680円
平均年収:776万円　**従業員平均年齢**:43.0歳
※通称ニッペ。大阪を本社とし総合塗料の2強。

社名:**四国化成工業㈱**　http://www.shikoku.co.jp/
設立:1947年　**資本金**:68億6770万円
売上高:(単独)466億6900万円　(連結)515億6400万円
従業員数:(単独)689人　(連結)1,206人
初任給:大卒213,000円　院了240,000円
平均年収:694万円　**従業員平均年齢**:40.4歳
採用実績:2019年18名　2018年14名　2017年14名　2016年13名　2015年15名
※エクステリアや内装壁塗材珪藻土に強み。香川県本社。

社名:**㈱ヤブ原**　http://www.yabuhara.co.jp/
創業:1901年　**設立**:1950年　**資本金**:1億円
売上高:104億9000万円
従業員数:129人(男91人　女38人)
※左官材料の専門店として創業。湿式内外装材に強み。

コラム こんなところにも建築学生採用枠がある！

県庁・市役所などの建築学生枠はよく知られています。でも実は、警察・消防などにも採用枠があるのです。

設計監理を行う警察官

警察官は基本的に都道府県に属する地方公務員ですが、都道府県庁職員とは別枠で、警察・建築技術職の試験があります。採用後は、発注者として警察署・交番・駐在所等の警察関連施設の整備に関する企画・予算要求を行い、設計監理者として基本設計、実施設計、工事監理などの業務にも従事します。さらには、管轄内の各警察署に出向き、建物の維持保全のための専門的な指導業務も行います。

防災と設計監理を行う消防官

消防官といえば消火・救急業務が思い浮かびますが、それと同等以上に大切な予防業務があります。不特定多数の利用者がいる新築建築物には消防法適合申請、さらに竣工検査も必要ですし、定期的に消防の検査も行われます。検査を行うのは各消防署の予防課で、無窓居室への配慮や、避難経路の確保・誘導などが主な指導の対象です。生命に直結する業務ですし、1級建築士の資格を持つ設計者等に指導するため、予防課所属の消防官には建築に関する高度な知識が求められます。また、建物単体にとどまらず、地域全体の防災計画を立てるのも消防官の仕事。さらに、警察官建築職や一般公務員建築職と同様、発注者として消防関連施設の企画や、設計監理者として消防関連施設の設計監理を行います。

募集は、東京消防庁のほか、市単位、または広域行政区単位で行われますので、こまめに志望する地域のホームページや市民だよりなどをチェックしましょう。

銀行や小売業でも募集はある

そのほか、銀行の審査部門や店舗立地調査部門、営繕部門、また、飲食チェーンやファッションなどの郊外型小売業などの店舗開発部門に、建築学生枠が設けられています。建築業界や一般公務員だけでなく、さまざまな業界で建築学生は専門分野を生かして就職、活躍することが可能です。

住設・建材会社

ALC板

社名:**クリオン㈱** http://www.clion.co.jp/
設立:1970年 **資本金**:30億7514万円
売上高:205億2700万円 **従業員数**:288人
従業員平均年齢:46.3歳
※ALCパネルのトップメーカー。旧社名・小野田デュロックス。

社名:**住友金属鉱山シポレックス㈱**
http://www.sumitomo-siporex.co.jp/
創立:1962年 **設立**:1999年 **資本金**:50億円
売上高:134億1800万円 **従業員数**:380人(2017年現在)
※ALCパネル3社の1角を占める。

ガラス

社名:**AGC㈱(旧旭硝子㈱)** http://www.agc.com/
創立:1907年 **設立**:1950年 **資本金**:908億7300万円
売上高:(単独)5167億800万円 (連結)1兆5180億3900万円
従業員数:(単独)6,998人 (連結)55,598人
初任給:大卒220,000円 院了245,000円 博了295,000円 **平均年収**:808万円
従業員平均年齢:43.2歳 **採用実績**:(事務系/技術系)2020年(予定)91名/18名
2019年108名 /24名 2018年21名/75名 2017年16名/57名 2016年14名/48名
※世界最大のガラスメーカー。三菱系。2018年、旭硝子㈱から社名変更。

社名:**日本板硝子㈱** http://www.nsg.co.jp/
設立:1918年 **資本金**:1165億4600万円
売上高:(単独)1051億3600万円 (連結)5561億7800万円
従業員数:(単独)1,980人 (連結)26,803人
初任給:大卒222,100円 院了244,500円 **平均年収**:777万円 **従業員平均年齢**:45.9歳
採用実績:(技術系/事務系)2020年(予定)12名/3名 2019年14名/6名 2018年8名/6名
2017年5名/4名 2016年6名/3名 2015年6名/3名
※イギリス名門ピルキントンを買収。住友系。

社名:**日本電気硝子㈱** http://www.neg.co.jp/
創立:1949年 **設立**:1944年 **資本金**:321億円
売上高:(単独)1179億2500万円 (連結)2571億8900万円
従業員数:(単独)1,679人 (連結)6,482人
初任給:高専卒194,500円 大卒220,500円 院了243,000円 **平均年収**:764万円
従業員平均年齢:45.1歳 **採用実績**:2020年32名 2019年23名 2018年17名
2017年17名 2016年18名 2015年10名 2014年11名
※ガラスブロックの独占企業。薄型テレビ用ガラスに強み。

社名:**セントラル硝子㈱** http://www.cgco.co.jp/
設立:1936年 **資本金**:181億6800万円
売上高:(単独)945億1600万円 (連結)2224億6900万円
従業員数:(単独)1,631人 (連結)6,440人 **初任給**:大卒218,000円 院了235,000円
博了265,000円 **平均年収**:641万円 **従業員平均年齢**:36.8歳
採用実績:(技術系/事務系)2019年25名/11名 2018年18名/12名
2017年27名/9名 2016年24名/10名 2015年27名/9名 2014年33名/6名
※宇部曹達工業を発祥とする化学メーカー。

住設・建材会社

断熱材

社名:㈱**カネカ**　http://www.kaneka.co.jp/
設立:1949年　**資本金**:330億4600万円
売上高:(単独)2920億8400万円　(連結)6015億1400万円
従業員数:(単独)3,552人　(連結)11,013人　**初任給**:大卒224,000円　院了240,400円　博了272,000円　**平均年収**:765万円　**従業員平均年齢**:40.9歳
採用実績:(事務系/技術系)2020年(予定)21名/51名　2019年17名/46名　2018年21名/43名　2017年20名/51名　2016年20名/61名　2015年25名/52名
※総合化学企業。建築部門は発泡樹脂断熱材が主力。

社名:**ニチアス㈱**　http://www.nichias.co.jp/
設立:1896年　**資本金**:121億2835万2879円
売上高:(単独)1621億2700万円　(連結)2088億7600万円
従業員数:(単独)1,729人　(連結)6,260人　**初任給**:大卒230,500円　院了245,900円
平均年収:677万円　**従業員平均年齢**:41.4歳　**採用実績**:2020年(予定)56名　2019年52名　2018年56名　2017年56名　2016年42名
※断熱材が主力だが、半導体製造装置や自動車用の部品も展開。

社名:**アキレス㈱**　http://www.achilles.jp/
設立:1947年　**資本金**:146億4000万円
売上高:(単独)670億100万円　(連結)802億2500万円
従業員数:(単独)1,276人　(連結)1,675人
初任給:(本社)大卒216,400円　院了230,400円　(工場)大卒204,100円　院了218,100円
平均年収:572万円　**従業員平均年齢**:40.6歳　**採用実績**:採用予定21～25名程度
※シューズ・プラスチックを手掛ける総合化学企業。建築部門はウレタン系断熱材が主力。

社名:**旭ファイバーグラス㈱**　http://www.afgc.co.jp/
創立:1956年　**資本金**:50億3600万円
売上高:338億4000万円
従業員数:488人　**初任給**:大卒220,000円　院了239,450円
従業員平均年齢:40.2歳
採用実績:2020年8名　2019年9名　2018年6名　2017年6名　2016年6名
※三菱系世界最大手旭硝子系列。ガラス繊維を利用した断熱材グラスウールが主力。

社名:**マグ・イゾベール㈱**　http://www.isover.co.jp/
設立:1987年　**資本金**:22億円
売上高:208億円(2018年)
従業員数:335人　**初任給**:(過年度実績)大卒214,000円　院了216,000円
採用実績:2013年文系0名 理系2名　2012年文系1名 理系2名　2011年、2010年ともに採用なし　2009年文系0名 理系2名　2008年文系3名 理系3名
※断熱材グラスウールが主力。

社名:**デュポン・スタイロ㈱(旧ダウ化工㈱)**
https://www.dupontstyro.co.jp/
設立:1982年　**資本金**:23億円
売上高:168億8700万円(2017年度)　**従業員数**:約190人
※世界最大級ザ・ダウケミカルカンパニーの関連企業。断熱材スタイロフォームが主力。2019年、ダウ化工㈱から社名変更。

住設・建材会社

外装材

社名:**三菱マテリアル㈱** http://www.mmc.co.jp/corporate/ja/index.html
創業:1871年 **設立**:1950年 **資本金**:1194億5700万円
売上高:(単独)8026億5500万円 (連結)1兆5161億円
従業員数:(単独)4,906人 (連結)28,601人 **初任給**:大卒222,500円 院了238,500円
平均年収:654万円 **従業員平均年齢**:41.3歳
採用実績:(事務系/技術系)2020年(予定)40名/67名 2019年31名/68名
2018年30名/55名 2017年34名/58名 2016年29名/53名 2015年35名/46名
※三菱系非鉄金属大手。セメント、銅、加工、電子材料をコアとする。

社名:**昭和電工㈱** http://www.sdk.co.jp/
設立:1939年 **資本金**:1405億6400万円 **売上高**:(単独)5308億6200万円
(連結)9064億5400万円 **従業員数**:(単独)3,437人 (連結)10,813人
初任給:大卒230,000円 院了250,000円 博了308,000円 **平均年収**:815万円
従業員平均年齢:40.1歳 **採用実績**:(技術系/事務系)2019年42名/17名
2018年34名/21名 2017年34名/18名 2016年34名/16名 2015年37名/13名
※建築家が好きなラムダサイディングの製造元。旧・安田系の総合化学。

社名:**ニチハ㈱** http://www.nichiha.co.jp/
設立:1956年 **資本金**:81億3600万円
売上高:(単独)1041億4600万円 (連結)1237億2200万円
従業員数:(単独)1,310人 (連結)2,974人 **初任給**:大卒202,080円 院了219,240円
平均年収:689万円 **従業員平均年齢**:43.9歳
採用実績:2020年(予定)14名 2019年22名 2018年14名
※窯業系サイディング最大手。2013年金属系外壁屋根メーカー・チューオーの営業部門を統合。

社名:**日鉄鋼板㈱(旧日鉄住金鋼板㈱)** http://www.niscs.nipponsteel.com/
設立:1950年 **資本金**:125億8800万円
売上高:(単独)800億8200万円
従業員数:814人
初任給:高専卒191,500円 大卒212,500円 院了234,800円
従業員平均年齢:39.4歳 **募集人数**:6～10名
※イソバンドなどのパネル材や金属屋根材が主力。新日鉄住金子会社。2019年、日鉄住金鋼板㈱から社名変更。

社名:**㈱ノザワ** http://www.nozawa-kobe.co.jp/
創業:1897年 **設立**:1913年 **資本金**:24億4900万円
売上高:(単独)184億5800万円 (連結)224億8600万円
従業員数:(単独)336人 (連結)377人 **初任給**:大卒210,850円 院了225,330円
平均年収:639万円 **従業員平均年齢**:42.9歳
採用実績:2019年理系6名 文系4名 2018年理系12名 財務系1名
※ビル建材の主流・押出成形セメント板アスロックの製造元。住宅用内装ボードや塗壁にも進出。

社名:**アイジー工業㈱** http://www.igkogyo.co.jp/
設立:1970年 **資本金**:2億5350万円
売上高:228億1000万円 **従業員数**:361人
初任給:大卒202,000円 院了207,760円
従業員平均年齢:39.8歳
採用実績:2019年7名 2018年7名 2017年7名 2016年11名 2015年7名
※ガルバリウム鋼板に裏打ちした外装材ガルスパンが主力。防火・耐火認定を取り、急成長。

住設・建材会社

石膏ボード

社名:**吉野石膏㈱** http://www.yoshino-gypsum.com/
創業:1901年 **設立**:1937年 **資本金**:34億600万円
売上高:1235億円(2019年12月) **従業員数**:1,000人
初任給:(総合職)高専卒193,950円 大卒210,450円 院了223,450円
(一般職)短大卒181,950円 大卒193,450円
従業員平均年齢:39.5歳 **募集人数**:16～20名
採用実績:2019年36名 2018年28名 2017年22名

※内装下地石膏ボード最大手。シェア8割。隠れた一流企業。

社名:**チヨダウーテ㈱** http://www.chiyoda-ute.co.jp/
設立:1948年 **資本金**:59億6100万円
売上高:(単独)267億5600万円 (連結)288億9100万円
従業員数:(単独)459人 (連結)638人
初任給:短大・専門卒 170,000円 大卒191,000円 院了196,000円
平均年収:513万円 **従業員平均年齢**:43.7歳 **募集人数**:6～10名
採用実績:2019年6名 2018年10名 2017年2名 2016年10名 2015年5名

※シェア2割だが吉野石膏に続く業界2番手。

建築構造金物

社名:**㈱カナイ** http://www.kana-e.co.jp/
創立:1963年 **設立**:1971年 **資本金**:9900万円
売上高:258億円(2018年度) **従業員数**:218人
初任給:高卒165,000円 短大・専門卒185,000円 大卒205,000円

※木造住宅用構造金物中心。

社名:**㈱タナカ** http://www.tanakanet.co.jp/
創業:1950年 **設立**:1961年 **資本金**:9860万円 **売上高**:163億円
従業員数:421人 **初任給**:短大・専門卒176,000円 大卒・院了 200,000円
採用実績:2020年(予定)6名 2019年8名 2018年8名 2017年8名 2016年8名
2015年8名 2014年8名

※木造住宅用構造金物中心。

社名:**㈱エヌ・シー・エヌ** http://www.ncn-se.co.jp/
設立:1996年 **資本金**:3億8756万円
売上高:66億1038万円
従業員数:90人 **平均年収**:604万円 **従業員平均年齢**:40.1歳
初任給:大卒・院卒254,000円 **募集人数**:6～10名
採用実績:2019年2名 2018年2名 2017年2名 2015年3名 2014年3名

※木造ラーメンSE構法の供給元。集成材大手セブン工業と日商岩井(現・双日)が出資して設立。

社名:**㈱シェルター** http://www.shelter.jp/
設立:1974年 **資本金**:9000万円
売上高:49億700万円
従業員数:115人
初任給:大卒185,000円 院了190,000円
採用実績:2020年(予定)5名 2019年5名 2018年12名 2017年4名 2016年6名

※独自のKESシステムを使用する木造金物構法のパイオニア。3次元曲面を持つ木造建築も得意。

住設・建材会社

建築金物

社名:**美和ロック㈱**　http://www.miwa-lock.co.jp/
創立:1945年　**資本金**:6億1000万円
売上高:479億3300万円(2018年度)
従業員数:1,436人(男1,037人　女399人)
初任給:高専卒184,700～208,700円　大卒202,200円～228,500円
院了210,200円～237,500円　**従業員平均年齢**:39歳
※錠前最大手。圧倒的なシェアを誇る。

社名:**㈱アルファ**　http://www.kk-alpha.com/
創業:1923年　**資本金**:27億6000万円
売上高:(単独)158億5000万円　(連結)601億9500万円
従業員数:(単独)422人　(連結)4,516人　**初任給**:大卒207,000円　院了222,000円
平均年収:604万円　**従業員平均年齢**:41.7歳
採用実績:2019年5名　2018年4名　2017年4名　2016年8名
※自動車のキーレスエントリーシステムが主力だが、住宅等の施錠部品も手掛ける。

社名:**タキゲン製造㈱**　http://www.takigen.co.jp/
創立:1910年　**資本金**:4億6000万円
売上高:272億円
従業員数:459人
従業員平均年齢:39.4歳
初任給:大卒・院了230,000円　短大・専門卒210,000円
※産業・建築用金物のトップメーカー。全国に営業所を設け、製造直売体制を確立。

社名:**スガツネ工業㈱**　http://www.sugatsune.co.jp/
創業:1930年　**設立**:1943年　**資本金**:4億円
売上高:170億2000万円(2018年度)　**従業員数**:505人
初任給:短大卒189,000円　大卒216,000円　院了235,400円
従業員平均年齢:40.5歳　**採用実績**:(文系/理系/美大・デザイン系)2019年13名/7名/1名
2018年13名/6名/2名　2017年17名/8名/2名　2016年23名/2名/2名
※高品質・多品種の特殊金物メーカー。携帯電話ヒンジのシェアも高く隠れた優良企業。

社名:**アトムリビンテック㈱**　http://www.atomlt.com/
創業:1903年　**設立**:1954年　**資本金**:3億74万円
売上高:105億8900万円
従業員数:124人
平均年収:636万円　**従業員平均年齢**:41.7歳

※建築金物のスタンダード。誰もが使用するためカタログの品切れ多発。

社名:**㈱ユニオン**　http://www.artunion.co.jp/
設立:1958年　**資本金**:9500万円
売上高:86億5000万円
従業員数:131人
初任給:(総合職)短大・大卒・院了259,900円　(一般職)短大・大卒・院了190,000円

※ドアハンドルの最大手。数多くの設計者が愛用。文化事業にも大貢献。大阪本社。

コラム 平均給与と平均年齢で業界を斬る！

下図で各業界の上位企業の平均給与を見てみると、不動産業が1047万円とずばぬけて高いことがわかります。事業を仕掛けるこの業界は、経済界の「川上」ですね。建設業における川上のゼネコンは、やはり大手が高待遇。つづいて準大手もそれなりですが、堅実に経営を進める中堅ゼネコン上位もそれに肩を並べます。以下は売上高が下がるほど給与水準も低い傾向です。独自の技術を持つサブコン、公益企業である電力・ガス業界もよい待遇といえるでしょう。しかし、ゼネコン業界が残業で給与を押し上げているのに対し、公益企業では基本、定時勤務でこの待遇が得られることも忘れてはなりません。

もちろん、トップ企業の課長クラスで終わるのなら、中堅企業の取締役のほうが高待遇で大きなやりがいがあることも。平均給与だけを比べるのはナンセンスと理解しておきましょう。

業界別平均給与＆従業員平均年齢

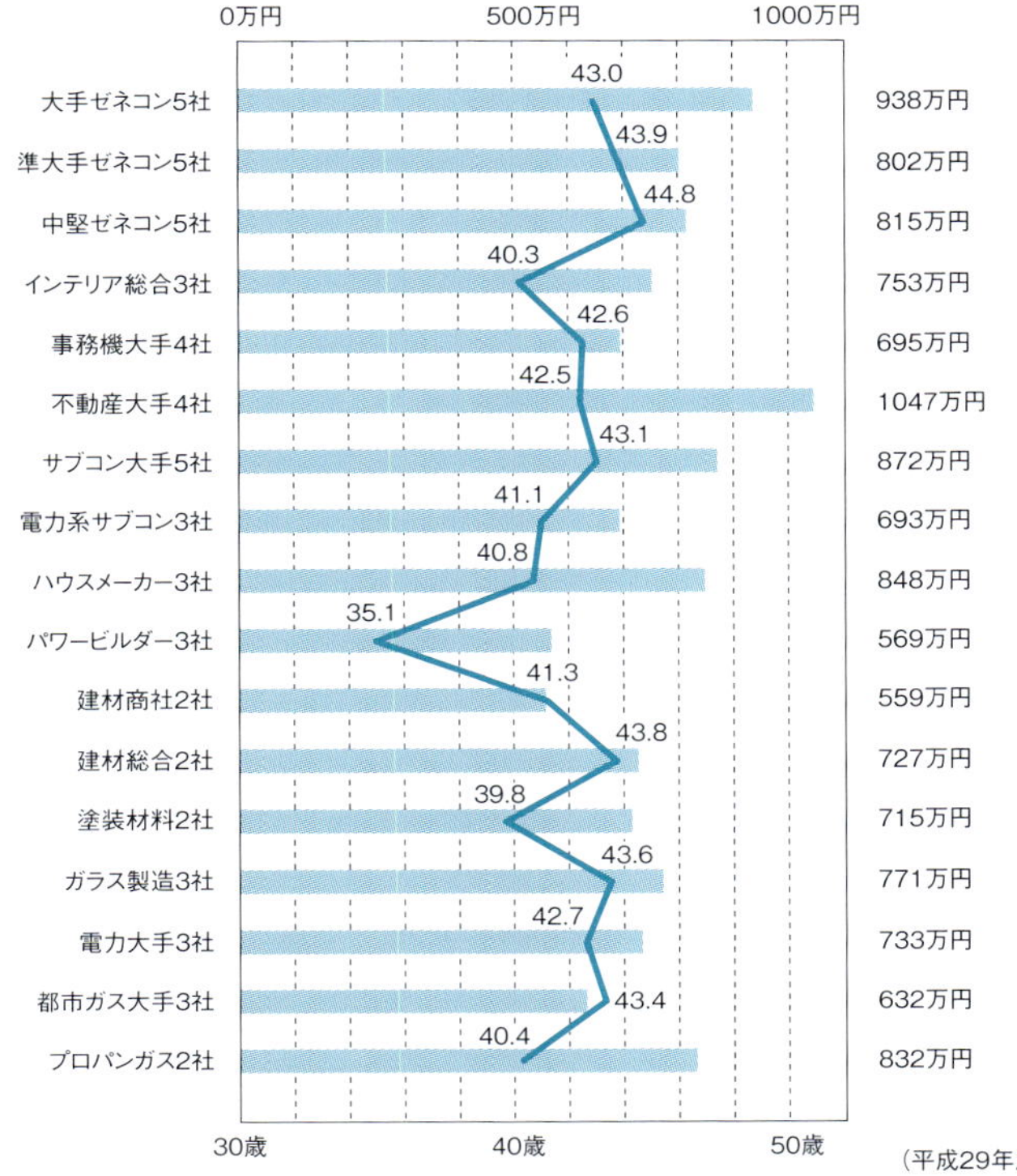

（平成29年度）

住設・建材会社

サッシュ

社名：**YKK AP㈱** http://www.ykkap.co.jp/
設立：1957年 **資本金**：100億円 **売上高**：3745億円[1]（4258億円：海外を含む）[1]
従業員数：12,325人（16,609人：海外を含む） **初任給**：大卒 212,000～224,700円
院了226,000～239,600円 **平均年収**：555万円（YKK）
採用実績：（YKK/YKK AP）2020年（予定）73名/93名 2019年81名/82名
2018年21名/87名 2017年101名/102名 2016年97名/110名 2015年82名/119名

※黒部市が拠点。非上場超一流企業。安定度抜群。

社名：**三協立山㈱** http://www.st-grp.co.jp/
設立：1960年 **資本金**：150億円 **売上高**：（連結）3377億8900万円
従業員数：（単独）5,308人 （連結）10,881人 **初任給**：（東京勤務）大卒222,300円
院了231,600円 **平均年収**：509万円 **従業員平均年齢**：45.3歳
採用実績：2020年（予定）42名 2019年39名 2018年36名 2017年50名 2016年26名

※2003年、三協アルミ・立山アルミが合併。2012年、三協立山アルミ・三協マテリアル・タテヤマアドバンスの合併により社名変更。

社名：**三和シヤッター工業㈱** http://www.sanwa-ss.co.jp/
創立：1956年 **設立**：2007年 **資本金**：5億円
売上高：2104億円 **従業員数**：2,939人
初任給：（東京23区勤務）高専卒196,500円 大卒212,100円 院了222,700円
平均年収：739万円 **従業員平均年齢**：42.2歳
採用実績：2019年55名 2018年53名 2017年46名 2016年42名 2015年34名

※シャッター、スチールドアの国内トップシェアを誇る。

木材・合板

社名：**中国木材㈱** http://www.chugokumokuzai.co.jp/
創業：1953年 **設立**：1955年 **資本金**：1億円
売上高：1200億円 **従業員数**：2,104人
初任給：（総合職・技術職）大卒・院了220,000円 （専門職）大卒・院了205,000円
従業員平均年齢：37.3歳（2019年11月）
採用実績：2020年（予定）16名 2019年17名 2018年13名 2017年14名 2016年23名

※国内における構造系人工乾燥材シェアは圧倒的。

社名：**銘建工業㈱** http://www.meikenkogyo.com/
創業：1923年 **設立**：1966年
資本金：3780万円 **売上高**：260億円（2018年12月）
従業員数：313人
初任給：大卒・院了200,000円 **従業員平均年齢**：38.5歳
採用実績：2019年5名 2018年8名 2017年7名 2016年5名 2015年4名 2014年4名

※構造用集成材に強み。3m柱はトップシェア。

社名：**住友林業クレスト㈱** http://www.sumirin-crest.co.jp/
設立：1959年 **資本金**：8億円
売上高：337億7520万円
従業員数：653人
初任給：大卒201,000円 院卒206,000円 **従業員平均年齢**：40.1歳
採用実績：2019年6名 2018年8名 2017年9名 2016年7名 2015年2名

※住友林業100%出資。木質部材に強み。

（1）APグループの実績による。

住設・建材会社

キッチン

社名:**タカラスタンダード㈱**　http://www.takara-standard.co.jp/
設立:1912年　**資本金**:263億5600万円　**売上高**:(単独)1995億3600万円
(連結)2015億2100万円　**従業員数**:(単独)5,905人　(連結)6,214人
初任給:(総合職)大卒212,000円　(一般職)大卒184,500円　**平均年収**:570万円
従業員平均年齢:39.8歳　**採用実績**:2020年(予定)138名　2019年133名　2018年145名
※ホーローが売りだが、花柄・七宝等、高齢主婦層にとくに人気。

社名:**クリナップ㈱**　http://cleanup.jp/
創業:1949年　**設立**:1954年　**資本金**:132億6734万円
売上高:(単独)1006億3100万円　(連結)1075億2500万円
従業員数:(単独)2,904人　(連結)3,462人　**初任給**:(総合職/開発技術職)大卒175,720～206,720円　院了214,980円　(一般職)短大・専門卒169,460円　**平均年収**:534万円
従業員平均年齢:40.1歳　**採用実績**:(文系/理系)2020年(予定)80名/4名
2019年100名/8名　2018年95名/7名　2017年106名/15名　2016年102名/7名
※ステンレス加工に強み。ここ数年使いたいキッチンNo.1を維持。

社名:**トーヨーキッチンスタイル㈱**
http://www.toyokitchen.co.jp/
創業:1934年　**設立**:1945年　**資本金**:3186万円　**売上高**:45億円(2016年3月)
従業員数:238人(2016年3月)　**初任給**:(総合職)大卒 営業265,000円
(一般職)コーディネーター 171,000～190,000円
採用実績:2018年17名　2017年23名　2016年18名　2015年19名
※国内最高峰のデザインと価格。青山のショールームはノーブル。

社名:**タニコー㈱**　http://www.tanico.co.jp/
創業:1946年　**設立**:1964年　**資本金**:5億2000万円
売上高:497億750万円(2019年3月)
従業員数:1,524人
初任給:大卒157,000円　**従業員平均年齢**:41.5歳
採用実績:2020年(予定)30名　2019年24名　2018年26名　2017年23名　2016年20名
※業務用厨房機器の老舗トップメーカー。マクドナルドや餃子の王将で目にしているはず。

社名:**㈱マルゼン**　http://www.maruzen-kitchen.co.jp/
設立:1961年　**資本金**:31億6495万円
売上高:(単独)512億9300万円　(連結)535億8000万円
従業員数:(単独)897人　(連結)1,368人
初任給:(首都圏営業職)大卒227,000円　**平均年収**:547万円
従業員平均年齢:39.5歳　**採用実績**:2018年38名　2017年38名　2016年39名
※東証2部上場の業務用厨房機器大手。タニコーと業界を二分。

社名:**富士工業㈱**　http://www.fujioh.com/
創立:1941年　**資本金**:3億円(国内法人のみ)
売上高:235億円(2017年グループ実績)　**従業員数**:846人(グループ全体)
初任給:(本社)短大・専門卒177,650円　高専卒187,450円　大卒205,650円
院了218,400円　**従業員平均年齢**:40.4歳
採用実績:2020年(予定)13名　2019年15名　2018年8名　2017年7名　2016年5名
※システムキッチン換気扇の供給メーカー。各社にOEMで製品を供給。

住設・建材会社

照明

社名：**東芝ライテック㈱**　http://www.tlt.co.jp/
設立：1989年　**資本金**：60億円
売上高：971億4400万円（2018年）　**従業員数**：2,261人
初任給：大卒215,500円　院了239,500円
従業員平均年齢：47.1歳
採用実績：2020年（予定）12名　2019年12名　2018年6名　2017年0名　2016年12名　2015年15名
※電球製作も含む。

社名：**コイズミ照明㈱**　http://www.koizumi-lt.co.jp/
創業：1716年　**設立**：2006年　**資本金**：4億5000万円
売上高：294億1000万円　**従業員数**：659人
初任給：大卒210,000円　院了226,000円
従業員平均年齢：41.0歳
採用実績：2020年23名　2019年21名　2018年21名　2017年17名　2016年33名　2015年24名
※建築家が好むシンプルデザイン。価格が手頃で質感も高い。

社名：**㈱YAMAGIWA**　http://www.yamagiwa.co.jp/
創業：1923年　**設立**：2011年　**資本金**：1億円
売上高：63億6000万円
従業員数：117人
初任給：大卒214,200円　院了228,700円
従業員平均年齢：44.3歳
※大きくはないが質の高いデザインを提供する照明メーカー。

防水

社名：**田島ルーフィング㈱**　http://tajima.jp/
創立：1919年　**設立**：1938年　**資本金**：8232万円
売上高：（単独）556億円　（連結）579億7500万円
従業員数：（単独）1,225人　（連結）1,321人
初任給：高専専科・大卒222,200円　院了233,900円
従業員平均年齢：39.1歳
採用実績：2020年14名　2019年12名　2018年18名　2017年20名　2016年25名
※防水のトップメーカー。屋上緑化も手掛ける。東京支店はマイケルグレイブス設計。

社名：**住ベシート防水㈱**　http://www.sunloid-dn.jp/
設立：1974年
資本金：3億円
売上高：142億円
従業員数：286人
※旧・筒中シート防水。筒中プラスチックと住友ベークライトの合併により社名変更。

社名：**ロンシール工業㈱**　http://www.lonseal.co.jp/
創業：1928年　**設立**：1943年　**資本金**：50億791万円
売上高：（単独）175億5900万円　（連結）198億9500万円
従業員数：（単独）393人　（連結）445人　**初任給**：大卒200,000円　院了207,500円
平均年収：577万円　**従業員平均年齢**：40.7歳
採用実績：2019年14名　2018年0名　2017年 8名　2016年 10名
※塩ビ系床材、屋上防水に強み。

住設・建材会社

空調

社名:三菱電機(株)　http://www.mitsubishielectric.co.jp/
設立:1921年　資本金:1758億2000万円
売上高:(単独)2兆6392億900万円　(連結)4兆4625億900万円
従業員数:(単独)35,649人　(連結)146,518人
初任給:大卒212,500円　院了236,500円
平均年収:806万円　従業員平均年齢:40.5歳
採用実績:総合職(事務系/技術系)2019年200名680名　2018年220名/650名
2017年220名/650名　2016年250名/680名　2015年210名/640名　(10月入社含む)
※総合電気大手。業務用空調のほか給湯器や換気扇も強い。

社名:ダイキン工業(株)　http://www.daikin.co.jp/
創業:1924年　設立:1934年　資本金:850億円　売上高:(単独)5882億6300万円
(連結)2兆5503億500万円　従業員数:(単独)7,499人　(連結)80,369人
初任給:短大・高専卒 197,000円 大卒225,000円　院了244,800円　博了268,800円
平均年収:742万円　従業員平均年齢:39.0歳　採用実績:(事務系/技術系)2020年(予定)
65名/283名　2019年61名/281名　2018年60名/288名　2017年60名/147名
※業務用空調に強み。家庭用エアコンも自社ブランドのほか、OEMで供給。

社名:(株)長府製作所　http://chofu.co.jp/
設立:1954年　資本金:70億円　売上高:(単独)342億600万円
(連結)452億2800万円　従業員数:(単独)979人　(連結)1,230人
初任給:(総合職)大卒215,000円　院了227,000円　(一般職)大卒172,000円
平均年収:576万円　従業員平均年齢:40.3歳
※冷暖房機、太陽熱温水器など住宅設備機器に多展開。石油給湯器で首位級。

インテリア・ファブリック

社名:(株)サンゲツ　http://www.sangetsu.co.jp/
創業:嘉永年間　設立:1953年　資本金:136億1610万円
売上高:(単独)1179億4500万円　(連結)1604億2200万円
従業員数:(単独)1,167人　(連結)2,334人　初任給:大卒220,000円
平均年収:632万円　従業員平均年齢:36.7歳
採用実績:2020年(予定)44名　2019年44名　2018年37名　2017年57名　2016年45名
※クロス・床材のトップメーカー。カーテンなども手掛ける。

社名:立川ブラインド工業(株)　http://www.blind.co.jp/
創業:1938年　設立:1947年　資本金:44億7500万円
売上高:(単独)323億2300万円　(連結)420億5400万円
従業員数:(単独)782人　(連結)1,232人　初任給:短大卒174,060円　大卒206,300円
院了212,250円　平均年収:643万円　従業員平均年齢:42.5歳
採用実績:2019年(予定)25名　2018年29名　2017年27名　2016年20名　2015年13名
※ニチベイと双璧をなすブラインドメーカー。

社名:東リ(株)　http://www.toli.co.jp/
創業:1919年　資本金:68億5586万円
売上高:(単独)563億3720万円　(連結)947億100万円
従業員数:(単独)874人　(連結)1,849人　初任給:大卒207,000円　院了225,500円
平均年収:565万円　従業員平均年齢:41.1歳
※国産リノリュームの元祖。クロス・床材・ファブリックなどが得意分野。

防災・音響系企業

防災系

社名：**セコム㈱**　http://www.secom.co.jp/
設立：1962年　**資本金**：664億円　**売上高**：(単独)3989億2900万円
(連結)1兆600億7000万円　**従業員数**：(単独)16,153人　(連結)58,404人
初任給：(総合コース)セキュリティ 大卒・院了203,100〜250,300円
営業 220,600〜248,400円　(研究・開発コース)研究 院了304,100〜314,100円
開発 大卒・院了229,400〜260,100円　**平均年収**：595万円　**従業員平均年齢**：43.0歳
採用実績：2019年 大卒305名 院卒20名　2018年 大卒172名 院了25名

※日本初の警備保障会社。不動産やメディカル分野にも事業を展開するセコムグループを形成。

社名：**能美防災㈱**　http://www.nohmi.co.jp/
設立：1944年　**資本金**：133億200万円
売上高：(単独)900億800万円　(連結)1172億9400万円
従業員数：(単独)1,631人　(連結)2,524人　**初任給**：短大卒179,000円　大卒213,000円
院了230,000円　**平均年収**：633万円　**従業員平均年齢**：40.6歳
採用実績：(理工系)2020年(予定)30名　2019年26名　2018年31名　2017年18名

※防災業界のトップメーカー。セコム㈱が株式の半数を保有。文化財防災システムに強み。

社名：**ホーチキ㈱**　http://www.hochiki.co.jp/
設立：1918年　**資本金**：37億9800万円
売上高：(単独)677億1400万円　(連結)805億5100万円
従業員数：(単独)1,356人　(連結)2,105人
初任給：(総合職)大卒211,000円　院了226,500円　**平均年収**：716万円
従業員平均年齢：40.5歳　**採用実績**：2019年38名　2018年43名　2017年41名

※日本初の火災報知機メーカー。保険会社13社の出資により設立。海外にも進出し、施工実績多数。

社名：**東京防災設備㈱**　http://tokyo-bosai-setsubi.co.jp/
設立：1959年　**資本金**：9600万円　**売上高**：26億円　**従業員数**：130人
初任給：短大卒173,000円　大卒210,000円　院了220,000円

※原子力発電所における防災システムの基礎を築いた。福島第一原発など国内外に多数の納入実績あり。

音響系

社名：**㈱NHKテクノロジーズ(旧㈱NHKアイテック)**　http://nhk-tech.co.jp/
設立：1969年　**資本金**：6億8000万円　**売上高**：649億円(2019年度)
従業員数：2,076人　**初任給**：高専・専門学校卒186,400円　大卒203,200円　院了217,600円
採用実績：2019年51名　年51名　2017年43名　2016年56名(旧社合算)

※放送分野における総合技術会社。放送建築の設計・コンサルティング・施工・メンテナンスを行う。2019年4月、㈱NHKアイテックと㈱NHKメディアテクノロジーが合併。

社名：**日本音響エンジニアリング㈱**　http://www.noe.co.jp/
設立：1972年　**資本金**：3000万円　**売上高**：50億円(2019年)　**従業員数**：100人
初任給：(技術系)大卒212,500円　院了216,160円

※日東紡績㈱建材部から独立。無響室、残響室のノウハウを持ち、セミナー等も積極的に開催している。

MEMO

少数精鋭の永田音響設計・若林音響などの名門音響設計コンサルタントや、ヤマハ・カワイ・BOSEなどの音響機器メーカーも、建築学生の進路として挙げられる。

セメント企業

社名：**太平洋セメント㈱** http://www.taiheiyo-cement.co.jp/
設立：1881年 **資本金**：862億円 **売上高**：（単独）3144億2700万円
（連結）8843億5000万円 **従業員数**：（単独）1,798人 （連結）13,119人
初任給：大卒222,750円 院了240,520円 **平均年収**：736万円
従業員平均年齢：41.2歳 **採用実績**：（事務系）2020年25名 2019年27名 2018年24名 2017年25名 （技術系）2020年42名 2019年43名 2018年31名 2017年32名

※小野田セメント（山口／三井系）、秩父セメント（埼玉／一勧系）、日本セメント（東京深川／芙蓉系）の合併によって誕生。東ソー、デイ・シイ、明星セメント製品も販売。

社名：**宇部三菱セメント㈱** http://www.umcc.co.jp/
設立：1998年 **資本金**：80億円
売上高：1226億9500万円（2019年） **従業員数**：298人

※三菱鉱業（新宮・夕張等）と三菱金属の合併（1990年）で誕生した三菱マテリアルと、宇部興産（宇部市／三和系）のセメント販売会社が合併（1994年）し誕生。

社名：**住友大阪セメント㈱** http://www.soc.co.jp/
設立：1907年 **資本金**：416億円 **売上高**：（単独）1559億3500万円
（連結）2451億5900万円 **従業員数**：（単独）1,196人 （連結）3,005人
初任給：（総合職）高専卒193,600円 大卒213,600円 院了234,630円
平均年収：696万円 **従業員平均年齢**：41.5歳
採用実績：（事務系）2020年（予定）11名 2019年13名 2018年8名 2017年7名 2016年11名 2015年8名 2014年5名 （技術系）2020年（予定）13名 2019年20名 2018年15名 2017年18名 2016年19名 2015年12名 2014年6名

※住友セメント（福島磐城）と大阪セメント（大阪／三和系）が合併（1994年）し誕生。系列に八戸セメントを擁する。現在は住友系の色が強い。

セメント業界の変遷

MEMO

私たち建設業界になくてはならない材料セメント。それを製造するセメント産業は、不況や価格の下落に対して、構造改革を行ってきました。

セメント業設立の歴史は古く、1881年にさかのぼります。それから戦後の高度成長期まで、基幹セメント会社は地域セメント会社を合併していきます。これが第1の業界再編といえるでしょう。

1984年、全セメント会社23社は、中央セメント、大日本セメント、ユニオンセメント、不二セメント、アンデスセメントという5つの共同販売会社を設立し、それらに属しました。チャンネルを絞る共同販売によって、価格の下落を防ぎ、流通の合理化を図ろうとします。これが第2の業界再編。

しかし、1991年から共同販売会社を解散し、その垣根を越え、企業が再編されていきます。第3の業界再編です。たとえば、中央セメントに属していた小野田（三井系）とユニオンセメントに属していた秩父（一勧系）が1994年に合併し、秩父小野田が誕生。アンデスセメントに属する住友セメント（住友系）と大日本セメント（三和系）に属する大阪セメントが合併し住友大阪セメントが誕生します。さらに、1998年には、秩父小野田は大日本セメントに属していた日本セメント（芙蓉系）と合併し、太平洋セメントに。グループ内がシャッフルされていきます。

また、2004年には三井鉱山がセメント事業から撤退、麻生セメントはフランス・ラファージュセメントと資本提携しグローバル化を図ります。これは第4段階の動きといえるでしょう。現在では、会社の名前を冠した10の販売ブランドと、17の製造会社に集約されています。

必須主要資格！

公共・公的企業が発注者となる土木業界では、有資格者数や事業規模・実績によって企業がランク分けされています。ですから、資格取得は非常に重要なのです！

技術士

実務界の博士号と呼ばれていたが、近年は大幅に易化。とはいえ合格率は1割以下と、かなりの難関。コンサルタントなどの設計者には必須の資格。技術士補として4年、院卒なら最短2年の実務経験で受験可能。建設部門は11分野に細分化され、上位資格として総合監理部門も。試験は長文の論述形式となるため、経験・知識のほか文章力が必須。ただし、合格のコツをつかめば複数分野を所持することも可能。公共工事の評価点数が高い貴重な資格。

技術士補

JABEE認定の土木系学科を卒業すれば、無試験で登録可能。技術士を取得するためには大切な資格。認定学科以外は工学基礎科目を含む試験が必須。

RCCM（シビルコンサルティングマネージャー）

21分野に細分化され、4年ごとに更新が必要。コンサルタント従事者向け。受験資格は大卒後実務経験13年、院卒後11年。建設コンサルティング協会による民間資格だが、公共工事の評価点数に算入される。技術士とは別枠。

土木施工管理技士

公共工事では専任の有資格者常駐が求められるため、ゼネコン施工管理者に必須の資格。2級受験には土木系指定学科を卒業後1年以上の実務経験が必要。1級は同3年。1級土木施工管理技士の合格率は1割を切る難関に。

その他

主なものとしては、コンクリート診断士、測量士、舗装施工管理技術者など

MEMO

舗装専業大手8社とは？

道路舗装に特化した建設会社。業界最大手であるNIPPOを筆頭に、前田道路（前田建設工業系）、日本道路（清水建設系）、鹿島道路（鹿島建設系）、大林道路（大林組系）、東亜道路工業、大成ロテック（大成建設系）、世紀東急工業（東急系）の8社を指す。NIPPOは旧・日本石油であるJXTGホールディングスの子会社であり、さらに中堅ゼネコン大日本土木を有する。なお、NIPPOと独立系の東亜道路工業以外の6社は、東証1部上場はしているものの、ゼネコン系列の企業である。

コラム 土木系学生の将来を整理！

建築学生と近いようで遠い土木系学科。就職先は建築学生と同じ企業が多いですが、採用枠が違うため、採用人数が10倍（建築学生比）になる分野も。ここでは、主要な就職先と、取得しておくべき資格を整理しておきます。

主要就職先！

土木系学科の就職先は、次のような分野が主になります。

公務員…建設、都市計画部門の主流派として行政内で活躍
　国家公務員総合職：計画の策定、管理が主業務。中央官庁を中心に配属。
　国家公務員一般職：発注者・技師として各地の整備局を中心に配属。
　地方公務員上級職：発注者・技師として、都市計画・建設部門に携わる。

施工業界…施工管理者の採用が中心
　ゼネコン業界：ダムや橋梁など、地方勤務の需要も高い。
　舗装専業会社：現場管理者として道路施工に従事（→MEMO）。
　橋梁製作会社：鉄骨やプレストレストコンクリートの製作工場を持つ製造業。

設計業界…大手は海外に積極展開、地場は補修業務が中心に
　独立系コンサルタント：橋梁や道路の設計技術者として勤務。顧客は行政。
　公益法人系コンサルタント：JR、電力各社の子会社。顧客は親会社。

インフラ系…公的企業において発注や設計監理業務を行う
　各高速道路公団：首都高は都心限定なので人気。その他も安定度大。
　各鉄道事業者：JR各社、大手私鉄。現業として保守管理業務も。
　電力・ガス・電話：発注業務のほか、土地所有者、使用者との交渉も。

その他
　不動産事業者、ソフト開発、公的研究所、舗装材メーカーなど

24

建設コンサルタントとは何を業務とするのか?

既存インフラの維持管理、海外展開と変革の時代へ

CHECK POINT

建築とは「水と油」といわれる職種である土木が中心となる業界、それが建設コンサルタント。上場している会社もありますが、公表されている勤務時間とは大きなギャップもあります。最近は海外に派遣されることも多いようです。

建設コンサルタントとは?

建築業界でいう、組織設計事務所の土木バージョンといってよいでしょう。しかし、その業務には建築系の仕事も含まれるので、建築学科の学生も採用しています。

公園や緑地計画などソフトなもの、構造令により道路設計を行うこと、各種示方書をベースに橋梁の設計を行うことが、一般の建設コンサルタントの主業務。建築学科出身者は、これらの業務につきものの建築物の設計をしたり、土質分野にかかわることが多いようです。また、上下水道、ダムを専門に扱う会社もあり、基本は国や都道府県、市町村、道路公団等の公益団体からの発注です。

東証1部上場企業や株式公開企業が複数あり、役所に準じた待遇を目指しているので、設計事務所よりは開かれた業態です。しかし、土木学科出身者は公務員になることが多く、同期のなかで発注者・受注者という上下関係が生まれてしまうことや、地元に帰ること、労働条件を考え、役所に転職する人も多いようです。

必要な資格は?

建築士のように業務の独占権を持つ資格はありません。古くは実務経験により開業していましたが、最近は発注者が会社の状態を点数化するため、技術士やRCCM（シビルコンサルティングマネージャ）の資格を重要視するようになりました。国家資格である技術士は、JABEE認定の教育機関を修了して修習技術者となるか、1次試験合格後4年間の専門的実務経験を経た後に、2次試験に合格することで得られます。

技術士の建設部門は、「土質及び基礎」、「鋼構造及びコンクリート」、「都市及び地方計画」など11分野に分かれます。建築学科出身者にとっては都市計画や鋼構造部門が比較的受験しやすい分野でしょう。また平成12年には、技術士内に上位資格と

して総合技術監理部門が新設。経営者や指導者として専門領域を横断して判断できる人材を認定しています。

ＲＣＣＭは建設コンサルタンツ協会が実施する民間資格です。大学卒業後7年以上の実務経験が受験資格となり、技術士に比べると格段に取得しやすい資格といわれています。

そのほか、1級土木施工管理技士（⇩220頁）や測量士（⇩219頁）の資格を取得している方も多いようです。しかし、設計者であるコンサルタント職員が、実際の業務で使用することはありません。

待遇や将来性はどうか？

かつては、週のうち家に帰れるのは数日程度だとか、残業が200時間を超えて給料が倍になったという笑えないような話もありましたが、最近は公共工事が減ったため、それほど忙しくはないようです。とはいえ、朝8時30分から夜9時過ぎまで働くのはごく普通。年度末や会計検査が入った場合には、蜂の巣を突ついたような騒ぎになることは、いまも昔も変わりません。

一時、国の公共工事が少なかったときは、大手コンサルタントが地方自治体の仕事に手を出してきて、結果、地方のコンサルタントが弾かれ、大手の下請けを行うケースもありました。しかしオリンピックと自民政権復帰により、減少し続けていた建設工事は一挙に改善。凍結されていた各種インフラの新規設計依頼が増え、技術者不足が懸念されています。

さらに、現状の交通体系を維持するために、老朽化している既存インフラの改修も早急に行わなければなりません。それらは、調査、診断、補修計画と、通常業務より高度な知識が要求されます。

また、ＰＰＰ（パブリックプライベートパートナーシップ）やＰＦＩ（プライベートファイナンスイニシアチブ）などでの官民共同事業の創出や、海外に活路を見いだすことも必要になっています。コンサルタントにも、変革の時代が訪れているのです。

建設コンサルタント

社名:**パシフィックコンサルタンツ㈱**　http://www.pacific.co.jp/
創立:1951年　**設立**:1954年　**資本金**:8億2000万円
売上高:480億6000万円　**従業員数**:1,997人
初任給:高専卒236,000円　大卒250,000円　院了264,500円　**従業員平均年齢**:45.0歳
採用実績:2020年(予定)63名　2019年58名　2018年52名　2017年56名
2016年66名　2015年57名　2014年51名　2013年35名　2012年30名　2011年28名
※建設コンサルタント大手。海外事業に強み。

社名:**㈱建設技術研究所**　http://www.ctie.co.jp/
設立:1963年　**資本金**:30億2587万円　**売上高**:(単独)410億6800万円
(連結)626億4900万円　**従業員数**:(単独)1,633人　(連結)3,012人
初任給:高専・大卒240,000円　院了249,000円
平均年収:842万円　**従業員平均年齢**:43.2歳
採用実績:2019年58名　2018年62名　2017年55名　2016年58名　2015年57名　2014年40名
※建設コンサルタント大手。東証1部上場。

社名:**㈱オリエンタルコンサルタンツ**　http://www.oriconsul.com/
創業:1957年　**資本金**:5億95万円
売上高:238億6249万円　**従業員数**:1,153人
初任給:(総合一般職)高専・短大卒214,000円　大卒220,000円　院了230,000円
平均年収:701万円(㈱オリエンタルコンサルタンツホールディングス)
採用実績:2020年(予定)74名　2019年50名　2018年58名　2017年72名　2016年70名
※JASDAQ上場㈱オリエンタルコンサルタンツホールディングス中核企業。M&Aにて企業規模を拡大中。

社名:**大日本コンサルタント㈱**　http://www.ne-con.co.jp/
設立:1963年　**資本金**:13億9900万円　**売上高**:(単独)156億2310万円
(連結)157億2730万円　**従業員数**:(単独)636人　(連結)714人
初任給:高専卒205,000円　大卒221,000円　院了237,000円
平均年収:721万円　**従業員平均年齢**:45.1歳
採用実績:2019年14名　2018年22名　2017年17名　2016年28名　2015年26名
※東証2部上場。

社名:**㈱ドーコン**　http://www.docon.jp/
設立:1960年　**資本金**:6000万円
売上高:129億円(2019年)　**従業員数**:581人
初任給:高専卒204,800円　大卒213,800円　院了222,800円
従業員平均年齢:42.9歳
採用実績:2018年17名　2017年12名　2016年12名　2015年25名
※北海道を基盤に東日本へ展開。

社名:**㈱日本空港コンサルタンツ**　http://www.jacinc.jp/
設立:1970年　**資本金**:8億2000万円
売上高:31億5100万円　**従業員数**:134人
初任給:大卒230,000円　院了250,000円
従業員平均年齢:52.5歳
採用実績:2020年(予定)3名　2019年0名　2018年2名　2017年2名　2016年1名
※国内唯一の空港系コンサルタント。近年は積極的に海外展開。

0

part 1 建築・建設業界を知る

2

3

建設コンサルタント

社名:**日本工営(株)** http://www.n-koei.co.jp/
設立:1946年　**資本金**:74億5800万円　**売上高**:(単独)680億1300万円
(連結)1085億8900万円　**従業員数**:(単独)2,258人　(連結)5,497人
初任給:(コンサルタント・電力設備工事・事務系)大卒238,000円　院了249,700円
平均年収:729万円　**従業員平均年齢**:43.6歳
採用実績:2020年(予定)155名　2019年144名　2018年76名　2017年86名　2016年68名
※建設コンサルタント大手だが、電力部門が強く工事部門も併設。東証1部上場。子会社にて黒川紀章建築都市設計事務所の事業譲渡を受ける。

社名:**八千代エンジニヤリング(株)** http://www.yachiyo-eng.co.jp/
設立:1963年　**資本金**:4億5000万円　**売上高**:214億2000万円　**従業員数**:1,159人
初任給:(総合職)高専卒215,000円　大卒232,000円　院了244,000円
従業員平均年齢:43歳　**採用実績**:(技術系)2020年(予定)50名　2019年42名
2018年44名　2017年42名　2016年46名　2015年48名　(事務系)2020年(予定)11名
2019年8名　2018年3名　2017年4名　2016年6名　2015年3名
※海外へ積極展開。

社名:**(株)日水コン** http://www.nissuicon.co.jp/
設立:1959年　**資本金**:1億円
売上高:187億6000万円　**従業員数**:772人
初任給:短大・専門・高専卒186,000円　大卒203,000円　院了223,000円
採用実績:2020年(予定)31名　2019年21名　2018年20名　2017年19名
2016年22名　2015年18名　2014年13名
※上下水道等水環境を中心とするコンサルタント。

社名:**いであ(株)** http://ideacon.jp/
創立:1953年　**設立**:1968年　**資本金**:31億7323万円
売上高:(単独)189億5600万円　(連結)196億3400万円　**従業員数**:(単独)874人
(連結)964人　**初任給**:短大・専門・高専卒209,000円　大卒219,000円　院了233,000円
平均年収:706万円　**従業員平均年齢**:44.5歳　**採用実績**:2019年32名
2018年46名　2017年29名　2016年51名　2015年43名　2014年28名
※河川系を中心とする環境保全コンサルタント。

社名:**(株)長大** http://www.chodai.co.jp/
設立:1968年　**資本金**:31億750万円
売上高:(単独)154億円　(連結)290億円
従業員数:(単独)777人　(連結)1,492人　**初任給**:大卒230,000円　院了236,000円
採用実績:2020年(予定)32名　2019年20名　2018年16名　2017年20名　2016年29名
※東証1部上場。長大橋の研究グループが発祥。PPP、PFIの先駆者。建築学会作品賞受賞のアルコムと合併し建築部門も拡充中。

社名:**応用地質(株)** http://www.oyo.co.jp/
設立:1957年　**資本金**:161億7460万円
売上高:(単独)302億300万円　(連結)538億8300万円
従業員数:(単独)1,126人　(連結)2,235人　**初任給**:高専卒192,000円　大卒215,000円
院了230,000円　**平均年収**:656万円　**従業員平均年齢**:44.8歳
採用実績:2020年(予定)40名　2019年39名　2018年45名　2017年34名　2016年40名　2015年44名
※地質調査業界トップ。調査機器の開発と販売も行うユニークな会社。

建設コンサルタント

電力系コンサルタント

社名：**東電設計㈱**　http://www.tepsco.co.jp/
創立：1960年　**資本金**：4000万円
売上高：207億円（2018年）
従業員数：839人
初任給：大卒243,000円　院了255,000円
採用実績：2019年27名　2018年21名　2017年23名　2016年27名　2015年14名
※東京電力系

社名：**㈱東北開発コンサルタント**　http://www.tkca.co.jp/
創立：1968年
資本金：6800万円
売上高：22億5000万円（2018年）
従業員数：122人（2019年3月）

※東北電力系

社名：**中電技術コンサルタント㈱**　http://www.cecnet.co.jp/
設立：1965年　**資本金**：1億円
売上高：101億円（2019年）　**従業員数**：418人
初任給：高専卒180,000円　大卒200,000円　院了220,800円
従業員平均年齢：45.6歳
採用実績：2019年16名　2018年13名　2017年18名　2016年11名　2015年7名
※中国電力系

鉄道系コンサルタント

社名：**JR東日本コンサルタンツ㈱**
http://www.jrc.jregroup.ne.jp/
設立：1989年　**資本金**：5000万円
売上高：245億円（2019年）
従業員数：781人
初任給：（本社勤務）短大・高専卒199,890円　大卒216,220円　院了233,010円
採用実績：2020年（予定）18名　2019年16名　2018年21名　2017年10名　2016年11名

社名：**ジェイアール東海コンサルタンツ㈱**　http://www.jrcc.co.jp/
設立：1997年
資本金：5000万円
売上高：136億円（2017年）
従業員数：554人
初任給：（名古屋勤務）高専卒176,000円　大卒205,000円　院了219,800円
採用実績：2019年9名　2018年7名　2017年7名　2016年2名　2015年14名　2014年13名

社名：**ジェイアール西日本コンサルタンツ㈱**　http://www.jrnc.co.jp/
設立：1988年
資本金：5000万円
売上高：108億9000万円（2020年）
従業員数：429人
初任給：高専卒204,300円　大卒215,300円　院了221,300円
採用実績：2020年（予定）14名　2019年20名　2018年11名　2017年15名　2016年12名

コラム 建築女子の将来を考える

開いた扉を閉ざすな！

多くのゼネコンで男性と同等の技術総合職・正社員として女性採用を始めたのは1990年前後。25年以上前のことです。それ以前は、準社員や一般職採用がほとんどでした。しかしバブルがはじけて冬の時代を迎え、新卒採用が抑制されると、女性の技術職・総合職の採用も中断されます。現在、ゼネコンで働く女性正社員は50歳前後、または35歳以下がほとんどです。

さて、25年以上前に採用された女性達は今どうしているのでしょう。当時は設計などの内勤だけではなく、現場監督としての採用も盛んでした。メディアで取り上げられた多数の女性監督も、現場所長となっていてよい年頃。しかし今、そのような女性を見かけることはありません。管理職になった女性もわずかです。

女性が働き続けられない理由の1つに結婚・出産があります。企業は子どものいる女性のために、育児休暇や勤務時間を融通できるような制度を整備してきましたが、建設業には残業がつきもの。決裁や打ち合わせが深夜に及ぶこともめずらしくありません。すると総合職であっても、その場に立ち会えない女性は、補佐的な仕事が中心となってしまう……。したがって、昇進も、しにくいのです。

また、女性ならではの丁寧で細やかな配慮が、所長や管理職としては、逆に短所になる場合もあります。毎日問題が起こる現場では、ある意味「いい加減」に処理ができないと精神的にもたないし、体調を崩すことにもなるでしょう。結果、責任ある立場を女性に任せるのが難しくなる。技術者の養成には時間とお金がかかるのだから数年で退社されては困る、女性総合職は不要だという発想が生まれないとはいえません。これらの問題はいまだに解決策が見えないのが現状です。

開いた扉を閉ざすな！

建設業界が女性を必要としているのは確かです。ですから、大企業に就職したならば将来の居場所をつくる努力をすること。結婚後も居場所を確保できるような、意匠・構造・設備設計事務所などの小企業も視野に入れて就活すること。せっかく開いた扉を閉ざさないでほしい、そう願うばかりです。

25

官公庁の建築系業務を知る

公務員として自分の知識を生かす

CHECK POINT

公務員試験を避けることなかれ！日本を動かすのは、官僚です。また、もっとも偉大な施主は地方公共団体です。枠組みを決める者、仕事を発注する者、法を遵守させる者、現代の武家は役所なのです。

市役所職員
大きな村役場の普通の人々。受験は28歳くらいまでだが、別枠で経験者採用もある。民間からの転職組も多いが、地元工業高校出身者が幅を利かせるのんびりした職場。

都道府県庁職員
田舎を背負うエリート役人。受験は28〜30歳くらいまで。公立トップクラスの高校出身者や日本大学出身者が一大勢力。許認可の仕事が多いためか、微妙な緊張感も。

国家公務員総合職
旧国家Ⅰ種。名称変更で変化は起きるか？　受験は30歳まで。旧帝大出身者が多いものの、地方国立大もちらほら。自分の親と同年齢の部下を使うスーパーマン。

新制度施行の国家公務員

国家公務員は、キャリアと呼ばれる旧Ⅰ種の総合職と、旧Ⅱ種の一般職に分かれます。

総合職は、政策や法律の枠組みを決める仕事が主となります。2年程度で配置転換になるため、迅速に仕事を遂行しなくてはなりません。朝は10時ごろからと比較的遅いものの、作業は深夜に及ぶことも多々あり、ずば抜けた事務処理能力のほかに体力も必要となります。

しかし、30歳代前半には地方自治体に出向。参与として勤務し、帝王学を実践したり、海外の大学へ留学したり、国内大学の研究職研修を積んだりした後は、本庁の出世コースをひた走ることになります。在職中も、各種基準書の監修執筆や講演会などを依頼されます。若いころは多少ハードでも、確実に豊かな老後を過ごすことができるでしょう。

一般職は、各官庁や出先機関において、建物の営繕管理が主となる実施部隊です。中央官庁で総合職の下働きとして激しく働く者と、のんびり出先機関で働く者の2つに分けられます。なお試験の難易度は、地方上級職とほぼ同じといわれています。

区域で分かれる地方公務員

地方公務員は、都道府県または政令指定都市の上級技術職と、区や市などの特定行政庁の上級技術職に分けられます。

各都道府県では、国の意向を反映しながら、都市計画の枠組みを決めることが基本です。そのほか、県営施設の発注・設計監理、建築基準適合判定資格者として、建築物の審査にあたることになります。

定年後は、県の公益団体理事や、建築基準適合判定資格者の資格を生かして指定確認検査機関に転職する道や、地場建設会社顧問などの道が開かれています。

市などの特定行政庁では、県の意向に沿いながら、市営施設の発注・設計監理や、建築基準適合判定資格者として、建築物の審査にあたることが主業務です。住民と直接対話をする仕事が多く、転勤がありません。ゆえに、特定の人たちと長く付き合うことになる、もっとも地域密着度が高い公務員といえるでしょう。

市には公益法人が少ないので退職後の再就職は難しいのですが、建築基準適合判定資格者として、指定確認検査機関への転職は可能です。

建築技師としての誇りをもって
地方自治体で働く

地域に貢献し
自らを高められる
本当にいい仕事

地方自治体の建築技師として約40年間勤め上げた渡邉さんに、仕事の魅力を伺う。

渡邉 正氏
元・今治市　建築営繕課長
現・未来企画設計事務所　代表

1954年愛媛県生まれ。1978年愛媛大学卒業後、同年、今治市役所入庁、2017年、未来企画設計事務所を立ち上げる。
1級建築士、建築設備士、設備1級建築士、建築基準適合判定資格者、第3種電気主任技術者、第1種電気工事士、1級電気施工管理士、消防設備士4類

「地方公務員は本当にいい仕事です」渡邉さんが何度も口にした言葉だ。渡邉さんが今治市役所に入ったのは、ちょうど第2次オイルショックの頃。民間企業の門戸は狭く、就職浪人で留年した後、なんとなく試験を受けた。大学での専攻は電気工学だったが、建築課（営繕）に配属される。

「当時は職員が設計しており、非常にレベルが高かった。自分以外に設備担当はおらず、多くの経験を短期間に得られました」と振り返る。

入庁当時は学校、公営住宅の建築ラッシュで、周辺で難視聴障害が発生した。市域では前例のない事態。知り合いを頼りNHKや松山市役所に聞いて、他地域での対策や関連書籍を教えてもらった。そして組合をつくり、メーカーと話し合い、学校や公営住宅の上に電波塔を建て、各家庭へケーブルを引くことで解決したという。この仕事で多くの住民との対話や交渉を経験し、行政での仕

事の進め方を学べたそうだ。2年目からは毎年異なるタイプの建物を経験し、すべての公共建築の設計ができるように。過去の図面や、外注先の設計事務所などから多くを学んだ。

現在は入庁すると、最初の3年間で建築基準法等の法律、設計・積算基準、共通仕様書などの建築行政の基礎を、業務を通じて習得する。個別の担当になるのはその後。しかし設計はほぼ外部委託だから、自ら設計するのは簡単な修繕のもの、小規模な集会所等に限られるようだ。

仕事は上流工程の計画、設計委託業務の協議・審査、発注業務、監理業務などが中心。完成後の維持管理の助言、リニューアル、解体までと、建物の一生に付き合えるのが民間にない魅力。地域のランドマークの建設にかかわることもある。自治体には教育施設、住宅、福祉施設、庁舎などさまざまな公共建築物があるから、それぞれにかかわる行政機関の仕組みも理解できた。利用者に満足してもらえれば地域貢献にもなる。まさに「いい仕事」だ。

福利厚生も厚い。社会的評価が高く、結婚の際にも好印象。地元を選べば、子育てなどで親の支援も受けやすい。民間と違い、年間スケジュールがほぼ決まっているため予定が立てやすく、資格取得にもよい環境だ。受験時には仕事のスケジュール調整や勉強のための休暇取得等の配慮もある。ほか、有給休暇が時間単位で取れるなど、子どもが病気の時などに柔軟な対応ができるのもいい。

とはいえ厳しい部分もある。予算執行に期限がある営繕業務は、建築指導業務に比べて残業や休日出勤があり、家族に負担をかけることも。また多額の税金を使うため、市民から不信感を持たれないよう行動しなければならない。

今後、人口減少や効率化による自治体の統廃合により、行政施設の複合化が一層進むだろう。建築技師の技術力や調整能力も一層問われる。その分やりがいは大きく、法令とともに職員、市民の考えや思いを自らの知識・提案に変えていくことで、街づくりのリーダー的立場で仕事ができるのが最大の魅力だ。

「建築物は60～100年と長期間に渡って利用されます。建築に携わる者は、幅広い知見と経験、先を見通す能力と責任が必要になる。そのためには人を好きになり、何事にも興味や疑問をもって追求し、建築をもっと好きになってほしい」

渡邉さんからの贈る言葉だ。

26

公益法人・指定確認検査機関を知る

星の数ほどある公益法人
地方に戻るならぜひ受験を

CHECK POINT

星の数ほどある財団法人・社団法人。公務員に準じる待遇で、行政庁に準じる仕事を行う組織が中心です。地方に戻りたい人たちにお勧めの団体を紹介します。

準公務員を狙え

　公務員制度改革、特殊法人改革のやり玉に挙げられていますが、天下り先となる財団法人や社団法人は左図のようにたくさんあり、それらの許可や審査を受けて運営される公的民間企業も多数あります。

　これから先、合併や吸収があるかもしれませんが、配置転換によって、その身分は公務員同様、保障されていくでしょう。所轄庁から管理職が出向、または天下りして来るという負い目はありますが、とくに地方に戻りたい人たちなら、これらの団体を狙わない手はありません。

研究機関で研究、事務をする

　国土交通省管轄の研究機関・国立研究開発法人建築研究所や、環境省管轄の国立研究開発法人国立環境研究所は、それぞれ正規研究員や任期付研究員、事務職を定期的に募集しています。博士号を取得された方で、教育機関のように学生の面倒を見たり、企業のように短期的な成果を求められずに研究を行いたい方や、修士修了で研究の手伝いをしたいという方には最適な職場です。

　研究機関が集まる茨城県つくば市は、研究に没頭するにはとてもよい場所です。

公益法人で事業を行う

　UR都市機構（独立行政法人都市再生機構）は99年、住宅・都市整備公団の分譲住宅事業を停止し、都市基盤公団と改組、さらに04年地域振興整備の地方都市整備部門が統合され設立されたものです。主に、大都市や地方都市における市街地整備事業や賃貸住宅供給支援、自社賃貸住宅管理を主業務としています。事業規模は大手不動産会社の連結売上高に匹敵する日本有数の不動産企業体といえるでしょう。

　J・POWERの愛称を持つ電源開発は、特殊法人合理化の流れのな

公益法人の現況

公益法人の構成（平成30年12月1日現在）

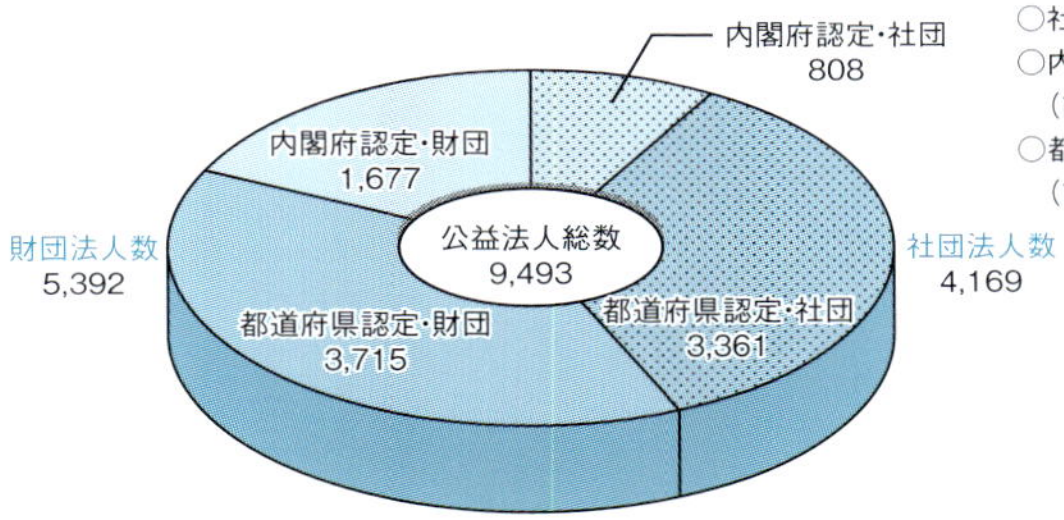

【公益法人数　9,561法人】
○社団43.7%、財団56.3%の割合
○内閣府認定　2,440法人
（前年比30増）
○都道府県認定　7,053法人
（前年比5増）

出典：内閣府　公益法人の概況及び公益認定等委員会の活動報告

かで民営化され、04年に東京証券取引所1部に上場しました。日本国内に90カ所以上の発電所を有し、北海道・本州間、本州・九州間に送電線網を持ち、電力10社への電力卸を行っています。

その他、日本郵政が挙げられ、積極的に新卒採用をしています。これらの企業は国家に養われた豊かな資産があるからこそ、安定と破格の待遇が用意されています。

指定確認検査機関で審査業務

99年の建築確認の民間開放により、たくさんの指定確認検査機関が設けられました。ハウスメーカーを大株主にし、東証一部に上場している日本ERI、フランスの保険法人が発祥のビューローベリタスジャパンが業界の2強です。

当初は役所を退職した建築主事（建築基準適合判定資格者）を中心に構成していましたが、設立から10年がたち、現在は入社後資格を取った人を中心に構成されています。建築確認申請の審査や建物の検査業務が主業務ですが、1級建築士を取得後の転職先として有望な業界です。

都道府県の外郭団体で働く

人口50万人以上の市と都道府県が設立できるのが住宅供給公社です。住宅地の分譲のほか、住宅や宅地の造成、さらに賃貸・管理事業を行う特殊法人です。

また、各都道府県には建設技術センターがあります。県発注工事の設計監理・積算を行うほか、指定確認検査機関として確認申請・検査業務を行います。

公益法人・公益法人関連　研究系

社名:**国土交通省　国土技術政策総合研究所**　http://www.nilim.go.jp/
設立:2001年　**主務官庁**:国土交通省
予算:156億1310万円(2019年)
職員数:約350人
初任給:(土木・建築)高専卒・大卒215,296円～　院了233,160円～

社名:**国立研究開発法人　建築研究所**　http://www.kenken.go.jp/
創立:1942年　**設立**:2001年　**主務官庁**:国土交通省
資本金:203億8400万円　**予算**:20億3300万円
職員数:(常勤)研究職57人　一般職31人　(役員)3人
平均年収:896万円　**職員平均年齢**:47.0歳

社名:**国立研究開発法人　国立環境研究所**　http://www.nies.go.jp/
設立:1974年　**主務官庁**:環境省　**資本金**:386億6600万円
予算:172億298万円　**職員数**:298人
初任給:短大・専門・高専卒157,200円　大卒181,200円　院卒19万4100円
平均年収:913万円　**職員平均年齢**:38.9歳

社名:**(一財)電力中央研究所**　http://criepi.denken.or.jp/
設立:1951年　**主務官庁**:経済産業省　**予算**:293億円
職員数:研究職676人　事務職88人　合計764人
初任給:(研究職)院了240,000円　大卒216,200円　職員平均年齢:44.5歳
採用実績:2019年25名　2018年30名　2017年17名　2016年12名　2015年18名

社名:**(一財)建築環境・省エネルギー機構(IBEC)**
http://www.ibec.or.jp/
設立:1980年　**主務官庁**:国土交通省
予算:3億9300万円
職員数:15人

社名:**(一財)建材試験センター**　http://www.jtccm.or.jp/
設立:1963年　**主務官庁**:経済産業省、国土交通省
予算:47億円(2017年)
職員数:237人　**初任給**:(技術系)高専・専門・短大卒193,700円～　院卒205,700円～
採用実績:2019年6名　2018年4名　2017年1名　2016年6名　2015年5名

社名:**地方独立行政法人　北海道立総合研究機構**　http://www.hro.or.jp/
創立:1955年　**設立**:2010年　**資本金**:約254億円
主務官庁:北海道知事
予算:約162億円
職員数:約1,092名

社名:**(一財)建設物価調査会**　http://www.kensetu-bukka.or.jp/
創立:1947年　**設立**:1955年
主務官庁:国土交通省　**資本財産**:3億円　**職員数**:283人
初任給:大卒202,000円　院了212,900円
採用実績:2020年(予定)6名　2019年6名　2018年6名　2017年9名　2016年4名　2015年5名

社名:**(一財)経済調査会**　http://www.zai-keicho.or.jp/
創立:1946年
主務官庁:内閣府本府、国土交通省
予算:74億円(2017年)
職員数:300人

公益法人・公益企業　事業系

社名:㈱都市再生機構(UR都市機構)　http://www.ur-net.go.jp/
設立:2004年　主務官庁:国土交通省
資本金:1兆757億円
経常収益:1兆479億円　職員数:3,213人
初任給:大卒204,400円　院了216,400円
平均年収:739万円　職員平均年齢:43歳
採用実績:2020年(予定)94名　2019年73名　2018年80名　2017年74名　2016年70名

社名:㈱住宅金融支援機構(旧住宅金融公庫)　http://www.jhf.go.jp/
設立:2007年　主務官庁:国土交通省、財務省
資本金:7014億7542万円(全額政府出資)
経常収益:6684億8600万円
職員数:891人　初任給:(総合職)大卒205,000円　院了237,360円
平均年収:818万円　職員平均年齢:43.9歳
採用実績:2020年(予定)20名　2019年20名　2018年25名　2017年19名　2016年13名

社名:㈱新都市ライフホールディングス(独立行政法人都市再生機構グループ)
http://www.nul.co.jp/
設立:1978年
資本金:46億4400万円(都市再生機構50%超出資)
売上高:約191億円
従業員数:249人　初任給:大卒212,636円
採用実績:2020年(予定)4名　2019年4名　2018年5名　2017年4名　2016年7名　2015年3名

社名:電源開発㈱(J-POWER)　http://www.jpower.co.jp/
設立:1952年　資本金:1805億200万円
売上高:(単独)5712億9100万円　(連結)9137億7500万円　従業員数:(単独)2,449人
初任給:(技術系総合職)高専卒193,000円　大卒211,000円　院了232,600円
平均年収:786万円　従業員平均年齢:41.1歳
採用実績:(事務/技術)2020年(予定)24名/71名　2019年23名/71名　2018年21名/65名
2017年18名/61名　2016年15名/52名　2015年13名/47名　2014年15名/45名

建設業保証

社名:東日本建設業保証㈱　http://www.ejcs.co.jp/
設立:1952年
資本金:20億円
売上高:(連結)139億1800万円
従業員数:(連結)324人　初任給:(全域社員)大卒222,000円
平均年収:790万円　従業員平均年齢:43.9歳
採用実績:2020年(予定)16名　2019年13名　2018年8名　2017年14名　2016年9名

社名:西日本建設業保証㈱　http://www.wjcs.net/
設立:1952年
資本金:10億円
売上高:85億円
従業員数:264人　初任給:211,000円
平均年収:733万円　従業員平均年齢:43.4歳
採用実績:2020年(予定)8名　2019年7名　2018年10名　2017年8名　2016年7名

指定確認検査機関

社名：**日本ERI㈱**　http://www.j-eri.co.jp/
設立：1999年　資本金：1億円　売上高：150億7600万円
従業員数：924人　初任給：大卒210,000円　院了225,000円
採用実績：2019年8名　2018年7名　2017年6名　2016年1名　2015年2名

社名：**ビューローベリタスジャパン㈱**　http://www.bvjc.com/
創業：1828年　設立：2002年　資本金：3億5100万円
売上高：132億7000万円（2018年）
従業員数：770人　初任給：大卒210,000円　院了219,000円（過去実績）

社名：**UDI確認検査㈱**　http://www.udi-co.jp/
設立：2001年
資本金：5000万円　売上高：39億3800万円
従業員数：387名　初任給：大卒220,000円　院了221,000円

社名：**ハウスプラス確認検査㈱**　http://www.houseplus.co.jp/
設立：1999年
資本金：3億円
従業員数：80人（2018年）

社名：**㈱住宅性能評価センター**　http://www.seinouhyouka.co.jp/
設立：2000年　資本金：1億円　売上高：（連結）150億7600万円
従業員数：303人　初任給：院了・大卒216,000円
採用実績：2020年（予定）6名　2019年3名　2018年7名　2017年1名　2016年3名

社名：**㈱東日本住宅評価センター**　http://www.e-hyoka.co.jp/
設立：2000年
資本金：3億円
従業員数：295人

社名：**㈱西日本住宅評価センター**　http://www.whec.co.jp/
設立：2000年
資本金：3億円

社名：**(一財)日本建築センター**　http://www.bcj.or.jp/
設立：1965年
経常収益：30億1284万円
職員数：169人

社名：**(一財)ベターリビング**　http://www.cbl.or.jp/
設立：1973年　経常収益：26億6182万円　職員数：118人
初任給：大卒201,400円　院了217,300円
採用実績：2020年2名　2019年1名　2018年2名　2017年2名

社名：**(一財)日本建築総合試験所**　http://www.gbrc.or.jp/
設立：1964年
職員数：197人
経常収益：35億9689万円

社名：**(一財)住宅金融普及協会**　http://www.sumai-info.com/
設立：1951年　基本財産：5億円
経常収益：5億6078万円
職員数：46人

社名：**住宅保証機構㈱**　http://www.mamoris.jp/
創立：2011年
資本金：6億3500万円
従業員数：83人

住宅供給公社 （都道府県または50万人以上の市が設立できる）

社名：**東京都住宅供給公社** http://www.to-kousya.or.jp/
設立：1966年 **資本金**：1億500万円（全額東京都出資）
事業収益：1280億5089万円（2018年） **職員数**：正規職員614名 契約社員等776名
初任給：大卒203,772円 院了217,627円
採用実績：2020年（予定）25名 2019年18名 2018年14名 2017年9名

社名：**神奈川県住宅供給公社** http://www.kanagawa-jk.or.jp/
設立：1950年
資本財産：3,000万円（出資者：神奈川県1500万円、横浜市750万円、川崎市750万円）
事業収益：157億円（2018年） **職員数**：132人 **初任給**：大卒196,400円 院了206,400円**採用実績**：2018年3名 2017年1名 2016年1名 2015年1名

社名：**北海道住宅供給公社** http://www.lilac.co.jp/hokkaido-jkk/
設立：1950年 **資本金**：2400万円
事業収益：7億8222万円

社名：**名古屋市住宅供給公社** http://www.jkk-nagoya.or.jp/
設立：1948年 **基本財産**：5,000万円（名古屋市出資）
事業収益：122億7841万円

社名：**大阪府住宅供給公社** http://www.osaka-kousha.or.jp/
設立：1965年 **基本金**：3,100万円（大阪府全額出資）
事業収益：270億7661万円 **職員数**：321人（非常勤・派遣職員含む）
初任給：大卒204,300円

社名：**福岡県住宅供給公社** http://www.lsf.jp/
設立：1965年
事業収益：79億539万円

建設技術センター

社名：**（一財）先端建設技術センター** http://www.actec.or.jp/
設立：1989年 **予算**：7億7750万円
経常収益：7億6529万円（2019年） **職員数**：49人

社名：**（公財）長野県建設技術センター** http://www.npctc.or.jp/
設立：1972年 **基本財産**：2億5000万円
予算：10億3191万円 **経常収益**：7億8391万円
職員数：74人 **初任給**：大卒192,600円

社名：**（一財）北海道建設技術センター** http://www.hoctec.info/
設立：1993年 **基本財産**：1億8311万円
予算：18億8268万円 **経常収益**：19億8283万円 **職員数**：79人

社名：**（公財）千葉県建設技術センター** http://www.cctc.or.jp/
設立：1994年 **出捐金**：3億1630万円 **予算**：6億263万円
経常収益：6億1207万円 **職員数**：42人

社名：**（公財）福岡県建設技術情報センター** http://fcti.jp/cgi_bin/index.cgi
設立：1995年 **出捐金**：300万円 **予算**：14億4125万円
経常収益：14億1585万円

社名：**（一財）沖縄県建設技術センター** http://www.okinawa-ctc.or.jp/
設立：1983年 **基本財産**：3000万円（沖縄県出捐金1800万円 市町村出捐金1200万円）
予算：6億7373万円

インフラ系・電力

社名:**東京電力ホールディングス㈱** http://www.tepco.co.jp/
設立:1951年 **資本金**:1兆4009億円
売上高:(連結)6兆2414億2200万円
従業員数:(単独)8,291人 (連結)37,382人
初任給:院了232,000円 大卒・高専専攻卒209,000円 高専卒183,000円
平均年収:812万円 **従業員平均年齢**:45.4歳 **採用実績**:2020年(予定)273名
2019年213名 2018年162名 2017年206名 2016年273名 2015年303名

社名:**関西電力㈱** http://www.kepco.co.jp/
設立:1951年 **資本金**:4893億円 **売上高**:(単独)2兆6588億3600万円
(連結)3兆1842億5900万円 **従業員数**:(単独)18,141人 (連結)31,850人
初任給:高専卒190,000円 大卒216,000円 院了243,800円
平均年収:799万円 **従業員平均年齢**:43.3歳
採用実績:2018年 文系54名 技術172名 2017年 文系45名 技術169名
2016年 文系47名 技術138名 2015年 文系56名 技術181名

社名:**中部電力㈱** http://www.chuden.co.jp/
設立:1951年 **資本金**:4307億円
売上高:(単独)2兆7190億8700万円 (連結)3兆659億5400万円
従業員数:(単独)14,363人
初任給:高専卒188,500円 大卒211,000円 院了235,000円
平均年収:779万円 **従業員平均年齢**:42.4歳
採用実績:(技術)2020年(予定)126名 2019年105名 2018年108名 2017年107名

社名:**東北電力㈱** http://www.tohoku-epco.co.jp/
設立:1951年 **資本金**:2514億円
売上高:(単独)2兆319億7800万円 (連結)2兆2463億6900万円
従業員数:(単独)12,531人 (連結)24,870人
初任給:大卒212,000円 院了232,000円
平均年収:773万円 **従業員平均年齢**:43.2歳
採用実績:(大卒・技術系)2020年(予定)87名 2019年100名 2018年88名 2017年91名

社名:**九州電力㈱** http://www.kyuden.co.jp/
設立:1951年 **資本金**:2373億円
売上高:(単独)1兆8180億9000万円 (連結)2兆130億5000万円
従業員数:(単独)10,683人 **初任給**:大卒206,000円 院了229,000円
平均年収:776万円 **従業員平均年齢**:43.4歳
採用実績:(技術系)2020年(予定)195名 2019年182名 2018年184名 2017年179名
2016年125名 2015年123名 2014年121名

社名:**中国電力㈱** http://www.energia.co.jp/
設立:1951年 **資本金**:1970億2400万円
売上高:(単独)1兆2437億4200万円 (連結)1兆3473億5200万円
従業員数:(単独)8,256人 (連結)13,163人
初任給:院了238,000円 大卒214,000円 高専卒190,000円
平均年収:760万円 **従業員平均年齢**:43.5歳
採用実績:(技術系)2020年高専卒28名 大卒77名 2019年高専卒29名 大卒74名
2018年 高専卒30名 大卒92名

インフラ系・ガス

社名:**東京ガス㈱** http://www.tokyo-gas.co.jp/
設立:1885年 **資本金**:1418億円
売上高:(単独)1兆7879億7500万円 (連結)1兆9252億3500万円
従業員数:(単独)7,215人 (連結)16,591人
初任給:(文系・理系職)大卒202,250円 院了227,670円
平均年収:660万円 **従業員平均年齢**:43.0歳 **採用実績**:2019年227名 2018年183名 2017年220名 2016年207名 2015年190名

社名:**大阪ガス㈱** http://www.osakagas.co.jp/
設立:1897年 **資本金**:1321億6666万円 **売上高**:(単独)1兆843億8900万円 (連結)1兆3686億8900万円 **従業員数**:(単独)5,271人 (連結)20,543人
初任給:大卒203,000円 院了229,000円 **平均年収**:653万円 **従業員平均年齢**:43.3歳
採用実績:2020年(予定)総合職60名 プロフェッショナル職22名 2019年総合職53名 プロフェッショナル職22名 2018年 総合職49名 プロフェッショナル職23名 2017年 総合職48名 プロフェッショナル職21名 2016年総合職46名 プロフェッショナル職30名

社名:**東邦ガス㈱** http://www.tohogas.co.jp/
設立:1922年 **資本金**:330億7200万円
売上高:(単独)3650億1500万円 (連結)4611億9900万円
従業員数:(単独)2,759人 (連結)5,799人 **初任給**:高専卒183,000円 大卒206,000円 院了228,000円 **平均年収**:579万円 **従業員平均年齢**:42.4歳
採用実績:(総合職)2019年44名 2018年41名 2017年41名

社名:**岩谷産業㈱** http://www.iwatani.co.jp/jpn/
創業:1930年 **設立**:1945年 **資本金**:200億9600万円
売上高:(単独)4729億5400万円 (連結)6867億7100万円
従業員数:(単独)1,275人 (連結)9,849人
初任給:(総合職)院了270,000円 大卒240,000円
平均年収:917万円 **従業員平均年齢**:39.3歳
採用実績:(総合職)2020年(予定)55名 2019年51名 2018年47名 2017年41名 2016年47名
※LPガス首位。製造から大手販売店への卸まで手掛けるガス総合商社。直販部門は子会社担当。

社名:**㈱ミツウロコグループホールディングス**
http://www.mitsuuroko.com/
創業:1886年 **設立**:1926年 **資本金**:70億7700万円
売上高:(連結)2401億2700万円 **従業員数**:(単独)17人 (連結)1,549人
初任給:(ミツウロコヴィッセル・総合職)大卒・院了233,000円
平均年収:883万円 **従業員平均年齢**:41.1歳 **採用予定**:1～5名
※LPガス、灯油を扱う大手燃料商社。個人販売店に強み。不動産収入により会社の安定度も高い。

社名:**㈱TOKAI** http://tokai.jp/
設立:1950年 **資本金**:140億円 **売上高**:(連結)1959億5200万円
従業員数:(単独)1,385人 (連結)4,130人 **初任給**:大卒205,430円 院了214,230円
平均年収:637万円(㈱TOKAIホールディングス)
従業員平均年齢:40.3歳(㈱TOKAIホールディングス)
採用実績:2020年(予定)100名 2019年84名 2018年92名 2017年86名
※LPガス販売業。静岡を地盤に関東へ展開。小売販売店が拡大した業態。体育会系のノリを持つ。

インフラ系・鉄道

JR各社

社名:**北海道旅客鉄道㈱(JR北海道)** http://www.jrhokkaido.co.jp/
設立:1987年 **資本金**:90億円 **鉄道営業キロ**:2,488.3km
売上高:(単独)875億円 (連結)1672億円 **従業員数**:6,429人
初任給:(総合職)大卒192,340円 院了201,507円 (鉄道フィールド職)大卒170,401円
(ドライバーコース)高卒・専門・短大卒157,526円 大卒170,401円
採用実績:2019年(総合職)大卒27名 (鉄道フィールド職)大卒・高卒・専門・短大卒215名
(ドライバーコース)17名

社名:**東日本旅客鉄道㈱(JR東日本)** http://www.jreast.co.jp/
設立:1987年 **資本金**:2000億円 **鉄道営業キロ**:7,401.7km
売上高:(単独)2兆610億7800万円 (連結)2兆9466億3900万円
従業員数:(単独)44,830人 (連結)71,812人 **初任給**:(総合職)高専卒207,575円
大卒225,575円 院了245,295円 (エリア職)専・短大・高専卒205,275円 大卒213,210円
院了221,260円 **平均年収**:719万円 **従業員平均年齢**:38.8歳
採用予定:2021年(総合職)100名程度 (エリア職)840名程度

社名:**東海旅客鉄道㈱(JR東海)** http://jr-central.co.jp/
設立:1987年 **資本金**:1120億円 **鉄道営業キロ**:1,970.8km
売上高:(単独)1兆4369億9600万円 (連結)1兆8446億4700万円
従業員数:(単独)18,282人 (連結)29,603人 **初任給**:短大卒216,800円
大卒236,500円 院了266,500円 **平均年収**:736万円 **従業員平均年齢**:36.7歳
採用実績:(大卒)2019年536名 2018年448名 2017年410名 2016年350名

社名:**西日本旅客鉄道㈱(JR西日本)** http://www.westjr.co.jp/
設立:1987年 **資本金**:1000億円 **鉄道営業キロ**:4,903.1km
売上高:(単独)9619億円 (連結)1兆5082億円
従業員数:(単独)24,439人 (連結)48,323人
初任給:(総合職)高専卒187,704円 大卒208,406円 院了227,898円
(プロフェッショナル採用)短大・専門[専門士]・高専卒174,702円 大学・専門[高度専門士]卒189,332円 院了193,072円 **平均年収**:662万円 **従業員平均年齢**:39.0歳
採用実績:(総合職)2020年(予定)109名 2019年138名 2018年154名 2017年172名
(プロフェッショナル採用)2020年(予定)527名 2019年547名 2018年496名

社名:**四国旅客鉄道㈱(JR四国)** http://www.jr-shikoku.co.jp/
設立:1987年 **資本金**:35億円 **鉄道営業キロ**:855.2km **売上高**:291億円
従業員数:2,149人 **初任給**:(総合職)高専(本科)卒182,200円 大学・高専(専攻科)卒201,200円 院了210,200円 (プロフェッショナル職)高校卒162,700円
短大・専門・高専(本科)卒169,600円 大卒・高専(専攻科)了182,200円
採用実績:(総合職事務系)2020年(予定)12名 2019年9名 2018年13名 2017年7名
(総合職技術系)2020年(予定)14名 2019年11名 2018年16名 2017年8名 2016年9名 (プロフェッショナル職運輸系)2020年(予定)38名 2019年58名 2018年42名 2017年33名 (プロフェッショナル職技術系)2020年(予定)4名 2019年2名

社名:**九州旅客鉄道㈱(JR九州)** http://www.jrkyushu.co.jp/
設立:1987年 **資本金**:160億円 **鉄道営業キロ**:2,273.0km
売上高:(連結)4326億4400万円 **従業員数**:(単独)8,172人 (連結)17,450人
初任給:(総合職)大・高専(専攻科)卒201,310円 院了216,640円
(専門職)大・高専(専攻科)卒173,905円 院了182,055円 **平均年収**:558万円
従業員平均年齢:38.3歳 **採用予定**:2021年(総合職)35名 (専門職)135名

インフラ系・鉄道

大手私鉄（東日本）

社名：**東京地下鉄㈱**　http://www.tokyometro.jp/
設立：2004年　**資本金**：581億円　**鉄道営業キロ**：195.0km
売上高：3974億円（2019年）　**従業員数**：9,865人　**初任給**：（総合職）大卒216,000円
院了219,200円　（エキスパート職）大卒188,000円以上　専門・高専卒183,000円以上
採用実績：（総合職事務系）2019年12名　2018年14名　2017年15名　2016年13名
（総合職技術系）2019年17名　2018年15名　2017年14名　2016年10名　2015年15名
（エキスパート職運輸）2019年110名　2018年183名　2017年166名　2016年167名
（エキスパート職技術）2019年32名　2018年29名　2017年 41名　2016年40名
※特殊会社につき、運輸事業収益が8割を超える。今後、株式上場、完全民営化で状況変化の可能性も。

社名：**東京急行電鉄㈱**　http://www.tokyu.co.jp/
設立：1922年　**資本金**：1217億2400万円　**鉄道営業キロ**：104.9km
売上高：（単独）2174億5400万円　（連結）1兆1642億4300万円
従業員数：（単独）1,417人　（連結）24,464人　**初任給**：（総合職）大卒215,700円
院了233,600円　**平均年収**：770万円　**従業員平均年齢**：42.3歳
採用実績：（総合職）2019年45名　2018年37名　2017年42名　2016年38名
※私鉄最大の連結売上。高級住宅地、人気商業地を開発。不動産・百貨店・ホテル部門を分離独立。

社名：**東武鉄道㈱**　http://www.tobu.co.jp/
設立：1897年　**資本金**：1021億3597万円　**鉄道営業キロ**：463.3km
売上高：（単独）2327億8800万円　（連結）6538億7400万円
従業員数：（単独）3,519人　（連結）20,112人　**初任給**：大卒215,000円　院了217,200円
平均年収：714万円　**従業員平均年齢**：46.7歳
採用実績：2020年（予定）20名　2019年13名　2018年17名　2017年16名　2016年12名
※東日本最長の路線網を持つ。スカイツリー効果で沿線及び会社のイメージアップを狙う。

社名：**小田急電鉄㈱**　http://www.odakyu.jp/
設立：1948年　**資本金**：603億5900万円　**鉄道営業キロ**：120.5km
売上高：（単独）1720億8100万円　（連結）5341億3200万円　**従業員数**：（単独）3,847人
（連結）14,193人　**初任給**：（総合職）四大卒215,000円　院了226,000円
（エキスパート職）短大・専門・高専卒187,200円　大卒193,200円　院了202,400円
平均年収：759万円　**従業員平均年齢**：40.3歳　**採用実績**：（総合職技術系）2020年（予定）7名
2019年5名　2018年6名　（エキスパート職 土木・建築）2020年（予定）9名　2019年11名　2018年9名
※人気観光地と東京のベットタウンを結ぶ。系列だった小田急建設はダイワハウスへ譲渡。

社名：**西武鉄道㈱**　http://www.seiburailway.jp/
設立：1912年　**資本金**：216億6523万円　**鉄道営業キロ**：176.6km　**売上高**：1467億円
従業員数：3,682人　**初任給**：（総合職）大卒213,000円　院了219,000円
（専門職）短大・専門・高専卒191,000円　大卒・院了193,500円
採用実績：（総合職）2020年（予定）13名　2019年12名　2018年12名　2017年8名　2016年11名
（専門職）2020年（予定）50名　2019年35名　2018年34名　2017年23名　2016年19名
※全国に多数の不動産をもち、鉄道、ホテル、百貨店の全国展開に成功。

社名：**相模鉄道㈱**　http://www.sotetsu.co.jp/train/
設立：1964年　**資本金**：1億円　**鉄道営業キロ**：38.1km
売上高：2651億円（グループ営業収益）　**従業員数**：11,120人（グループ従業員）
初任給：（エキスパート職）短大・専門・高専卒168,400円　大卒173,800円　院了179,200円
（総合職）大卒・院了201,000円
※運輸事業比率が大手で最も低い。営業収益の大半を関連事業で補う。とくに不動産事業に強み。

インフラ系・鉄道

大手私鉄(西日本)

社名:**近畿日本鉄道㈱**　http://www.kintetsu.co.jp/
設立:1944年　**資本金**:1億円　**鉄道営業キロ**:501.1km
売上高:(単独)1621億9100万円　(連結)1兆2369億500万円
従業員数:(単独)7,412人　(連結)30,506人
初任給:(運輸・技術)高専卒186,000円　大卒199,000円　院了205,000円
平均年収:560万円　**従業員平均年齢**:43.5歳　**採用実績**:2020年(予定)102名　2019年68名　2018年65名　2017年59名　2016年60名　2015年81名　2014年54名
※大阪と名古屋を結ぶほか、私鉄最長の路線網を誇る。

社名:**阪急電鉄㈱**　http://hankyu.co.jp/
設立:1907年　**資本金**:1億円　**鉄道営業キロ**:143.6km　**売上高**:2006億4000万円
従業員数:3,078人(グループ会社からの出向を含む)　**初任給**:短大・専門卒183,650円　大卒193,450円　**平均年収**:775万円　**従業員平均年齢**:41.4歳
採用実績:(大卒)2020年(予定)34名　2019年24名　2018年26名　2017年29名
※小林一三により大手私鉄が範とするビジネスモデルを発案、確立。阪急阪神東宝グループを形成。

社名:**西日本鉄道㈱**　http://www.nishitetsu.co.jp/
設立:1908年　**資本金**:261億5729万円　**鉄道営業キロ**:106.1km
売上高:(単独)1616億9600万円　(連結)3894億4600万円
従業員数:(単独)4,666人　(連結)19,618人　**初任給**:大卒200,000円　院了220,000円
平均年収:587万円　**従業員平均年齢**:44.8歳
採用実績:(事務系総合職)2020年(予定)27名　2019年26名　2018年28名　2017年25名　(技術系総合職)2020年(予定)5名　2019年11名　2018年6名　2017年9名　2016年6名
※鉄道事業比率が低く、バス事業が運送事業の主営業収益となる。九州北部が地盤。

社名:**名古屋鉄道㈱**　http://www.meitetsu.co.jp/
設立:1921年　**資本金**:1011億5800万円　**鉄道営業キロ**:444.2km
売上高:(単独)1097億4200万円　(連結)6229億1600万円　**従業員数**:(単独)5,122人　(連結)29,576人　**初任給**:(総合職)大卒212,000円　院了227,000円
平均年収:607万円　**従業員平均年齢**:40.0歳　**採用実績**:(総合職事務系)2020年23名　2019年23名　2018年22名　(総合職技術系)2020年4名　2019年4名　2018年4名
※総営業距離私鉄3位。名古屋を地盤とし、中部経済圏に影響力を持つ。

社名:**南海電気鉄道㈱**　http://www.nankai.co.jp/
設立:1925年　**資本金**:729億8365万4121円　**鉄道営業キロ**:154.8km
売上高:(単独)1045億800万円　(連結)2280億1500万円　**従業員数**:(単独)2,639人　(連結)9,205人　**初任給**:大卒213,500円　院了230,000円　**平均年収**:622万円
従業員平均年齢:43.0歳　**採用実績**:(総合職事務系)2020年12名　2019年15名　2018年16名　2017年19名　2016年16名　2015年16名　(総合職技術系)2020年8名　2019年5名　2018年7名　2017年3名　2016年2名　2015年5名
※関西圏南部を結ぶ。純民間資本としては最古の私鉄。

社名:**阪神電気鉄道㈱**　http://www.hanshin.co.jp/
設立:1899年　**資本金**:293億8400万円　**鉄道営業キロ**:48.9km
売上高:(単独)847億5200万円　**従業員数**:(単独)1,497人
初任給:(総合職)大卒295,000円　院了320,000円　**平均年収**:606万円
従業員平均年齢:39.5歳　**採用実績**:(2018年より総合職は阪急ホールディングス㈱で一括採用)2020年39名　2019年47名　2018年39名　2017年22名　2016年19名
※大手私鉄最短路線網だが、優良資産を多数持つのが強み。2006年阪急とグループを形成。

インフラ系・高速道路会社

社名：**東日本高速道路㈱**　http://www.e-nexco.co.jp/
設立：2005年　**資本金**：525億円　**道路営業キロ**：3,943km
売上高：1兆2643億400万円　**従業員数**：2,335人
初任給：専門等卒188,500円　大卒211,000円　院了228,500円
平均年収：785万円　**従業員平均年齢**：41.7歳
採用実績：(土木系・施設系 総合職)2020年87名　2019年87名　2018年70名　2017年64名
(事務系 総合職)2020年49名　2019年57名　2018年35名　2017年26名　2016年31名

社名：**中日本高速道路㈱**　http://www.c-nexco.co.jp/
設立：2005年　**資本金**：650億円　**道路営業キロ**：2,132km
売上高：1兆314億700万円(連結)
従業員数：2,189人
初任給：短大・専門・高専卒181,000円　大卒205,000円　院了225,000円
平均年収：775万円　**従業員平均年齢**：41.4歳
採用実績：2019年123名　2018年107名　2017年69名　2016年84名　2015年39名

社名：**西日本高速道路㈱**　http://www.w-nexco.co.jp/
設立：2005年　**資本金**：475億円　**道路営業キロ**：3,534km
売上高：1兆565億5000万円
従業員数：2,544人
初任給：大卒205,500円　院了229,500円
平均年収：773万円　**従業員平均年齢**：40.2歳
採用実績：2019年108名　2018年117名　2017年83名

社名：**首都高速道路㈱**　http://www.shutoko.co.jp/
設立：2005年　**資本金**：135億円　**道路営業キロ**：320.1km
売上高：5296億円
従業員数：1,122人
初任給：大卒217,770円　院了235,830円
平均年収：874万円
従業員平均年齢：44.0歳

社名：**阪神高速道路㈱**　http://www.hanshin-exp.co.jp/company/
設立：2005年　**資本金**：100億円　**道路営業キロ**：258.1km
売上高：(連結)3702億4200万円
従業員数：682人
初任給：短大・高専(専攻科)183,000円　大卒210,000円　院了229,000円
平均年収：832万円　**従業員平均年齢**：43.8歳
採用実績：2019年22名　218年24名　2017年19名　2016年20名　2015年16名

MEMO

鉄道、高速道路などのインフラ系企業は、採用者全体に占める建築学生の比率は低いものの、安定して定年まで勤めることができる企業分野です。建築系社員は、事業者側に立って自社の施設の設計監理、修繕計画を主に行います。

鉄道系には、魅力的な街や商業施設を開発することで、沿線人口を増やすビジネスモデルがあり、ディベロッパーとしても仕事にかかわることができます。もともと子会社をたくさん持つ中核企業ではありますが、不動産が価値を持つ日本では、駅前の一等地に遊休資産を持つ鉄道会社のポテンシャルは非常に高いといえるでしょう。

コラム 転職は公務員経験者採用を狙え！

地元に戻りたい。そんな時は、公務員の経験者採用がお勧めです。地方行政庁では、民間企業経験者の知識や行動力を求め、技術力の向上や職場の活性化につなげたいと思っており、建築職の経験者採用枠が広がりつつあります。とくに、確認申請業務を行う特定行政庁に指定された市での採用や、建築構造の専門家の採用が目立ちます。

受験にあたっては、1級建築士免許を持ち、5〜10年程度の実務経験が必要です。また、受験可能年齢を35〜40歳に設定している行政庁が多いのですが、東京都、鳥取県、長崎県、横浜市、川崎市、静岡市、堺市などでは、60歳未満であれば受験可能です。しかし一般の建築職は、実倍率が10倍前後と難関。また中途採用であっても、経験によって課長補佐、係長などの管理職や主任からのスタートとなります。

受験の要綱は、新卒などの大卒程度建築職採用試験日程と同じ場合と、9〜12月のずれた時期に発表になる場合があります。基本的に採用枠は若干名、とくに優秀な人がいない場合は誰も採用されない場合もあります。希望する行政庁の広報誌やウェブサイトをまめにチェックし、受験情報の収集に努めましょう。

参考データ

●東京都/建築:建築構造・建築施工

受付期間	6月
受験資格	院了5年、大卒7年以上の実務経験
実施状況	建築構造　採用予定2人　受験者 5人　最終合格者1人（平成30年度） 建築施工　採用予定7人　受験者38人　最終合格者8人（令和元年度）

●川崎市/建築

受付期間	8月
受験資格	昭和35年4月2日から平成2年4月1日までに生まれた人 直近7年中5年以上の実務経験
実施状況	受験者16人　最終合格者5人（令和元年度）

●経験者採用実施行政庁

都道府県	岩手県・東京都・神奈川県・大分県など
政令指定都市	千葉市・さいたま市・静岡市・福岡市・熊本市・北九州市など
市町村	留萌市・幌延町・春日部市、草加市・館林市・袋井市・東村山市・東浦町・安城市・三条市・箕面市・時津町、佐々町・宇城市・中津市・都城市など

※実施状況は年度により異なります。

part

2

P168-198

合格のためのノウハウ

01

就活スケジュールをしっかり把握しよう！

「採用ルートの多様化」合意で
2021年春入社の就活は早期化する！

CHECK POINT

2018年10月、経団連による就活ルールが廃止されることが正式に発表され、経団連に変わって政府がルールづくりを主導することになりました。今後、さらに就活は早期化し、採用ルートは多様化していくでしょう。

２０２２年からルールが変わる?

２０１８年10月に、現行の就職活動の指針を２０２１年春入社の学生から撤廃することが、経団連から正式に発表されました。就活ルールは、２０２１年春入社の学生の採用活動から政府主導に切り替わりますが、２０２１年春入社までは現状の３月に情報解禁、６月に選考開始、10月に内定、というスケジュールで行われます（現状、このルールは形骸化し、就活は年々早まっています）。

ただし、２０１９年４月、２０２２年春入社以降の採用や就活のあり方を検討してきた経団連と大学側が新卒一括採用を維持しつつ、中途採用や留学経験者にも積極的に対応し、採用ルートを増やしていくことに合意。企業側は、通年採用、中途採用、早期のインターンシップ、既卒後のインターンシップを活用した多様な採用ルートで、１人でも多くの優秀な人材を確保したいのです。

２０２１年の就活には、２０２２年の新卒採用ルールづくりのためのテスト的な運用という側面もあり、おそらく２０２２年春入社の就活では、現行ルールの一部は改正されるでしょう。就活は、一層早期化が進むことが予想されます。２年生の１月には企業研究を開始しましょう。

ＴＯＥＩＣと２級建築士を受験

エントリーシートにはＴＯＥＩＣスコアの記入が求められています。ＴＯＥＩＣは、複数回受験し納得のいくスコアを獲得しておきましょう。

高専・短大からの編入生、大学院生には**２級建築士**（⇩２１２頁）の受験資格があります（建築士法改正により**試験の受験資格は２０２０年に緩和されました⇩２０８頁**）。この学科試験は公務員試験と範囲が重複しますし、履歴書に書けるネタになるため、組織設計事務所や一般企業でも書類選考突破の確率が高まります。

就職活動スケジュール

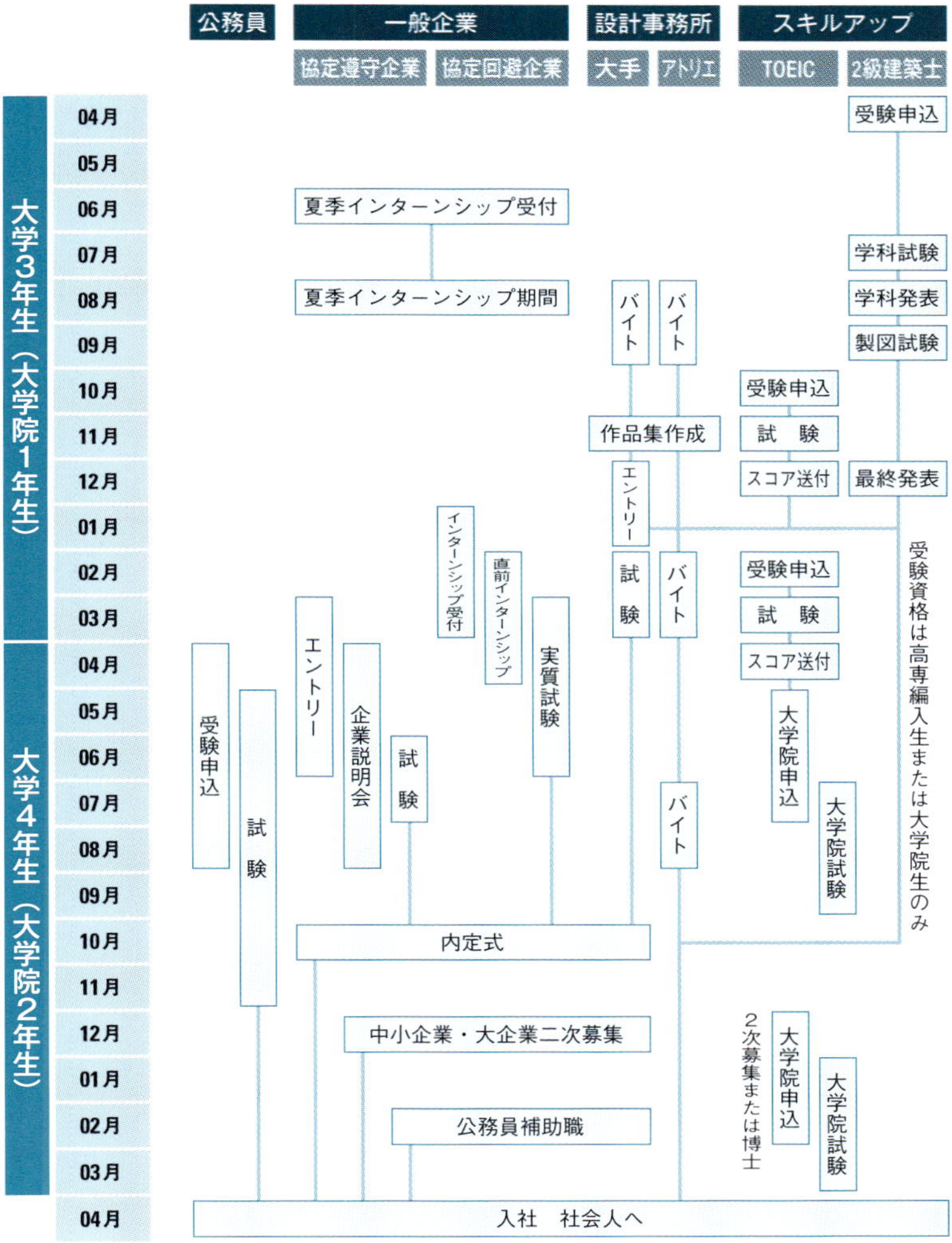

TOEIC試験	全国80ヵ所の会場にて1,3,4,5,6,7,9,10,11,12月の年10回実施 申し込みは試験日の約40日前まで　スコア送付は試験日の一カ月後
2級建築士試験	申し込みは4月上～中旬まで　学科試験7月第1週 詳細はPart3-07,08項参照
公務員試験	詳細はPart2-09項参照

02

就職データはここで集めよう！

リクナビ・マイナビだけじゃない
優良企業はほかにも
たくさんある

CHECK POINT

スタートは就活サイトへの登録から。ただし、そこにすべての会社が掲載されているわけではありません。また、一番大切なのは先輩からの生の声。ここでは、小さな優良企業や地元企業の見つけ方、さらに志望企業の経営状態の調べ方まで解説していきます。

まずは就活ナビサイトに登録

リクナビなどの就活ナビサイトには、各企業の採用募集状況から説明会日時、エントリーシートの書き方まで、さまざまな情報が掲載されています。まずは登録から始めましょう。ただし、これらのサイトは掲載企業の広告費で運営されているため、大量の人材が必要な会社や、資本力がある会社が中心となり、小さな優良企業や組織設計事務所は掲載されていないので注意しましょう。

経営情報を調べる

知名度が高くても、経営状態が良いとは限りません。上場企業であれば、ヤフーファイナンスや各証券会社の投資情報欄が参考になります。また建設業であれば、経営事項審査結果がインターネットに公開されています。有料のニフティの企業情報横断検索サービスでしたら小さな会社であっても経営情報の把握が可能です。つぶれる会社を選んでしまうのも自己責任。その会社の状態を見極めてから受験しましょう。

地元に帰りたい！

地方新聞社が主催する就職ガイダンスや、各都道府県の雇用対策課で情報が収集できます。さらに、ハローワークに登録をしておけば、インターネット上で求人情報が検索できます。また、左に記載した各業界団体の名簿を参考に、各企業にアプローチしてみるのもよいでしょう。

大学のOBを頼ろう

何より信頼できるのは生の声。大学主催の就職相談会やOBも参加する研究室のパーティに参加し、会社の雰囲気や仕事の内容などOBに直接話を聞きましょう。社会は人のつながりで成り立っています。上司に掛け合ってくれる先輩も多数存在します。ネットだけに頼らず、先輩を訪ねることが大切です。

各種サイトの紹介

エントリーが行える主要サイトから、目的別に各種情報が収集できるサイトまでピックアップしました。

就活ナビサイト

リクナビ	https://job.rikunabi.com/

「リクナビ」は、リクルートが運営する就活ナビサイトです。無料会員登録すると、リクナビに登録している約15000社の採用情報にアクセスできます。新卒採用の応募はリクナビのみという企業もあり、ほかの就活ナビサイトからエントリーしても「リクナビからエントリーするように」と言われることもあります。登録必須のサイトといえるでしょう。

マイナビ	https://job.mynavi.jp/

「マイナビ」は、毎日コミュニケーションズが運営する就活ナビサイトです。エントリーシート添削講座や自己分析などを実践できる就活準備講座など、いますぐ役立つ無料のコンテンツやイベントを取りそろえています。理系の学生に向けたページも併設し、学生に密着した情報を提供しています。

キャリタス就活	https://job.career-tasu.jp/

「キャリタス就活」は、日本経済新聞社・日経HRの協力のもと、ディスコが運営する就活ナビサイトです。日本経済新聞に掲載された業界別のニュース紹介や、主要業界の景況を解説する「産業天気図」など、日経ならではのコンテンツが特徴。就職希望企業ランキングといった各種調査・ランキングなどにより、経済や業界の概要をつかむこともでき、業界研究には最適のサイトといえます。

朝日学情ナビ	https://www.gakujo.ne.jp/

「朝日学情ナビ」は、中堅・中小・ベンチャー企業の就職斡旋に特化した㈱学情が運営する新卒向けサイトです。同社では「Re就活」という第二新卒・中途採用者向けのサイトも運営しています。大手サイトとは一線を画す企業が掲載されていることが特長です。

経営情報を知る

建設業情報管理センター	https://www.ciic.or.jp/

各建設会社の正式名称や許可番号から経営事項審査結果を見ることができます。工種ごとの売り上げにより、どの分野が得意なのか、元請けなのか下請けなのかも判断可能です。また、資産や負債も記載されているので、その会社の安定度も推測できます。公共工事に参加していれば、どんな小さな会社も表示されるので、非上場企業や地場ゼネコンの下調べには最適です。

YAHOOファイナンス	http://finance.yahoo.co.jp/

株式投資のための情報がメインなので上場企業に限られますが、業種検索により、会社を一覧表にて把握することが可能です。また、過去3年間の売上高や利益の推移、従業員数や業務内容など基本情報の取得にとても便利です。

@nifty企業情報横断検索	https://business.nifty.com/gsh/RXCC/

帝国データバンク、東京商工リサーチによる企業情報を中心とした国内最大級のデータベースです。無料情報サイトでは得られないような決算情報のほか、経営状態を点数で記し、短い言葉で的確な企業分析がされています。有限会社などの零細企業までフォローしている点が特徴です。

地元企業を知る

全国建設業協会	http://www.zenken-net.or.jp/

公共工事に参加する建設会社が中心となる業界団体。会員名簿あり。

日本建築士事務所協会連合会	http://www.njr.or.jp/

公共工事に参加する建築士事務所が中心となる業界団体。会員名簿あり。

ハローワーク	https://www.hellowork.mhlw.go.jp/

厚生労働省が運営する公共職業紹介機関。インターネットで検索可能。
設計事務所については業界解説ページも参考にしてください。

03

SPI適性検査って何？

就職採用適性検査を
理解しよう

CHECK POINT

大企業では必ずといってよいほど適性検査が行われています。これは能力と性格の両方を把握しようとするもの。問題自体は中学生レベルです。いい加減な感覚で記入せず、冷静に、迅速に、正確に解答を進めることが大切です。

SPIって何？

SPIとは「Synthetic Personality Inventory」、すなわち「総合的性格評価」の略で、1974年に（株）リクルートの人事測定事業部が開発した、個人の総合的な評価を目的とする適性検査の一種です。学力の診断ではなく、事務処理能力や性格を判断する試験といってよいでしょう。

また受験方式は、大学センター試験のようなマークシート方式と、インターネット上で個別に受験を行うWEB方式の2方式があります。最近は、WEB方式に一定の条件を加え、主要テスト会場に設置されたパソコンを利用するテストセンター方式を採用する会社が増えています。

類似の適性検査には、性格類型検査を省いたリクルートのSPI3、一部不動産会社が採用する日本SHLのGAB、中堅・地方企業が採用するダイヤモンド社のDATA・αなどが挙げられます。

検査の内容は？

試験は「言語分野」と「非言語分野」による「能力検査」と、性格適性を調べる「性格適性検査」の2つによって構成されています。

「言語分野」の試験は国語関連科目から出題され、同意語・反意語、ことわざ、長文読解、文法問題などが主です。「非言語分野」の試験は数学や理科から出題され、単純方程式、濃度計算、距離計算、数列など中学生レベルの問題が中心となります。

「性格適性検査」はインターネッ

トの性格診断サイトを想像してみてください。同じような内容が聞き方を変えて何度も出題される形式です。

検査結果の意味は？

言語分野の検査は、文章作成能力だけでなく、対人折衝や意思伝達など、企業人に必要な活動が支障なく行えるか判断します。一方、非言語分野の検査は、データ処理、論理的判断、正確さなどの内的事務処理能力を測るものです。これらの検査は、企業で必要とされる「合理的能力」「合理的行動力」「課題処理能力」を判断する目的で行います。

さらに、性格適性検査では、受験者の性格を行動的側面、意欲的側面、情緒的側面から測定することにより、「社会性」「活動意欲」「ものの見方」などその人の内面の分析を行います。

受験時の注意点

SPIは短時間に数多くの問題を解かせ、作業能力を判断します。そして同時に混乱状態を誘発し、実際の業務で発生する緊張時の対応能力を測ろうとしています。高得点のためには早く正確に問題を解く必要がありますが、ここで注意が必要です。マークシート試験では終了間際に適当に空欄を埋めることがあるかもしれません。でもSPIではそのような行為は慎んだほうがよさそうです。なぜなら、より正確な事務処理能力を見分けるため「誤びゅう率」を採用しているからです。これは誤解答の数をカウントして得られる数値です。適当に答え、間違いが増えると悪い結果が出てしまいます。

問題は中学生レベルの数学や国語で構成されていますが、ある程度の量を正確かつ短時間にこなさなくてはいけません。忘れている分野もあるでしょう。あらかじめ市販の問題集に目を通しておいてください。

建設業界での実施状況

一般企業では適性検査をエントリー時や企業説明会で行うことが多く、多数の受験生を絞り込む足切りとして利用しています。しかし、建設会社や設計事務所では、エントリーシートが通り、1次面接が済んだ後で検査を行います。その理由は、対象者をより深く理解するため、この種のテストを使用しているからです。

受験企業にOBなどの推薦者がいる場合は、試験内容を事前に教えてくれることもあります。しっかり情報収集し、対策を立てましょう。

04

就活スタイルはこれだ！

第一印象は大切！好感の持てる服装で臨もう

CHECK POINT

建築業界、特に意匠系は特殊で、自分の個性を出すべきと思いがちですが、すべてそうとは限りません。ではいったいどんな服装で面接に臨めばよいのでしょう。一般企業、組織事務所、アトリエに分けて解説します。

一般企業はベーシックに！

どのような人に対しても不快感を与えない髪型や服装であること。これが基本中の基本です。また、長時間の拘束、長距離の移動もあるので、自分の体に合った着心地の良いものを選びましょう。買ったばかりの服を着るのではなく、外出時に着慣れているもので、面接に臨みましょう。

面接当日は、髪の乱れやつめの長さ、靴の汚れやスーツのしわなどに充分な注意を払い、清潔感と好印象を与えるようにしましょう。

組織設計事務所も奇をてらわない

設計者は個性的であるべきだ、だから人と違うほうが良いのではと思いがちです。たとえば赤いネクタイを選び、服装も少し派手にと考えてしまいます。しかし、面接でそのネクタイを選んだ理由を聞かれた際に、的確に答えられますか？　やんちゃな中学生ではないので、そんなところで妙な主張をしなくてもよいのです。“キャラ枠”を狙いそのような服装で臨む手もあるかもしれませんが、あくまでここは会社組織。オーソドックスな服装のなかで、光るセンスを出すのが得策でしょう。

アトリエ的設計事務所は個別に

面接で、スーツ以外の普段着で来るようにと伝えられることがあります。そういう時は、その人のセンスを見たいと考えています。

アトリエ的事務所は多種多様です。たとえば、まじめで誠実な作品をつくる人の施主はまじめな人が多く、ポップで派手な建築をつくる人は派手好きな人が多いものです。自分の志望するアトリエがどのような客層の人で、どのような人に対して、好感や不快感を抱くかを考え、服装を選んでください。また、オープンデスクに参加した際に、先輩方がどのような服装で面接を受けてきたのか聞き出すのもよいでしょう。

■態度・印象（男子）
・温厚さや柔軟性をアピールできるよう心掛ける
・秘めた熱意が伝わるような受け答えを

■服装について（男子）
・ネクタイはシンプルにブルー系統が無難
・髪型は短髪にし、さわやかな印象を演出しよう

■髪型・化粧について（女子）
・できる限り普通にいつも通りがベスト
・濃い目のメイクは避けるべきだが、眉を濃く描くと意思が強い印象になる

■態度（男女ともに）
・入社への強い意志を伝える
・社会的常識は踏まえたうえで、ありのままの自分に自信を持って！　別のキャラクターを演じる必要はない！
・清潔感が大切！

05

成功を引き寄せるエントリーシート対策

指南書はたくさんあるけど建築学科向きの書き方は？

CHECK POINT

一見同じに見えるエントリーシートですが、人事の担当者は、その書き方のわずかな差から熱意や性格を読み取っています。書き方の代表例を3つ挙げましたので自分の性格に合った表現でESを作成してください。

いわゆる書類選考に使用するための履歴書をエントリーシート（ES）と呼んでいます。最近は企業のホームページからダウンロードし、プリントアウトしたものに記入することが多くなっています。また、一部の大企業ではWEB上に掲載されたフォームに直接記入して送信する場合もあります。その際、事前に記載事項が知らされていないことが多いうえに、時間制限が設けられているので、一般的なESを参考にし、答えをあらかじめ準備しておくことが必要です。

一部の業界のESは、裏面すべてが自由記載枠になっていて、強烈なイラストや、ダイアグラムで埋める場合もあります。しかし、いまのところ建築業界は履歴書のようなオーソドックスな形式が取られています。

熱意・人柄の出るESを

ESには学歴や課外活動のほか、長所短所の性格分析、志望動機、入社後の希望職種、他社への応募状況や語学力（検定スコア）を記載するようになっています。

志望動機はその会社を志す特別なエピソードがない限り、「ものづくりが好き」「設計が好き」というような抽象的な言葉に、何らかの尾ヒレ背ヒレがついて記載されていることが多いようです。

また、性格分析は短所が長所として取られるように書き、課外活動では「何を目的にどんな努力をして何を実現したのか」を書くようにとマニュアルで勧められていますので、あまり代わり映えがしないというのが実情です。

しかし、その文字の書き方や、言い回しの雰囲気から、かすかですが、その人の熱意や人柄がにじみ出てくるものなのです。そのわずかな差を嗅ぎ取って人事担当者はESを通すかどうか判断するそうです。

ESの書き方は大きく分けて次の3パターンが挙げられます。

①基本型（178・179頁）
②情熱型（180・181頁）
③激情型（182・183頁）

①キーワードを絞り、簡潔に理由を述べることで、自分の意思をしっかり伝えようとする基本型を指します。余白の美を生かせば、多少字が下手でもカバーできることがポイントです。特別目立つことはありませんが、多くの企業が好感をもつ形式です。真面目な学生が一般企業を受ける際に適する形式といえるでしょう。

②はESを空白なく文字で埋め尽くすことで、その熱意を伝えようとする情熱型を指します。元気で体育会系の人や企業に向くでしょう。ただし、字が汚いと雑然として見え、悪い印象を与えてしまうので注意が必要です。

③は自分が売り込みたいキーワードを太字にしたり、四角で囲んだり、カラーを使用したりして強調する激情型を指します。人事担当者の目に止まりやすく、伝わりやすいのがポイント。濃いキャラクターの学生、特別なものを求める企業に最適でしょう。しかし、内容によっては、自己顕示欲の強さが気になる場合もあります。

実例に学ぶ

次項に実例を3つ掲載しましたので、それを参考に自分の性格や本質にあった表現方法を考え、真摯に記載することが大切です。ESは自己表現の大切なツールなのですから。

また、イラストレーターやインデザインにESを取り込み、パソコンで下書きをつくり、それをなぞるように清書するという方法も一般に行われている手法です。

企業に提出したESは、必ずコピーを取って保管しておきましょう。面接の際、ESに沿って質疑が行われることが多いので、言動に矛盾のないようにしたいものです。

①エントリーシート基本型

自 己 紹 介 書

ふりがな	ふくながとしひろ	ふりがな	○○けん ○○し	性別
氏 名	福永敏弘	住 所	○○県 ○○市	男

[redacted]大学　学部　学 科　専攻

[redacted]大学大学院　工学　研究科　地球環境デザイン学　専攻

志望動機

私は、医療や物流をはじめとする民間建築に強みがある貴社にとても魅力を感じ、今後の事業展開の可能性を強く感じます。また、貴社は○○○や△△神社といった歴史のある建築への貢献があり、設立以来続く貴社の建築業に特化した事業内容にも魅力を感じます。今後は貴社の一員として、時代の変化や新たなニーズに対応しながら民間建築の設計を行いたいと考えています。

得意分野及び研究課題

[得意分野] 意匠設計

[研究課題] 地方都市再生に関する研究

アリソン・アンド・ピーター・スミッソンの「パヴィリオンとルート」作品における外部環境のデザイン（卒業論文）

学業以外で力を注いだ事柄と、それを通じて得た事（スポーツ、サークル、ボランティア活動等）

実行委員長となって展示会、講演会を開催し、数多くの方々から意見やアドバイスをいただいたことで、創作に対する視野を広げることができました。また、戸建賃貸住宅、飲食店のリノベーションを行い、建築が出来上がるプロセスを体験したことで、ものづくりの大変さと楽しさを知りました。

趣味・特技

[趣味]：ドライブ、料理、スノーボード。

[特技]：ブレイクダンス。

私の長所・特徴

・規則正しい生活が出来ます。

・何事にも限られた時間の中で、真面目に全力で取り組みます。

免 許 ・ 資 格					
2012 年	1 月	中型自動車第一種運転免許	年	月	
2012	6	普通自動二輪免許			

[redacted]大学

物件名を出すことで具体性を！

民間工事が90％を占める会社への応募。企業研究を行い、会社の特徴を捉えたうえでどのような魅力を見出したかを記入。

入社後何を実現したいのかを記載。なぜ公共ではなく民間なのかを書けたらもっと良かった。

設計志望なら意匠設計が基本だが、構造・環境系科目を併記するのも良い。得意なデザイン分野があるなら書いておくのも良いだろう。

卒業設計・論文、修士論文などでテーマとした内容を簡潔に記載すること。

「何をしたことで何を得たのか」が基本書式となる。

この学生はどんな時も毎日朝8時30分から研究室で仕事を始める。意匠系学生の生活は乱れがちだが、規則正しい生活ができることは企業にとって大きな魅力になるはず。

多少くどい部分もあるが、何事にも誠実に対応する学生であることをアピール。

応募企業に所定の書式がない場合、大学生協で販売している履歴書を使用しよう。就職活動で使用しやすい書式になっていることが多い。

顔写真は第一印象を左右する大切な要素。なるべく写真館で撮ろう。

履 歴 書

20××年　6　月　9　日現在

ふりがな	ふ く　な が　と し　ひ ろ	性 別	写真貼付欄 (横3cm×縦4cm)
氏　名	福　永　敏　弘　　印	男	
生年月日	19×× 年　× 月　× 日生 (満24 歳)		
ふりがな	○○けん ○○し		電 話 (　　)　　－
現 住 所	〒□□□－□□□□ ○○県 ○○市		FAX (　　)　　－
ふりがな	○○けん ○○し		電 話 (　　)　　－
連 絡 先	〒□□□－□□□□ ○○県 ○○市		
携帯電話		E-mail	×××@××.ne.jp

遊びで使うような文字列のメールアドレスは厳禁。就職活動用に自分の名前で構成されたものを作成すること。

年号	年	月	学　歴 ・ 職　歴
			［学歴］
平成	21	4	○○県立○○高等学校　入学
平成	24	3	○○県立○○高等学校　卒業
平成	24	4	○○大学工学部建設学科建築学コース　入学
平成	28	3	○○大学工学部建設学科建築学コース　卒業
平成	28	4	○○大学大学院工学研究科地球環境デザイン学専攻　入学
平成	30	3	○○大学大学院工学研究科地球環境デザイン学専攻　修了見込み
			［職歴］
			なし
			［受賞歴］
平成	26	3	第X回JIA○○○○学生課題設計コンクール　○○○○支部長賞
平成	26	11	平成26年度　○○○大学奨学金奨励賞
平成	27	3	○○○大学　学業成績優秀者表彰
平成	28	3	○○デザインリーグ2016 卒業設計日本一決定戦 105選入選（11位）
			以上

書式に賞罰の欄がない場合は学歴・職歴の後にまとめて記載すること。

学歴は高等学校入学から記入。

[redacted]大学

②エントリーシート情熱型

会社選定の理由を箇条書きにし、
欄が埋まるまでぎっちり根拠を記す。

（株）[illegible]設計

希望職種

建築および関連領域

☑建築設計　□インテリア設計
□都市デザイン　□ランドスケープ設計

当社志望動機

①他者と協働する自分の経験を生かせる場　②作品のテイストの多様さ

①私は学校の内外問わず多くのプロジェクトに積極的に携わり、数多くの方々と協働してきました。貴社は日本有数の規模を誇る組織設計事務所であり、他者と協働してきた経験を生かしながら大きな組織の一員として働きたいと感じている為です。

②貴社の作品を拝見してゆく中で、そのテイストの多様さに驚かされ、またその自由な表現に興奮しました。一つの企業として表面的なテイストを揃えるのではなく、個人の裁量がかなり許されている、ある種のおおらかさを感じ、そのような社内環境で仕事を行いたいと感じている為です。

なぜ大きな組織で働きたいのか理由がほしい。

会社研究を行っているが具体的な例があるとより良い。

研究課題（修士論文・卒業研究・その他）

中山間地域における公共施設の利用に関する研究

〇〇県の中山間地域で遊休化した施設の利用可能性調査をベースとし、現在工事中の古民家をレストランに改修するプロジェクトでは、実際に設計・監理業務に携わりました。また、設計者として地域の方々や地元学生を巻き込んだワークショップやヒアリングを主催することで、どういった建築が地域に求められているのか、また、新しく出来上がる建築をどのように地域に受け入れてもらうかということを考えてきました。ここで考え、実践してきたプロセスは社会に出てから設計を行う上でも応用できると考えております。

通常は研究テーマ→具体的な事例や得たものを書く。
欄に余裕があるなら時系列に沿って箇条書きのほうが見やすくて良い。

コンペ入賞、作品、論文等の受賞名・内容

・〇〇大学平成27年度卒業設計 〇〇奨励賞 受賞（学内2位）
・〇〇デザインリーグ2016 卒業設計日本一決定戦100選（68位）

卒業設計「最期の場所 -地上、地下、その狭間-」：視覚的、社会的に隠された死刑囚の存在を建築によって想起させると共に、最後に定められた時間を過ごす空間を計画することで、国家が合法的に命を奪うという重大な事の意味、罪と罰、生と死とは何かを世に問う。

課外活動（学外ボランティア活動なども含む）

「〇〇デザインリーグ卒業設計日本一決定戦」の実行委員長を務める

学部3年時に「卒業設計日本一決定戦」の実行委員長を務め、プロジェクトを成功に導きました。その中で、学芸員、運送会社、テレビ局、舞台照明・音響など様々な業種のスペシャリスト達との協働を行い、またプロジェクトの運営にはそれらが不可欠であることを学びました。多くの部署や並行するタスクをまとめ上げる能力は建築設計の場でも生かせると考えております。

解説をするより、「何を得たか」についての複数の事例がほしい。
具体的な内容は面接で聞かれる。

私の特徴・得意な分野

①新しい環境にもすぐに適応できる　②常に手を動かして考える

得意な分野を書くべき。

①大学院では学部と異なる大学へと進学したにも関わらず、研究室内のプロジェクトに積極的に参加し、密なコミュニケーションを行うことで他のメンバーと打ち解けることができ、「今年入ったばかりとは思えない」「もっと前からいるような気がする」とまで言われるようになりました。

②どんな些細なアイデアでも欠かさずスケッチとして記録し、常に手を動かして考えるように心掛けています。

具体的な事例が書かれているため良く伝わる。

語学	留学経験 or 海外生活経験	英検・TOEIC・TOEFL等成績	自己申告＊
		・TOEIC630点（2015年3月）	A・(B)・C（英語について）

＊自己申告／A:ビジネスOK、B:日常会話OK、C:コミュニケーションに不安

履歴書　　20××年　1月30日現在

ふりがな	ふじ　い　てっ　ぺい		性別	写真貼付 3×3.7cm 写真の裏面に名前を記載下さい
氏　名	藤　井　哲　平		男	
生年月日	西暦19××年　×月　×日生まれ　(満24歳)			
ふりがな	○○けん ○○し		電話番号	
現住所（選考結果郵送先）	〒　－ ○○県 ○○市		(　　　)	
E－mail	○○	携帯電話	－　　－	
ふりがな	○○けん ○○し		電話番号	
上記以外の連絡先	〒　－ ○○県 ○○市		(　　　) －	

西暦	月	学歴・職歴・受賞歴	
		(※留学を予定されていらっしゃる方は、帰国予定日をご記入下さい)	
		学歴	
2008	4	○○県立○○高等学校	入学
2011	3	○○県立○○高等学校	卒業
2012	4	○○大学工学部　建築・社会環境工学科	入学
2016	3	○○大学工学部　建築・社会環境工学科	卒業
2016	4	○○大学大学院 創造理工学研究科 建築学専攻	入学
2018	3	○○大学大学院 創造理工学研究科 建築学専攻	修了見込
		受賞歴	
2016	3	○○大学平成27年度卒業設計 ○○奨励賞 受賞 (学内2位)	
2016	3	○○デザインリーグ2016卒業設計日本一決定戦 100選 (68位)	
2016	10	JIA ○○支部設計競技2016　一次審査通過	

入学・卒業を欄右に寄せることで余白を少なく感じさせる。

大学	○○ 大学	工 学部	建築・社会環境工 学科	○○ 研究室	指導教官名 ○○
大学院	○○大学 大学院	創造理工学 研究科	建築学 専攻	○○ 研究室	指導教官名 ○○

③エントリーシート激情型

□部分は適切だが、3行目以降は記入すべきことと答えが若干違う。コピペ防止策として、各社独自の聞き方をしていることに注意。

キーワードを囲むことによって、人事担当者の目を惹き付けられる。「妄想力」という言葉にインパクトがあり、担当者に会ってみたいと思わせる魅力もある。ただし、「会ってみたい」と「採用したい」というのは別の話。

2006年11月　改訂

氏　名	山下 順子

得意な語　学	英語・その他（　　　　　） 英検 2 級、TOEIC　　点、TOEFL　　点	海外居住経験	中国・北京に3年間（2006～2009年）
私の長所・特徴（自覚している性格）	妄想力が優れています。 ・私は、泉のようにわき上がるアイデアを、膨大な量のスケッチやメモとして書きおこしていくことで、これまで設計を進めてきました。 ・コンセプト段階での発想力に最も自信があります。〝専門家〟でありながら、〝一般〟で求められているであろうことを常に考えながら発案します。		

ポートフォリオや製図試験時にそのイメージやスケッチの量を示せると良い。

面接時に具体例を聞かれるため、準備が必要。

当社への志望動機	好奇心旺盛な自分の力を発揮できる ・自分の個性を活かしながら、大きな組織の一員として働けると考えたからです。貴社は常に日本の建築界の最先端であり、是非とも私もそれを担う一員として生きていきたいと思います。 ・貴社には、優秀な方が多く働いており、そこで先輩方からご指導を受けながら、様々なことを学び、自分自身また後輩に教えていけるよう成長したいです。	
入社後の希望業務	第一希望 建築設計（意匠） 理由等 意匠以外を考えたことがないからです。大組織である貴社で、様々な部門の人と関わる中で、自分のデザインの力を伸ばしていきたいです。	第二希望 開発 理由等 自分の「コンセプト段階での発想力」を活かせると考えるからです。
希望勤務地	第一希望 東京	第二希望 ○○

上枠の長所・特徴の欄にも書くべき。

自分に自信があり、さらなる成長を望み、一流会社を選んだことは分かるが、どこの社にも同じことを書いていないか？この会社だからという理由が乏しく、企業研究不足が感じられる。

強い思いと同時に、思い込みも強いことが想像される。

当社以外の志望先	① 未訪問・エントリー済・受験中・合格・不合格 △△△工務店	② 未訪問・エントリー済・受験中・合格・不合格 □□設計	③ 未訪問・エントリー済・受験中・合格・不合格 ××設計
公務員受験	しない・する	受験先：	月　日 受験・合格

社内知人	○○○○さん

【弊社記入欄（記入不要）】

入 社 申 込 書

20××年2月7日記入

ふりがな	やま した じゅん こ	印	性別
氏 名	山 下 順 子	山下	男・(女)
生年月日	西暦19××年 7月 3日	入社時年齢	満23才

ふりがな	○○ けん ○○ し	電話番号 ( ) −	
現 住 所	〒○○○-○○○○ ○○県 ○○市	携帯番号 ( )	
E-mail	○○		
ふりがな		電話番号 ( )	
帰 省 先	〒○○○-○○○○ ○○県 ○○市		

主たる生活圏	① ○○市	② 関東地方

学 歴	学校	学部	学科	入学年月	卒業年月（見込）
高 校	○○ 都道府(県) 立 ○○○ 高等学校			2009年 4月	2012年 3月
大 学	○○ 大学	工学部	建築・社会環境工学科	2012年 4月	2016年 3月
大 学 院	○○ 大学 大学院	工学研究科	都市・建築学専攻	2016年 4月	2018年 3月

ゼ ミ 研 究 室	（学 部） △△△ ○○ 研究室 （大学院） △△△ ○○ 研究室	得意な科目	設計製図
卒論（修論）・研究課題	テーマ： "barcode" ○○○市の△△△横丁の再開発計画（卒業設計） 概 要：老朽化により、大型ビルへの建て替えが検討される敷地において、現状の横丁の良さを抽出し、建築的に再解釈し、中高層化するという提案。 [受賞] △△奨励賞（学内）、△△△△デザインリーグ2014卒業設計日本一決定戦10選入賞 JIA卒業設計コンクール△△支部1位通過、JIA卒業設計コンクール全国大会プレゼン選出。 その他 展覧会や 各種メディアにて取り上げられました。		
免 許 資 格	普通自動車免許（2012年3月取得）		
ク ラ ブ 活 動	（区分）高校・(学部)・大学院 部活動・サークル活動 その他（ ）	（クラブ名、活動成果等）○○○○○○学生会議	（クラブでの役職）各種窓口
趣 味 特 技	趣味は料理です。特にこの1年は毎日のようにお弁当を作っています。		
アルバイト	塾講師、家庭教師 等	健康状態	(良好)・普通・（ ）

表現がとても分かりやすく、組織受けしそうな建築手法を示せている。

堅実な趣味と継続的な行動に意外性と好感がもてる。

自信が裏付けられるような実績が確認できる。何の実績もなく自信を示すことは、ただの勘違いにつながるので避けよう。

06

必見！プレゼン資料！

Y-GSA（東北大学から入学）坂本達彦君の場合（取材当時）

CHECK POINT

建築家志望の学生から絶大な人気を誇るY-GSA。そんな環境のなか、周囲に流されず、自分を冷静に分析して進路を決めた坂本君。彼の思考の跡を、テキストやプレゼン資料からくみ取ってほしい。

潜在する図書館／ Y-GSA 1年前期課題

建築家志望の学生から絶大な人気を誇る、横浜国立大学大学院・建築都市スクールY-GSA。坂本君は、充実した学部教育に定評のある東北大から入学した外部生です。同校では外部生が半分を占め、プロフェッサーアーキテクトによって、スタジオ制の教育が行われています。目指すは建築家！　そのような環境だから、組織設計事務所やゼネコンの設計部に就職する者は極少数……。坂本君はそんな少数派の1人でした。

◆

坂本君によれば、Y-GSAでは、都市的な視点からモノをつくる演習が多かった印象だといいます。哲学書を読み公共性に対する建築的回答を求めるもの、アフタースプロールを考えるもの、新しい時代の建築を考え出すもの、など。それらは建築単体の形態操作だけで導き出せるものではなく、現状の問題をとらえ、論理的に解決方法を提案していかなければなりません。講評会でも、最終的にできた形そのものではなく、現状の認識や論理の構築に対して鋭い指摘が飛び交っていたそうです。

◆

そもそも、坂本君が学部時代から扱ってきた対象は桁外れに大きいものでした。卒業設計では500ha、すなわち500万平米を敷地に、学部4年前期課題では石巻市の雄勝半島全域を対象にしていました。

Y-GSAの課題も同様に大きいものでした。それらは建築家1人の力で解決できるようなものではないように思えます。だからこそ、アトリエより組織でモノをつくるほうが自分に合っているのではと考えたのだとか。それが、坂本君がアトリエではなく、大手組織設計事務所や大手ゼネコンを志望した理由でした。

◆

1点補足しておきましょう。Y-GSAは研究室制でなく、指導教員が順次代わるスタジオ制。それ故、縦のつながりが薄いのではという指摘があります。でも、それは杞憂です。

たとえば、卒業生が作品をつくると、教員が見にきて丁寧にアドバイスをしてくれます。OB教員が多い同校には、単なる師弟関係ではなく、先輩後輩だからこそ可能となる温かいつながりが存在しています。

従来型の教育スタイルだった時代にも、多数の建築家を輩出した横浜国立大学。現在の試みが10年後、20年後にどのような成果を生むのか、じっくりと見ていきたいものです。

ポートフォリオ

A4横使いで120枚を束ねたポートフォリオは、白く厚い。学部3年の3作品、卒業設計を含む学部4年の2作品、大学院の3作品を時系列で素直に並べた。両面印刷可能な厚手のマットコート紙を基本とし、途中に挟まれた少ししわが寄った片面印刷のトレーシングペーパーが、独特の味を出している。各学年の見出しページとして挿入された緑、黄、赤の紙は横2／3程度に抑えられ、サマリー化されている。プレゼン資料としてポートフォリオから4作品を選んでファイリングし、ポートフォリオとともに回覧をお願いした。さらにパネル化したA2ボードで、修士1年の課題と卒業設計の2作品に絞って解説。

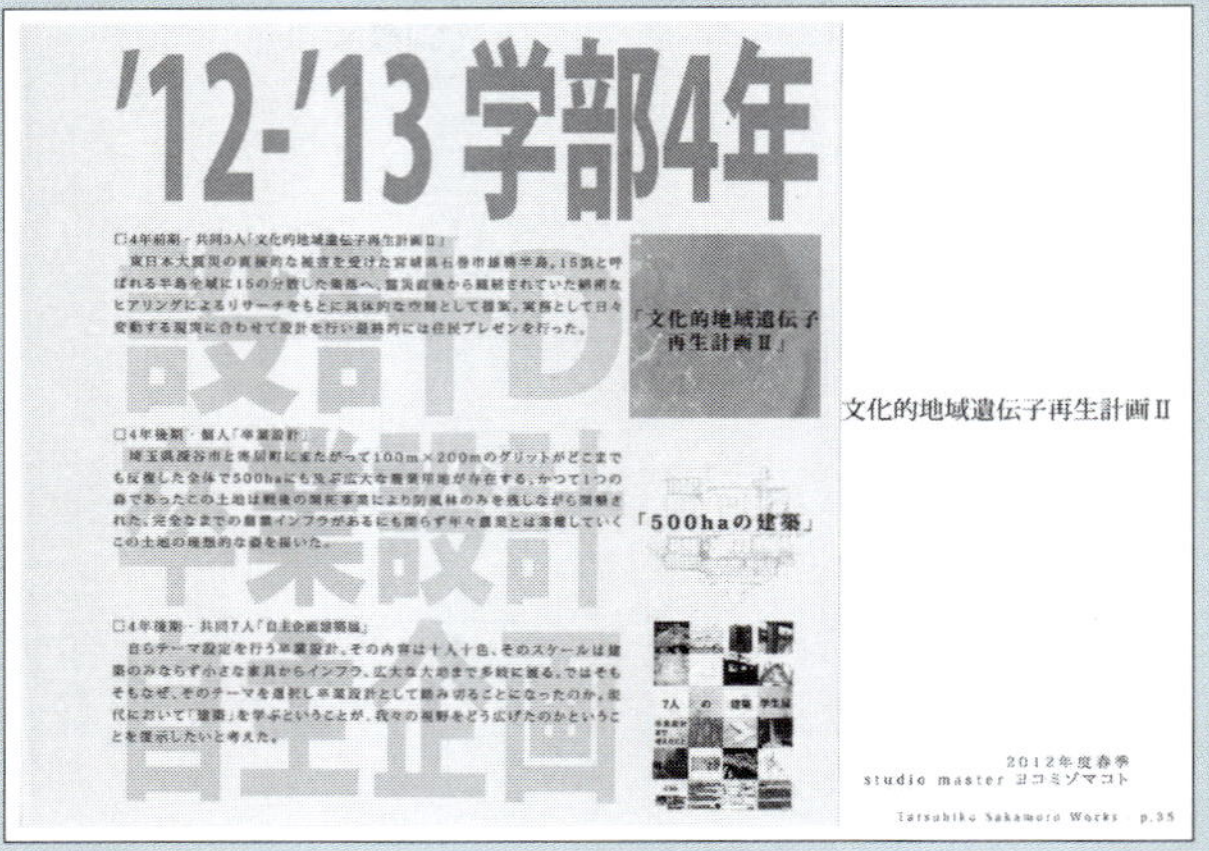

ポートフォリオ内の各学年の見出しページ。テキストと図でサマリー化されている。

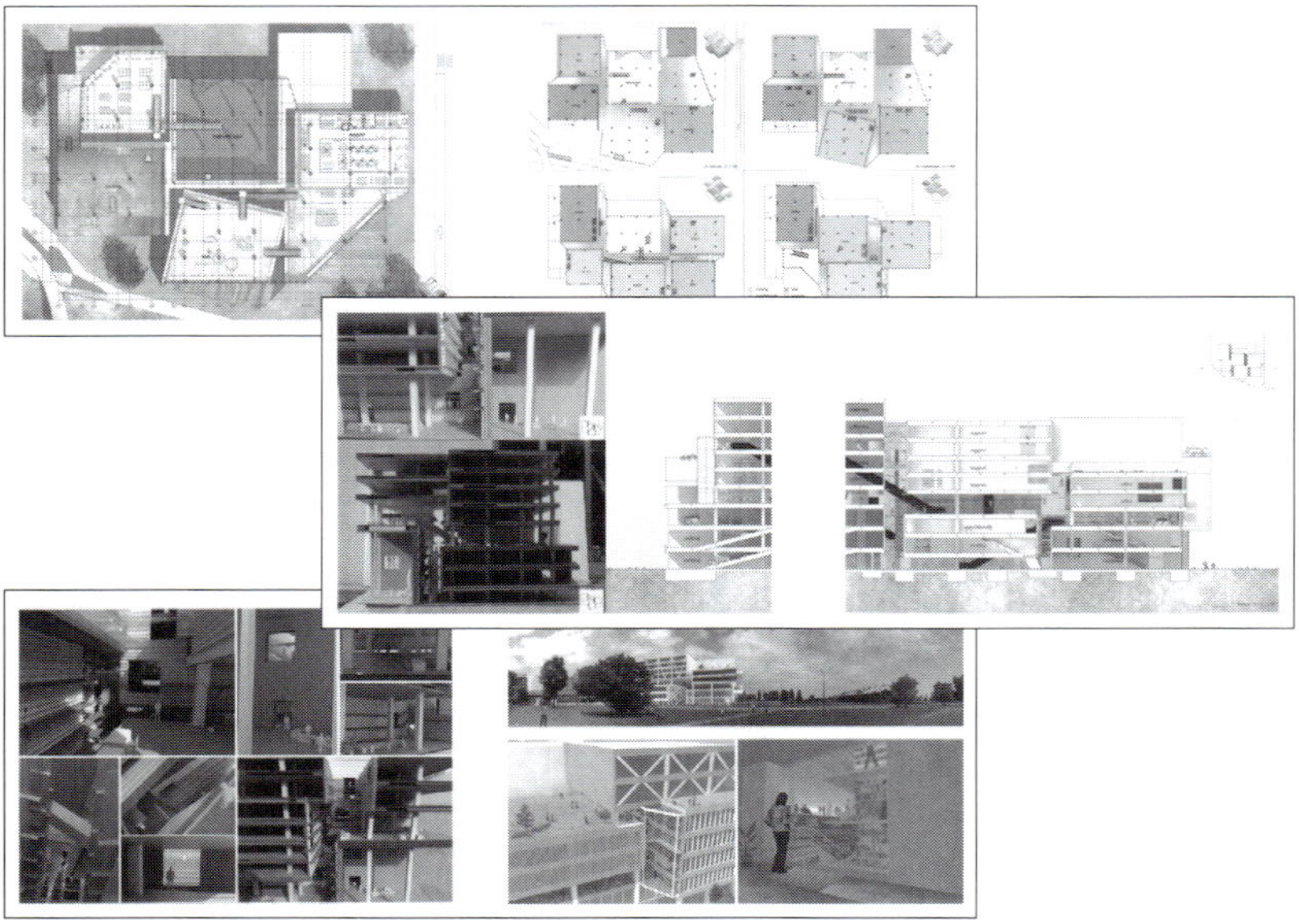

プレゼン作品1

潜在する図書館／Y-GSA 1年前期課題

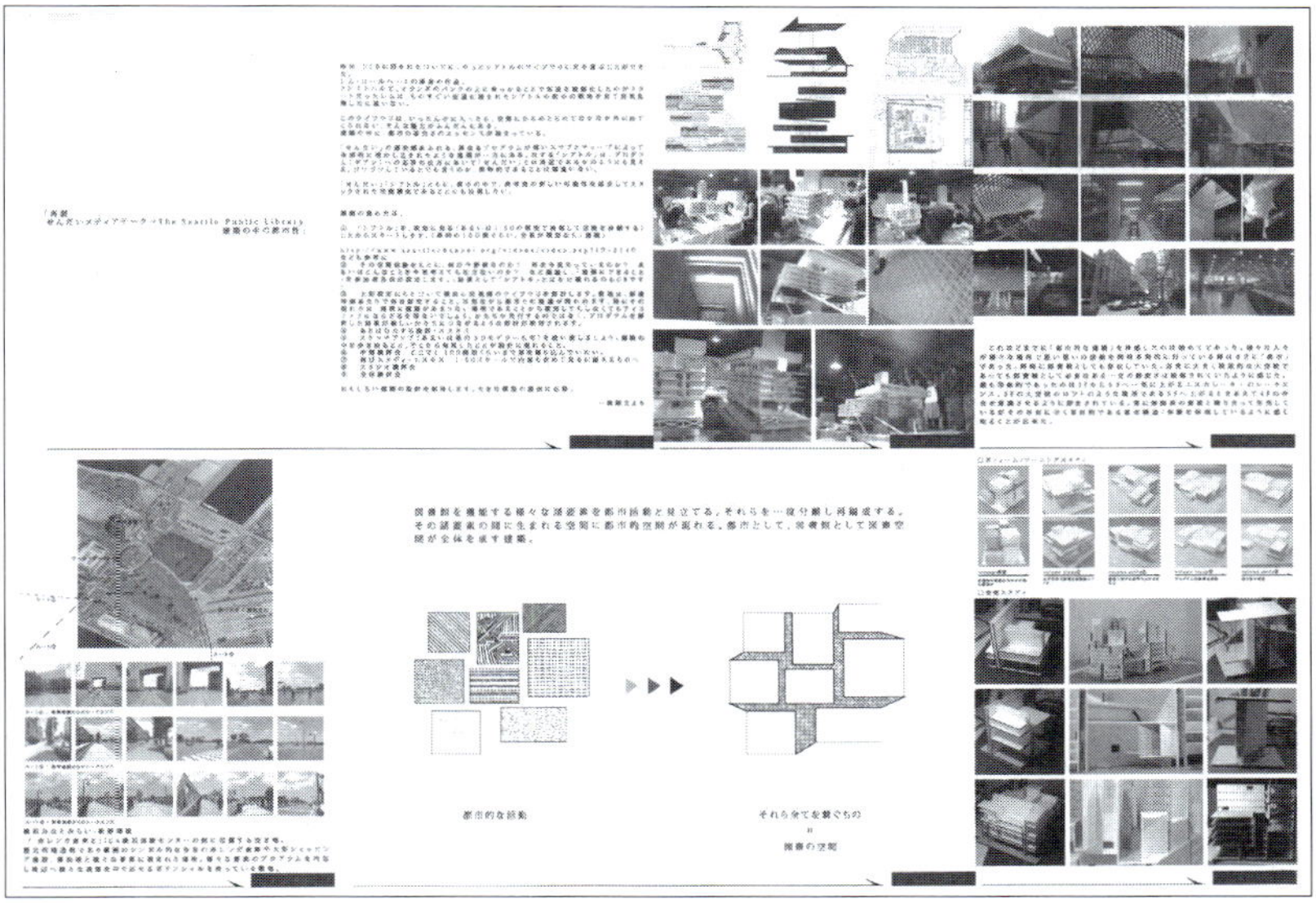

空地の多い横浜みなとみらい地区新港埠頭の大きなブロックが敷地。都市性を見いだせない場に、都市に還元できるような都市性をもつ3万平米の巨大図書館の計画を試みたもの。図書館以外の機能が都市活動を支える場となるように、図書空間の隙間に着目し設計を進めた。課題設定時に提示された、OMA※のSeattle Public Libraryの再読でもある。

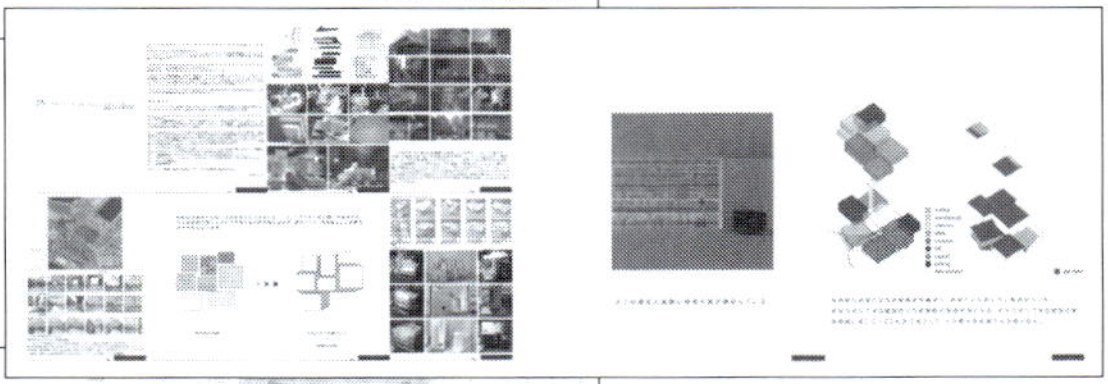

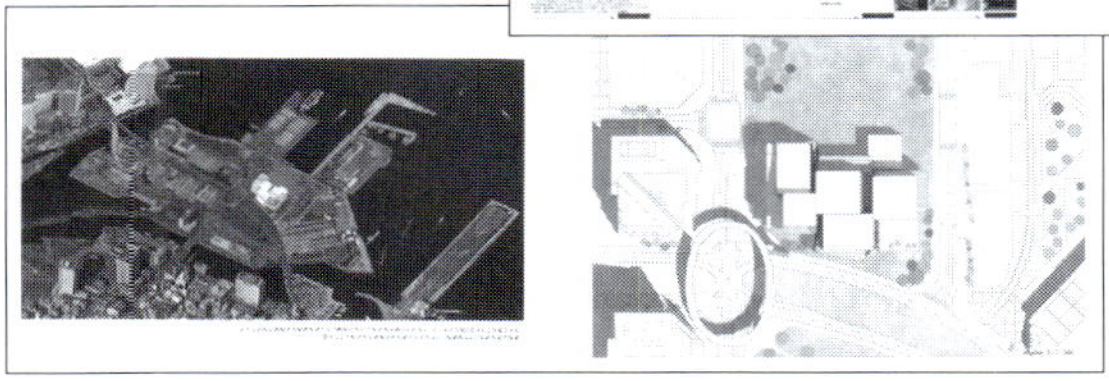

※Office for Metropolitan Architecture

出身地である埼玉県北部の、グリッド(100m×200m)の反復による500haの広大な農業用地を対象とする。かつては理想とされていたが、現状の農業形態とはかけ離れてしまった場。循環移動型の土地利用システムを構築することによって、防風林が印象的に残る農業の遺構の、理想的な未来の姿を描いた。

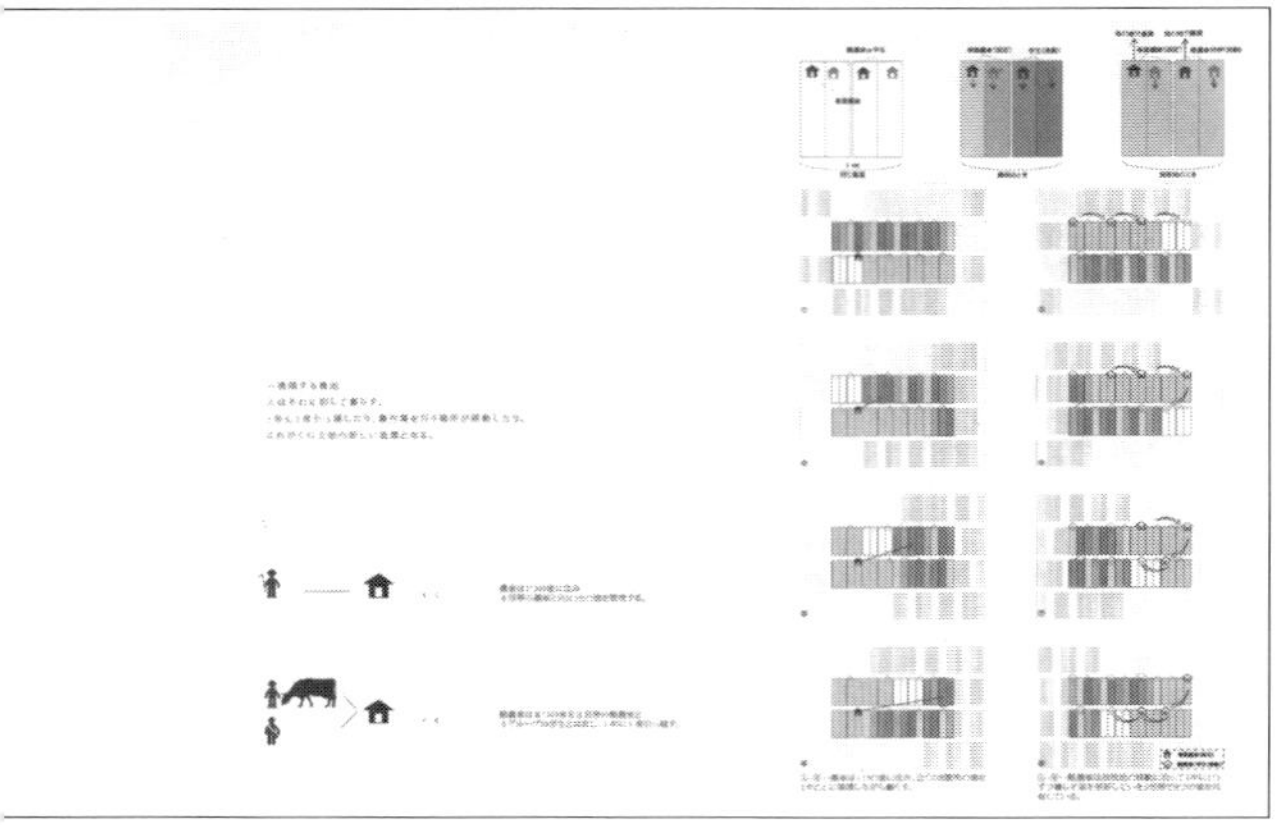

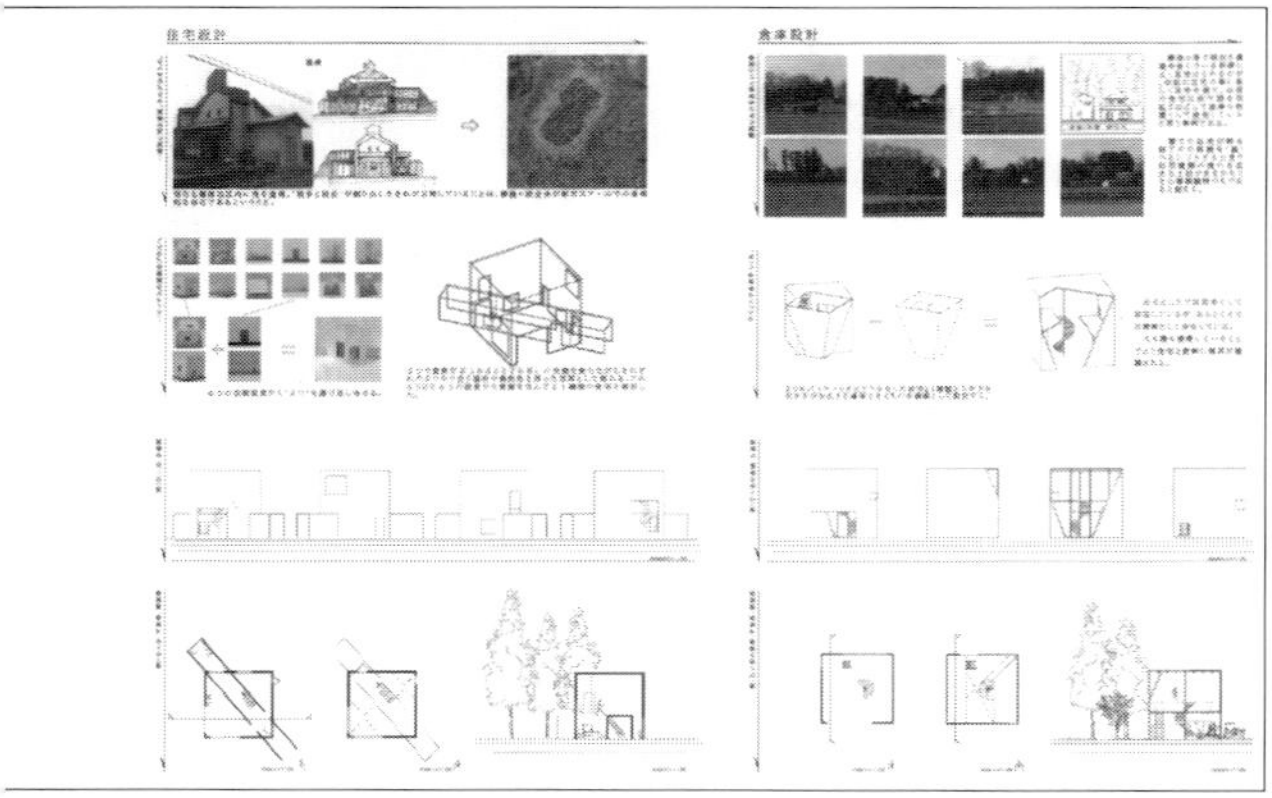

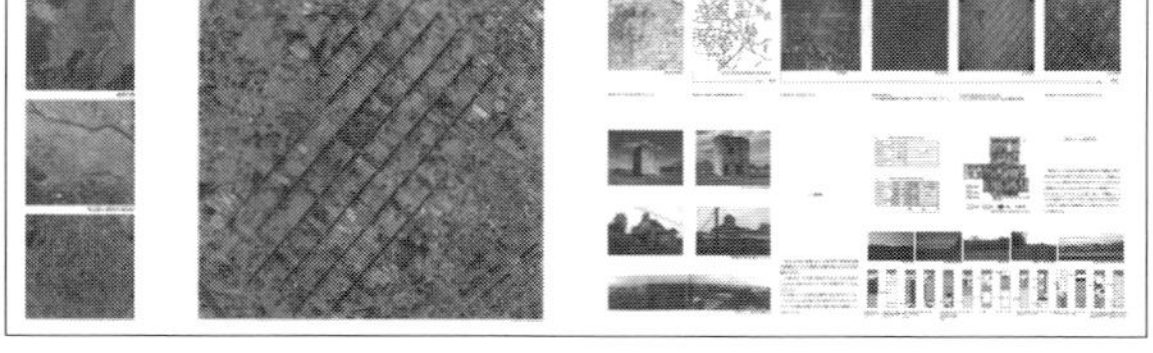

プレゼン作品2

500haの建築／東北大学 卒業設計

東北大学青葉奨励賞受賞
せんだいデザインリーグ(SDL)卒業設計日本一決定戦セミファイナル選出作品

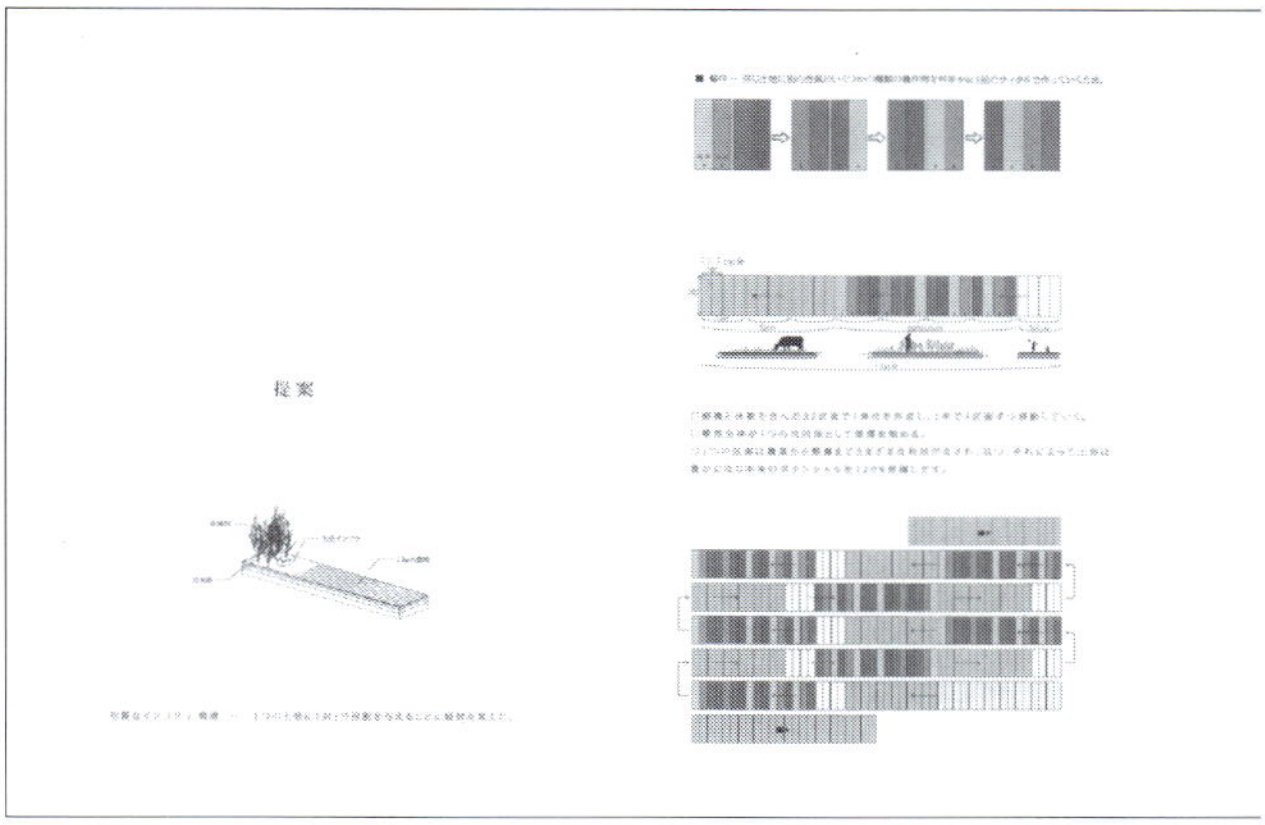

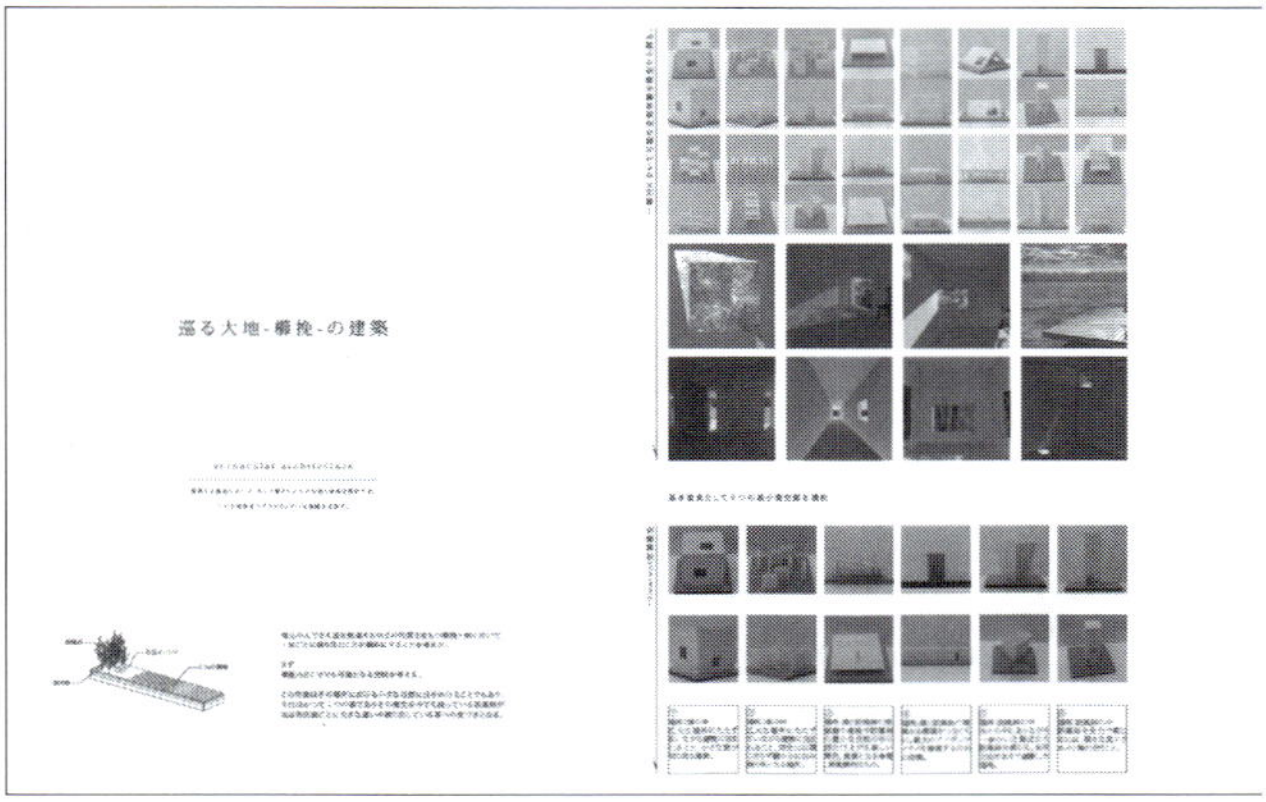

07

面接はどんな目的でどのように行われる？

面接は「お見合い」面接形式もチェック

CHECK POINT

面接は結婚前のお見合いみたいなものです。自分を偽らず、相手に合わせすぎないことが基本です。そのうえで自分に合う会社を探しましょう。面接形式は3種類。建設業では個人面接、行政では集団面接が一般的な形式です。

何よりも面接

面接、すなわちそれは学生と企業の「お見合い」です。これから就職という「結婚」に向けて、初めに相手を判断する機会なのです。いただいたお見合い写真、すなわち会社のイメージより素敵な場合も、そうでない場合もあるかもしれません。また、自分も「写メ詐欺」と言われるくらい、メイクが濃くなっているかもしれません。

ポイントは、妙に自分を相手の会社に合わせすぎないこと。自分を偽り、運良く、その場で気に入られたとしても、結婚後、すなわち入社後その気負いが自分自身の負担となって、お互いにうまくやっていけなくなってしまうでしょう。社会人としての基本的な心構えを持ったうえで、相手に合わせるのではなく、自分が合う会社と職種を見つけ出すこと。これが就職活動の極意でもあります。

面接官はたくさんの人を見ているので、言葉にはできなくても、この人は何となく違うな、やっていけそうだなと判断します。試験のように正解・不正解というような公正な判断基準があるわけではありません。感覚や他人との比較のうえで判断しているにすぎません。ですから、会社によって、その判断基準は違います。面接ではねられても、それはあなたがその会社に合わなかっただけです。その結果に悲観することなく、就職活動を続けていきましょう。

また、企業が学生を判断するように、学生もその企業がどのような会社なのか、ここで判断しなければなりません。面接はお互いを理解するための大切な場なのです。

面接の形式別の特徴

面接には大きく分け、次の3つの形式があります。

①個人面接
②集団面接
③圧迫面接

①の個人面接は、学生1人に対し複数の面接担当者が対応する形式です。OB面談、支社人事部面接、役員面接と段階はありますが、建築業界で最も一般的な形式です。実は面接では、ドアを開けて椅子に座るまでにその人の人柄が出るともいわれています。そのうえで、何気ない会話や規定された質問から、その人の熱意を測ったり、自分の会社に合うか、一緒にやっていけるかを見極めます。エントリーシートに記載されたことが本当でなければ、必ずボロが出てしまいます。特に設計志望の場合はポートフォリオや即日設計の作品が性格を判断する重要な手掛かりになります。

②の集団面接は、複数の学生に対し、複数の面接官が対応する形式です。同じ質問や同じ内容でも自分なりの表現で伝えることが大切です。また、面接時にグループディスカッションをさせる場合もあります。その学生がどのような意見を持ち、その集団のなかでどのような役割を担い、意見の集約に貢献するのかを見る試験といえます。自分だけが目立とうとするのではなく、周囲の人々に配慮しながらコミュニケーションを行うことも大切です。協調性が重視される行政庁の2次試験でよく行われています。

③の圧迫面接は学生にある一定のストレスを与えるもので、営業職や一部のゼネコンを中心にしばしば行われる形式です。狭い部屋で面接官と向き合い、尋問のような厳しい質問が行われます。社会では理不尽なこともよくあるので、そのような状況でも、冷静に友好的に対応できる人材か判断しています。相手は業務で行っているのですから、くれぐれも感情的、けんか腰にならないように注意しましょう。ただし、このような面接を行う会社は、働こうとする人々に対する社会的なモラルが不足しているという指摘もあります。

08

面接を受ける前に押さえておきたいチェックポイント

面接チェックシートで自分の振る舞いを再確認！

CHECK POINT

本命前に複数の会社を受けておきたいものです。良い会社ほど早い時期に面接をするので、左頁のチェックシートで事前準備を。また、基本的な質問に対し、しっかり自分の言葉で伝えられるようにしておきましょう。

経験を練習でカバー！

「本命の前に、数社の面接をこなし場慣れせよ」。これは面接の必勝法です。しかし、もともと受ける企業が少ない理系学生の場合、そのような対策が難しいのが実情。経験不足は練習でカバーしましょう。

左頁のチェックリストを参考に、友人と模擬面接を行ってみてください。自分が採用する立場だったら、その解答をどのように感じるか考えてみましょう。

基本は押さえておく

面接時には、社会人として求められる基本的なマナーを守りながら、はっきり、そして丁寧に対応することが基本です。

面接官の代表的な質問は

①志望動機
②自分の長所・短所
③他社の状況
④何か我が社に対して質問は？
⑤実家の家業は？

①は自分の興味とその会社の得意分野が一致していることを述べられたらベストです。

②は短所も長所としてとらえられるように話すこと。

③は自分の気持ちを正直に申告しましょう。相手も分かっています。ただし、業種・職種が混在している場合はその印象が悪くなります。

④はその企業のウェブサイトを見れば分かることは質問してはいけません。企業研究上疑問に感じたことを聞きましょう。

⑤は中途退職防止対策です。実家が建設業であれば、家業を継ぐために退職する可能性があります。総合職の技術者を育てるには多額の経費がかかります。独立を奨励する会社でない限り、家業は継がない、という意思を示しましょう。また、総合職希望の女性は、結婚出産後も会社の育児制度を利用し、仕事を続ける意思をしっかり示しましょう。

模擬面接チェックシート

（ポイント）　・明るく　・声は大きく　・相手をよく見て

NO	項目	評価	指摘
1 (10点)	**第一印象** (1) 入室の動作 （機敏な動き・落ち着き） (2) マナー・あいさつ （身だしなみ・元気な声）	6点	ノックをしなかった 前髪が目にかかっていて、暗い表情に見えた
2 (10点)	**姿勢等** （安定感［全身・頭部・手元］、まっすぐ）	6点	少し猫背気味で、元気がなさそう
3 (10点)	**目線** （常に相手の口元・目元）	8点	相手をにらみすぎる、口元が開いていることが多い
4 (10点)	**会話** （ゆっくり・はっきり・大きな声［長くても解答は40～50秒］）	7点	初めは意識的にゆっくり話していたが、だんだん早口に
5 (10点)	**表情** （明るさ・元気・笑顔）	8点	笑顔がぎこちない
6	**コミュニケーション能力**		
(35点)	**(1) 志望動機** （業界・会社） （やりたい仕事）	20点	会社研究不足
	(2) セールスポイント （具体的表現・理由、体験談・会社への貢献）		自己分析がまだ甘い
	(3) 力を入れたこと （具体的表現・きっかけ） （体験談・成果と達成感） （苦労話・学んだこと）		エピソードの具体性がない
	問題解決能力 （計画立案・実行・振り返り）		自分中心的な感じ 協調性がほしい
7 (15点)	**特別評価（オーラ）** （全身にみなぎる熱き合格への思い、［ぜひ、一緒に仕事をしたい］）	15点	**合計点** 70/100

09

公務員試験を押さえよう！

CHECK POINT

地方では団塊世代の一斉退職や特定行政庁格上げのため、あと数年間は建築技師が不足します。新卒で公務員になるならチャンスです。国・地方公務員の受験方式と受験日、倍率をしっかり押さえましょう。

景気に左右されない公務員。地元に帰るならぜひ受験を！

目指せ公務員

国家公務員試験制度改革により、国家Ⅰ種は総合職試験、国家Ⅱ種は一般職試験に名称が変わりました。一般職採用であっても、本人の能力しだいで、総合職に配置転換が可能とのことですが、それがどの程度実施されるかまだわかりません。

国家公務員総合職は霞ヶ関の中央官庁を振り出しに、全国に転勤する可能性がありますが、国家公務員一般職地域採用と地方公務員は希望勤務地で働くことができます。政令指定都市を除く地方都市では、大企業はほとんどありません。やはり地方に戻るとしたら公務員は重要な選択肢になります。また、地方ではもっとも給与水準が高く、福利厚生を含めた待遇も良いのです。

国家公務員

国家公務員総合職試験は工学で受験することとなり、ライバルは建築学生だけではありません。大卒、院卒の区分はあるものの、受験年齢上限は一緒です。

受験要綱の公布は2月1日、申し込み受付は4月上旬、1次試験は多肢選択式により4月下旬ともっとも早く行われます。記述式の2次試験合格後、人物試験を行い、合格者名簿に記載された人だけが希望官庁の採用面接試験を受け、10月上旬に採用が内定します。

出願前には霞ヶ関OPENゼミと呼ばれる中央官庁若手職員との意見交換会が行われますので、ぜひ参加しましょう。

国家公務員一般職試験は大卒程度・建築職での受験となり、受験要綱の公布は2月1日、申込受付は4月中旬、1次試験は6月中旬に行われ2次試験と並行し希望官庁の採用面接試験を受け、10月上旬に採用が内定します。1次試験は多肢選択式と記述式、2次試験は面接による人物試験です。

国立大学法人職員試験は、北海道、東北、関東甲信越、東海北陸、近畿、中国四国、九州の7地域に分かれ7月上旬に1次試験を行います。合格者は希望大学独自の試験を受け、採用場所が決定します。

その他、防衛省や裁判所は独自に技官を募集していますが、認知度が低いので狙い目となります。

都道府県庁

大卒者は、都道府県庁職員試験の上級（1種、1類などとも）の技術職（建築）が受験できます。

各都道府県によりますが、申し込み受付は4月下旬から6月上旬、1次試験は一部を除き6月下旬に行われます。1次は教養と専門分野の筆記試験、2次は集団討論、個人面接、適性検査、論作文が課せられ、3次試験に個人面接と身体検査が行われるのが基本です。受験実倍率は3倍から10倍とばらつきがあり、募集人数より若干多めに採用することが最近の特徴です。

政令指定都市

政令指定都市職員試験の上級では一部を除き、都道府県と同じ6月下旬に1次試験が行われます。政令指定都市では、都道府県の権限を一部委譲されていて、受験方法は都道府県に準じていますが、受験倍率は3倍から8倍と、都道府県と比較して低いことが利点です。

東京都特別区の申し込みは4月上旬、1次試験（一般方式）は五肢択一式の教養試験と語群択一式の専門試験、論文試験、性格検査により5月上旬に行われます。2次試験は、個別面接で7月上旬から中旬の指定日に行われます。2次試験の合格者名簿に記載された人が、希望区の採用面接試験を受けることで採用となるので注意が必要です。

特定行政庁・一般市町村

確認申請の審査を行う特定行政庁は、主に人口10万人以上の市が指定されており、特定行政庁職員試験の建築技術職の募集があります。

県庁所在地を中心に、1次試験を都道府県と同じ6月下旬に行う場合、それ以前、または7月や9月に行う場合に分けられます。

試験は国、県、市、町村の順番で行われることが多く、一部は9月に受験申し込み可能な行政庁もあるので、地元市町村のウェブサイトで確認してください。

国家公務員（大卒程度）

採用試験名	2020年度採用試験データ			2019年度採用試験データ					2018年度採用試験データ					2017年度採用試験データ				
	日程			人数					人数					人数				
	申込受付	1次試験日	最終合格発表	採用予定数	受験申込者	一次受験者	一次合格者	最終合格者	採用予定数	受験申込者	一次受験者	一次合格者	最終合格者	採用予定数	受験申込者	一次受験者	一次合格者	最終合格者
総合職（国家Ⅰ種）	3/27～4/6	7/5	8/21	-	1521	-	386	199	-	1782	-	365	192	-	1912	-	486	243
一般職（国家Ⅱ種）	4/3～4/15	8/9	10/13	-	244	-	128	89	-	282	-	152	116	-	361	-	219	132

国家公務員　国立大学法人等職員（大卒程度）

採用地域	2020年度採用試験データ			2019年度採用試験データ					2018年度採用試験データ					2017年度採用試験データ				
	日程			人数					人数					人数				
	申込受付	1次試験日	最終合格発表	採用予定数	受験申込者	一次受験者	一次合格者	最終合格者	採用予定数	受験申込者	一次受験者	一次合格者	最終合格者	採用予定数	受験申込者	一次受験者	一次合格者	最終合格者
北海道	5/13～5/27	7/5	-	-	5	-	1	-	1~4	4	-	3	-	-	4	-	2	-
東北	5/13～5/27	7/5	-	-	3	-	3	-	-	9	-	3	-	-	5	-	3	-
関東甲信越	5/13～5/27	7/5	-	-	24	-	15	-	10~16	37	-	9	-	12~15	66	-	41	-
東海北陸	5/13～5/27	7/5	-	-	-	-	-	-	-	16	-	13	-	-	17	-	11	-
近畿	5/13～5/27	7/5	-	-	13	-	5	-	-	21	-	9	-	-	25	-	19	-
中国四国	5/13～5/27	7/5	-	-	10	-	3	-	2~4	5	-	2	-	2~3	8	-	3	-
九州	5/13～5/27	7/5	-	-	15	-	5	-	-	16	-	5	-	-	19	-	10	-

1次試験合格後、各大学による選考を行うため最終合格者は不明。

都道府県庁職員（建築職）※

※複数回にわたって募集がある場合、1回目の試験についての日程を掲載。

県名	2020年度採用試験データ			2019年度採用試験データ					2018年度採用試験データ					2017年度採用試験データ				
	日程			人数					人数					人数				
	申込受付	1次試験日	最終合格発表	採用予定数	受験申込者	一次受験者	一次合格者	最終合格者	採用予定数	受験申込者	一次受験者	一次合格者	最終合格者	採用予定数	受験申込者	一次受験者	一次合格者	最終合格者
北海道	5/11～5/22	6/28	8月上	4	19	17	11	7	8	27	22	15	10	8	29	20	15	8
青森県	5/8～5/29	6/28	8月中	5	2	2	1	2	3	4	4	-	2	7	7	6	-	3
岩手県	5/7～5/22	6/28	8月上	1	6	2	2	2	1	5	4	3	1	3	7	5	3	3
宮城県	5/8～5/29	6/28	8月下	3	13	10	6	1	3	14	11	9	3	3	9	8	5	2
秋田県	5/12～5/29	6/28	8月下	2	8	8	6	3	2	7	6	4	3	4	4	4	3	-
山形県	5/15～6/4	6/28	8月中	-	-	8	5	3	-	-	4	3	1	若干名	11	7	3	1
福島県	4/16～5/22	6/28	8月下	6	13	9	5	5	3	11	11	10	3	1	8	8	4	1
茨城県	5/14～5/29	6/28	9月上	4	15	11	10	6	2	18	16	6	3	2	18	14	7	-
栃木県	4/24～5/15	6/28	8月下	-	13	10	6	4	2	14	11	8	4	1~2	17	12	7	3
群馬県	5/14～5/29	6/28	9月上	-	-	-	-	-	1	8	6	5	3	2	13	8	7	3
埼玉県	5/8～5/21	6/28	9月上	7	25	19	16	10	5	34	22	19	6	4	26	18	18	7
千葉県	5/19～6/2	6/28	9月上	9	21	17	17	11	4	17	12	12	5	5	35	21	14	7
東京都	6/2～6/9	7/26	10月下	5	88	66	32	10	21	214	137	92	35	25	348	235	89	41
神奈川県	4/27～5/11	6/28	9月上	5	24	13	10	7	5	30	16	12	5	3	28	13	9	4
山梨県	5/13～6/1	6/28	8月下	5	11	10	8	5	3	8	8	6	3	1	6	5	3	2
新潟県	5/12～6/1	6/28	8月中	-	5	3	3	-	1	9	6	4	1	3	9	7	7	2
長野県	5/7～5/29	6/28	8月下	若干名	6	5	4	3	若干名	8	6	3	2	5	20	12	9	-
富山県	5/20～6/8	6/28	8月下	1	2	2	2	1	2	7	6	6	3	1	5	4	-	2
石川県	5/20～6/8	6/28	8月下	1	6	4	3	1	1	10	9	3	1	3	-	6	3	2

福井県	5/15～6/2	6/28	8月中	4	7	6	8	3	2	6	3	2	2	1	8	5	3	-
岐阜県	4/24～5/15	6/28	7月中～	5	10	8	6	4	5	11	8	7	4	10	14	11	8	7
静岡県	5/15～5/29	6/28	8月下	7	15	12	11	8	6	13	8	6	6	4	17	15	11	5
愛知県	4/22～5/25	6/28	8月中	5	26	17	14	8	15	29	14	13	7	10	29	17	14	9
三重県	5/15～6/8	6/28	8月中	3	6	6	5	3	1	5	5	3	1	1	6	5	3	-
滋賀県	5/18～6/8	6/28	8月中	3	8	6	3	3	3	13	7	6	4	3	14	8	5	5
京都府	5/11～6/1	6/28	8月中	若干名	14	6	4	2	1~3	20	8	7	3	5	27	17	12	11
大阪府	4/1～4/20	6/28	9月上	5	36	22	19	7	10	57	31	27	9	5	42	23	20	8
兵庫県	5/11～5/27	6/28	8月下	-	-	14	-	4	3	17	9	-	3	5	23	11	-	6
奈良県	5/14～6/1	6/28	8月下	9	7	4	4	3	4	8	3	2	1	2	19	13	6	-
和歌山県	4/21～5/22	6/28	9月上	-	10	6	6	3	3	6	5	4	3	3	5	3	3	3
鳥取県	4/30～5/25	6/28	8月中	1	4	3	2	0	0	4	3	2	0	2	6	4	3	2
島根県	5/1～5/29	6/28	8月下	4	5	3	1	1	4	7	5	5	4	2	7	7	6	2
岡山県	4/24～5/22	6/28	8月下	1	4	2	2	2	3	10	9	9	5	2	9	6	5	2
広島県	5/19～6/10	6/28	8月中	1	14	7	4	2	5	18	11	9	5	5	24	16	10	-
山口県	5/15～6/5	6/28	8月下	2	8	2	-	1	2	8	5	5	3	1	11	6	4	1
徳島県	5/15～6/2	6/28	8月中	7	12	10	5	3	6	20	15	9	6	6	15	11	5	4
香川県	5/21～6/9	6/28	8月下	-	5	4	-	1	1	6	4	4	2	2	5	4	2	2
愛媛県	5/18～6/5	6/28	8月中	2	8	7	6	2	1	6	4	2	1	1	5	3	2	2
高知県	4/10～5/22	6/28	8月中	3	4	3	3	3	2	3	1	1	1	1	3	3	2	1
福岡県	5/11～5/22	6/28	8月中	7	25	15	12	8	5	25	16	10	6	5	14	10	8	6
佐賀県	5/11～5/29	6/28	8月下	2	8	4	4	2	2	3	3	2	2	-	-	-	5	5
長崎県	5/11～5/29	6/28	8月下	10	7	4	4	1	1	9	7	3	2	1	3	1	0	-
熊本県	4/30～5/17	6/28	8月中	2	5	4	1	1	1	10	6	2	1	3	18	11	8	6
大分県	5/11～5/29	6/28	8月下	1	11	9	5	1	4	20	16	9	4	5	21	15	9	5
宮崎県	5/11～5/29	6/28	9月中	4	8	7	7	4	5	10	9	9	5	9	15	-	12	6
鹿児島県	5/11～5/27	6/28	8月下	2	7	7	4	4	2	6	4	3	2	2	7	5	4	2
沖縄県	5/11～5/20	6/28	8月中	若干名	13	12	4	2	-	16	13	7	7	若干名	29	25	10	9

政令指定都市職員(建築職)※

市名	2020年度採用試験データ			2019年度採用試験データ					2018年度採用試験データ					2017年度採用試験データ				
	日程			人数					人数					人数				
	申込受付	1次試験日	最終合格発表	採用予定数	受験申込者	一次受験者	一次合格者	最終合格者	採用予定数	受験申込者	一次受験者	一次合格者	最終合格者	採用予定数	受験申込者	一次受験者	一次合格者	最終合格者
札幌市	4/28～5/15	6/28	8月中	-	26	17	14	7	-	33	30	12	4	10	36	32	22	10
仙台市	4/22～5/19	6/28	9/2	若干名	20	18	14	5	5	23	17	12	3	5	28	25	18	-
さいたま市	5/7～5/20	6/28	8月下	7	13	9	7	2	2	35	21	10	5	7	31	20	15	11
千葉市	5/18～6/1	6/28	8月下～	6	22	14	11	7	6	26	23	15	9	5	17	15	11	-
東京特別区	3/19～5/1	7/26	11月下	69	173	147	131	95	69	343	253	229	143	55	195	173	151	113
横浜市	3/2～3/18	6/28	8月中	-	59	45	43	31	15	72	55	42	21	15	137	107	44	19
川崎市	4/15～5/22	6/28	8月下	-	22	13	12	8	5	18	15	14	9	10	33	25	20	9
相模原市	4/13～5/13	6/28	8月中	-	15	10	8	6	2	8	6	1	1	1	12	7	2	1
新潟市	4/27～5/15	6/28	8月下	2	9	8	7	4	-	-	-	-	-	3	21	17	11	3
静岡市	5/7～5/26	6/28	8月下	若干名	11	10	5	1	若干名	9	7	4	1	若干名	12	10	8	3
浜松市	5/7～5/29	6/28	9月上	3	3	3	2	1	若干名	6	4	3	1	若干名	6	5	5	3

名古屋市	4/30～5/18	6/28	8月下	数名	36	19	16	14	20	49	18	31	12	数名	39	23	15	5
京都市	5/14～6/1	6/28	9月上	10	34	22	17	9	10	45	34	25	10	10	47	29	21	11
大阪市	5/15～5/25	6/28	8月下	20	60	43	35	20	5	59	34	12	5	10	61	40	28	-
堺市	4/6～4/20	6/28	8月下	5	24	6	6	3	若干名	27	18	15	2	4	28	11	11	4
神戸市	4/24～5/22	6/28	9月中	5	20	4	12	5	5	28	18	16	6	10	31	24	17	6
岡山市	4/24～5/15	6/28	9月上~	4	12	11	9	4	4	11	9	7	4	6	12	10	7	3
広島市	5/19～6/3	6/28	9月上	-	21	17	16	9	-	24	15	10	7	若干名	21	14	12	3
福岡市	5/1～5/19	6/28	9月中	8	35	23	17	7	6	24	18	14	4	6	48	28	17	-
北九州市	5/7～5/25	6/28	8月下	4	9	8	5	3	3	15	14	6	5	9	39	30	17	10
熊本市	4/17～5/8	6/28	8月下	3	13	5	5	3	5	21	17	10	5	6	14	11	11	6

主な特定行政庁を有する市(建築・土木職)※

市名	2020年度採用試験データ			2019年度採用試験データ					2018年度採用試験データ					2017年度採用試験データ				
	日程			人数					人数					人数				
	申込受付	1次試験日	最終合格発表	採用予定数	受験申込者	一次受験者	一次合格者	最終合格者	採用予定数	受験申込者	一次受験者	一次合格者	最終合格者	採用予定数	受験申込者	一次受験者	一次合格者	最終合格者
青森	6/10～7/3	7/19	9月下	-	-	4	-	3	-	-	0	-	0	-	-	5	-	1
盛岡	5/18～6/17	7/12	8月下~	-	4	4	3	1	1	-	-	1	1	-	8	8	5	-
秋田	6/1～6/17	7/12	8月下	3	8	7	4	2	3	9	8	5	1	1	2	2	0	-
宇都宮	4/6～4/27	5/10	8月下	-	-	-	1	1	若干名	-	-	5	1	若干名	-	6	4	1
前橋	5/11～5/20	6/14	9月中	3	21	21	15	4	1	6	5	5	1	2	6	4	4	1
川口	7/1～7/27	9/20	12月上	若干名	7	-	5	5	5	9	-	2	2	6	10	-	8	4
所沢	7/3～7/31	9/20	12月上	-	3	2	1	1	2	4	3	0	0	1	10	8	8	1
市原	5/18～6/8	6/21	8月上	10	4	3	3	2	数名	15	12	10	2	数名	5	5	4	2
長野	8/1～8/20	9/20	12月上	-	3	3	2	2	-	-	-	-	-	若干名	6	5	3	2
富山	5/21～6/2	6/28	8月下	-	-	3	-	3	2	-	4	-	1	-	-	6	-	2
金沢	5/19～6/8	6/28	8月下	2	10	8	3	1	1	6	4	1	1	2	8	5	4	3
岐阜	5/1～5/29	6/28	9月中	若干名	6	3	3	3	若干名	-	-	-	-	若干名	7	7	4	2
豊田	3/19～3/31	4/26	7月中	-	18	18	12	1	2	7	6	-	2	-	9	7	-	0
大津	6/26～7/13	8/9	-	-	-	-	-	-	-	-	-	-	-	1	-	9	5	1
枚方	7/17～7/27	7/27~	10月下	1	6	5	2	0	2	2	2	2	2	2	9	7	4	1
八尾*	-	9/22	-	2	6	6	6	2	3	14	11	10	3	1	11	10	4	-
尼崎	7/17～7/29	9/7~9/22	12月中	5	-	13	-	5	若干名	-	9	-	2	若干名	-	10	-	3
姫路	6/15～6/20	7/12	9月中	-	19	15	6	3	若干名	10	8	3	1	若干名	9	7	3	2
奈良	4/1～4/10	5月上~	6月下	-	-	-	-	-	-	-	-	-	-	1	13	11	11	1
和歌山	5/1～5/25	6/28	8月下	3	-	2	2	2	1	-	3	3	1	3	-	6	3	3
倉敷	4/24～6/8	6/28	8月下~	3	6	3	-	1	5	14	9	-	5	5	9	7	-	2
徳島	8/3～8/21	9/20	11月下	2	16	5	4	0	1	6	3	3	2	2	12	9	6	2
高松	5/25～6/4	6/27~6/28	-	-	3	2	2	2	1	4	3	2	1	1	4	3	3	1
松山	4/15～6/4	6/28	9月中	3	5	4	2	2	3	6	6	3	2	2	4	3	2	0
久留米	5/26～6/16	6/28	8月下	2	-	17	-	-	-	-	-	-	-	2	6	-	4	2
大分	8/3～8/28	9/14~10/4	8月上~	-	-	13	9	3	3	-	22	18	9	2	18	-	8	4
宮崎	4/24～5/22	6/21	10月上	6	2	2	1	0	-	8	6	4	2	若干名	7	7	3	2
鹿児島	5/18～6/3	7/12	8月下	-	26	17	16	9	2	10	8	7	4	-	-	-	-	-
那覇	5/11～5/27	6/20	8月上	-	-	-	-	-	若干名	7	4	1	0	若干名	13	10	3	2

*2020年度採用が未定（8/1現在）につき、2019年度採用日程を掲載。

part 3

P200-227

キャリアアップしよう

01

自分の価値をアップさせる

大学院進学、海外留学、資格取得 将来を見据えキャリアを上げていこう

CHECK POINT

進学希望者のほぼ全員が入学できる大学全入時代になり、大卒というだけでは、アドバンテージが得にくい時代に突入しています。資格を取るのが目的ではなく、資格を取ることで何が可能になるのかを考えましょう。

大学院に行こう!

建築学科の学生の場合、大学院への進学率は旧帝大で9割以上、地方国立大でも7割程度と、ほぼ希望者全員が進学をしています。一方、私立では有名大学でも6割程度、地方では1割にも満たない大学も多いため、大学院が一般化していると感じないかもしれません。しかし、大学院では、より専門性を高めて将来の進路を明確にでき、就職可能な企業の選択範囲もぐっと広がります。

特にスーパーゼネコン設計部や有名組織事務所、有名アトリエなどは、院卒でない限り入社が極めて難しくなっています。その理由に、学部における教育期間が短すぎる点が挙げられます。

有名国立大学大学院へ

大学院への進学は、現在通っている大学院に進むのが一般的ですが、一般私立大学大学院に比べ国立大学大学院の方が易しいのです。なぜなら、文部科学省の大学院重点化政策により入学定員枠が多く、文系の定員が工学系に振り分けられる場合もあるからです。

たとえば、東大の隈研究室や、東工大の塚本研究室など有名建築家が指導教員となる研究室や、東京芸大や京大、Y-GSA(横浜国立大)など建築教育の名門は確かに超難関で、相応の実力が必要です。しかし、それらを除く国立大では、よほど著名な研究室でない限り、受け入れは担当教員の気持ち次第なのです。

入学してしまえば、意匠系の講義は大差なく、設計製図も選択制が多いため、有名建築家の研究室と同等の教育が受けられるといっても間違いではありません。また、構造・環境系は定員割れの大学も多いのでぜひチャレンジしてみてください。

複数の大学での教育は、視野の広がりや成長が実感できます。また、無名地方私立大学出身でも、有名国立大学大学院修了となれば、就職活動が俄然有利になります。「出身大学」では書類選考が通らなかった会社でも、最終面接まで進めたという話をよく耳にします。他大学の大学院への進学はかなりのメリットがあるのです。

海外へ

建築は地面についているものだから、他地域や海外で仕事を進めるのは難しいといわれていたのは過去の話。日本の建設需要減少をカバーし、高度な日本の技術を他国が求める状況を背景に、材料メーカーはもとより、設計事務所を含む建設関連企業の海外進出が盛んになっています。

文系であれば、意思疎通に必要な語学力、TOEFLの点数が必要ですが、建築には「図面」があります。言葉ですべてを表現するのではなく、絵で説明することが可能です。海外に渡った建築家たちが必ずしも英語に堪能だったわけではありません。言葉は3カ月で誰でも聞き取れるようになるといわれます。英語が苦手だからといって臆することなく、海外の大学を目指しましょう。海外で得た伝えようとする力、生き抜く力、人のつながり、そして語学力は将来必ず役に立つはずです。

資格を取ろう！

難しいといわれる1級建築士（⇩208頁）の資格ですが、取ったからといって、食べていけるわけでも、将来が保証されるわけでもありません。しかし、資格試験の勉強はそれまでの勉強の整理になりますし、その人の知識力が、ある一定のレベルに達している証明を他の人に示すことができるものです。授業や教員の研究補助、研修旅行に竣工見学会など、大学院ではやることがいっぱいですが、なんとか時間をつくって資格の勉強もしていきましょう。ただし、資格取得はスタートラインに立つことにすぎません。有資格者として責任を持ち、より確かな技術を身に付けていく必要があります。

この項では、キャリアアップに関する情報を、具体的に解説します。

02

大学院修士課程に挑戦しよう！

何校でも併願可能！
チャレンジあるのみ！

CHECK POINT

ほとんどの大学院では英語の試験はTOEICスコアで代用します。3年生後期からTOEICを受け、春休みにポートフォリオをまとめましょう。受験要綱が公開されたら、研究室訪問を行い指導教員や学生から情報収集しましょう。

スケジュールを確認しよう！

大学院修士課程の募集要項の公開は、4月上旬から7月にかけて。大学院は試験日が重ならない限り、いくつでも併願できます。また、推薦・社会人・外国人入試のほか、2次募集を行う大学もありますので、十分に下調べを行いましょう。

英語とポートフォリオ

東大大学院はTOEFLを、その他の大学院はTOEICかTOEFLのスコアを英語の試験に代えています。出願の際にスコアを添付する必要があるので、3年生の後期から継続的に試験を受けましょう。なお、東大だけは英語の足切りがあるといわれていますが、ほかは総合得点勝負なので英語が苦手でも、製図や専門科目で挽回すればよいのです。

東京芸大など設計が強い大学院ではポートフォリオの提出が必要です。3年次までの課題やコンペの応募案から良いものを3つほど選び、コンセプトや図面レイアウトを再構成し、試験官が手にした際、「何かある！」と思わせるように表現しましょう。

必ず研究室訪問を！

募集要項が公開されたらすぐに大学のウェブサイト内のメールアドレスや電話番号から研究室に連絡し、訪問しましょう。その際、指導教員との面接が設定され、

①大学で行っている研究内容
②進学後取り組みたい研究テーマ
③なぜこの研究室を志望するのか？

の3点を必ず聞かれます。

②や③については、その先生の活動や論文に興味があり、学びたいという意思を具体的な事例をもとに伝えましょう。なお、各先生の論文の内容はCiNii（論文情報ナビゲータ）で検索できるので、事前に確認しましょう。

面接後は研究室を案内してもらい、

2021年度修士（博士前期）課程　受験スケジュール（参考）

大学院名	願書提出期間（※）	試験日	合格発表
北海道大学大学院	6/22〜6/26	8/25〜8/26	9/14
東北大学大学院	7/8〜7/16	8/25〜8/27	9/2
東京大学大学院	7/1〜7/8	8/22〜8/30	9/10
名古屋大学大学院	7/6〜7/10	8/7、8/19〜8/20	9/4
大阪大学大学院	7/6〜7/17	8/18〜8/20	8/28
京都大学大学院	6/10〜6/24	8/18〜8/21	9/1
九州大学大学院	7/27〜7/31	8/25〜8/26	9/15
東京工業大学大学院	6/11〜6/17	7/18、8/18、8/25	9/9
横浜国立大学大学院	6/5〜6/11	8/20〜8/21	9/3
京都工芸繊維大学大学院	6/26〜7/2	8/19〜8/20	9/2
神戸大学大学院	7/14〜7/28	8/24〜8/25	9/9
室蘭工業大学大学院	7/22〜7/29	8/25〜8/26	9/11
前橋工科大学大学院	6/29〜7/3	7/19	7/31
新潟大学大学院	7/9〜7/14	8/18	9/2
名古屋工業大学大学院	7/14〜7/17	8/20〜8/21	9/4
福井大学大学院	9/8〜9/11	9/25	10/14
三重大学大学院	7/22〜7/30	8/25〜8/26	9/11
和歌山大学大学院	7/20〜7/22	8/27〜8/28	9/3
広島大学大学院	7/17〜7/27	8/27〜8/28	9/4
熊本大学大学院	7/22〜7/28	8/20	9/3
鹿児島大学大学院	7/20〜7/22	8/20〜8/21	9/2

※事前に出願資格予備審査等が行われる場合がある。試験方式により日程は異なる

訪問日がゼミの日や飲み会の日であれば、絶対参加すべきです。内部受験者の人数や問題の傾向、大学での授業内容、参考図書、入試の注意点などを聞くチャンスです。先生や学生の話から、採用してもらえそうだな、ちょっと難しそうだな、というのは何となく分かります。その雰囲気を読み取り、受験を決めてもよいでしょう。

学費生活費の心配は無用！

国立大学院では、日本学生支援機構からの奨学金をほぼ確実に受けられます。無利子の第1種は8万8千円／月、有利子の第2種は15万円／月まで、併用で23万8千円と社会人以上の生活費が得られます。授業料免除や分割納付制度もあり、親のスネをかじらずとも進学は可能です。

03

博士課程や海外留学にチャレンジしよう！

CHECK POINT

博士課程なら上位3大学がお勧め。生活資金の確保にも留意しましょう。留学資金は日本学生支援機構、フルブライトやロータリーなど各種団体で助成しています。募集は留学前年度の春から始まるので、早めの準備が必要です。

進学留学には先立つものが必要
助成金・奨学金をチェック

※海外留学の状況はコロナの影響で大きく変わっています。
情報の詳細はインターネットで調べて確認してください。

博士課程進学を志す

ほぼすべての国立大学院で博士課程後期を設置していますが、定員割れの大学院が多く、学位を取得したとしても、大学の研究職を得ることは困難です。研究生活を続けたいのなら、東大や京大、東工大など「植民地」を多く持っている大学院に進むのが得策です。博士課程の入試は8月と2月に行われることが多く、1～2カ月前が願書締め切りです。入試にはTOEFLのほか研究計画書や修士論文のサマリーが必要なので、指導教員と十分打ち合わせし、願書を提出しましょう。

博士課程では、日本学生支援機構の奨学金のほか、各大学のRA、TA制度や日本学術振興会特別研究員への採用により生活費を確保できます。また、日本学術振興会科研費や住宅総合研究財団、LIXIL住生活財団、ユニオン造形文化財団などが研究資金を助成しています。

海外留学には資金が必要

日本の国立大学院の授業料は60万円弱ですが、アメリカの大学院は200万円を超えることが一般的です。また、入学に際し1年間の学費200万円と生活費200万円の合計額を目安とする預金残高証明書を提出する必要があります。一般の家庭では相当な負担となるでしょう。

学位取得を希望しない場合は、所属する大学院の交換留学生として渡航するのが得策です。1年間の生活費の預金残高証明書で済み、国内所属大学院授業料を通常どおり納付すれば済むからです。

また、アメリカの大学院では入学時の成績や家計の状況によって授業料を全額、または半額免除となる制度もあります。

留学には、フルブライトやロータリーのほか左頁のような奨学金があります。各国には政府給費生制度があるので、積極的に応募しましょう。

留学向け奨学金

フルブライト奨学生　https://www.fulbright.jp/

日本人向け米国留学奨学金。学費、生活費、往復旅費などの留学費用を全額支給。基本は1年だが更新の可能性あり。学位取得希望者枠は約20名。前年度4月～5月末が申し込み期間。

ロータリー財団　http://piif-rfj.org/scholarship.html

本籍または現住所のある地区、または全日制学生として通学する地区のロータリークラブに募集の有無や期日を問い合わせのこと。

村田海外留学奨学会　https://www.muratec.jp/ssp/

満25歳以下の学部または修士課程在籍者、および満37歳以下の博士課程在籍者、教員など年間2～4名。学費、生活費、往復旅費などの留学費用を1年または2年間支給。前年度7月～8月中旬が申し込み期間。

伊藤国際教育交流財団　http://www.itofound.or.jp/

海外大学院修士課程へ正規留学する者。ディプロマは要相談。生活費月1500～2000米ドル相当の円貨および授業料300万円以内実費支給。期間は2年以内10名程度。前年度6月下旬から8月下旬が申し込み期間。

経団連国際教育交流財団　https://www.keidanren.or.jp/japanese/profile/ishizaka/

財団指定の国内24大学院に在籍する者から1名。年間一律350万円を支給（使途は留学中の学費、生活費等、留学に関わる支出に限る）。前年度8月下旬から9月中旬が申し込み期間。

本庄国際奨学財団　http://www.hisf.or.jp/

学位の取得を目的として海外の大学院に留学中または留学予定の日本国籍を持つ大学院生（年齢制限あり）。前年度2月上旬から5月上旬が申し込み期間。支給は当該年度4月より月15～20万円を１～5年間支給。

日本学生支援機構　海外留学支援制度　https://www.jasso.go.jp/

修士または博士の学位取得に対し、授業料250万円までと地域により月8～14万円の奨学金を支給。修士は最大2年、博士は同3年、2018年実績は88人。年齢制限あり。申し込み締め切りは10月下旬。

日本学生支援機構　第２種奨学金　https://www.jasso.go.jp/

大学、大学院在籍者のほか、卒業・修了後3年以内なら応募可能。月2～12万円と入学時特別増額にて10～50万円を貸与。あくまで貸与であるので注意。学校により申し込み期間が異なるため、在学または出身校の担当窓口に問い合わせが必要。

各国政府給費生　http://ryugaku.jasso.go.jp/scholarship/scholarship_foreign/

イタリア	正課生の授業料免除および900ユーロ支給。前年度6月上旬が応募締め切り。
スイス	授業料免除および月額1920CHF、帰国旅費支給。前年度11月中旬が応募締め切り。
フランス	授業料および月額767ユーロ（修士）、往復旅券支給等。9月下旬が応募締め切り。
ドイツ	月額850ユーロ、旅費1350ユーロ、補助費年額260ユーロ支給。10月中旬が応募締め切り。

04

こんなにたくさん！建築学科で取れる資格

建築士を核として、建築学生が在学中・卒業後に取れる資格をピックアップ

CHECK POINT

業務独占資格である建築士を中核に、建築学生が取得できる資格はとてもたくさんあります。ここでは、関連資格の全体像をとらえ、自分の進む分野に必要な資格を確認しておきましょう。

中核となる建築士資格

何より重要なのは1級・2級・木造などの建築士（⇩208頁）資格。これらの取得後、実務経験を経て受験資格が与えられる管理建築士、構造設計1級建築士、設備設計1級建築士、建築基準適合判定資格者（各⇩210頁〜）は、建築士の上位資格に位置づけられます。また、公共工事で建築現場の専任資格者となれる建築施工管理技士（⇩218頁）は、施工管理者の必須資格です。

以上の資格は、建築学生が有利に取れる資格であるとともに、資格所持者だけが業務を行える業務独占資格のため、とても価値があります。

知識・技術を示す資格

インテリア系の資格として一般に知られているのはインテリアコーディネーター（⇩226頁）ですが、同種の資格で認定団体の異なるものがインテリアプランナーです。エンジニア系の資格にはJSCA建築構造士、建築設備士（⇩223頁）、コンクリート診断士があり、それぞれ厳しい試験にパスすることが必要です。作図技能系にはCADやCG検定があり、主に学生の到達度チェックに用いられます。また、日本建築士会連合会には専攻建築士制度が、日本建築家協会には登録建築家制度があり、規定の研修を受けた者に無試験で与えられます。

以上の業務独占権がない資格は、ある一定の知識や技術を持つことを認定する民間資格で、お客様の信頼を得るためのものといえます。

他分野との連携資格

金融系にはファイナンシャルプランナー、建設会社の経理担当に役立つ建設業経理事務士などがあります。また、建築の特定分野を担当するマンション管理士、木造住宅耐震診断士や、建物だけでなく土地取得からお客様とかかわるために必要な不

建築関連資格一覧

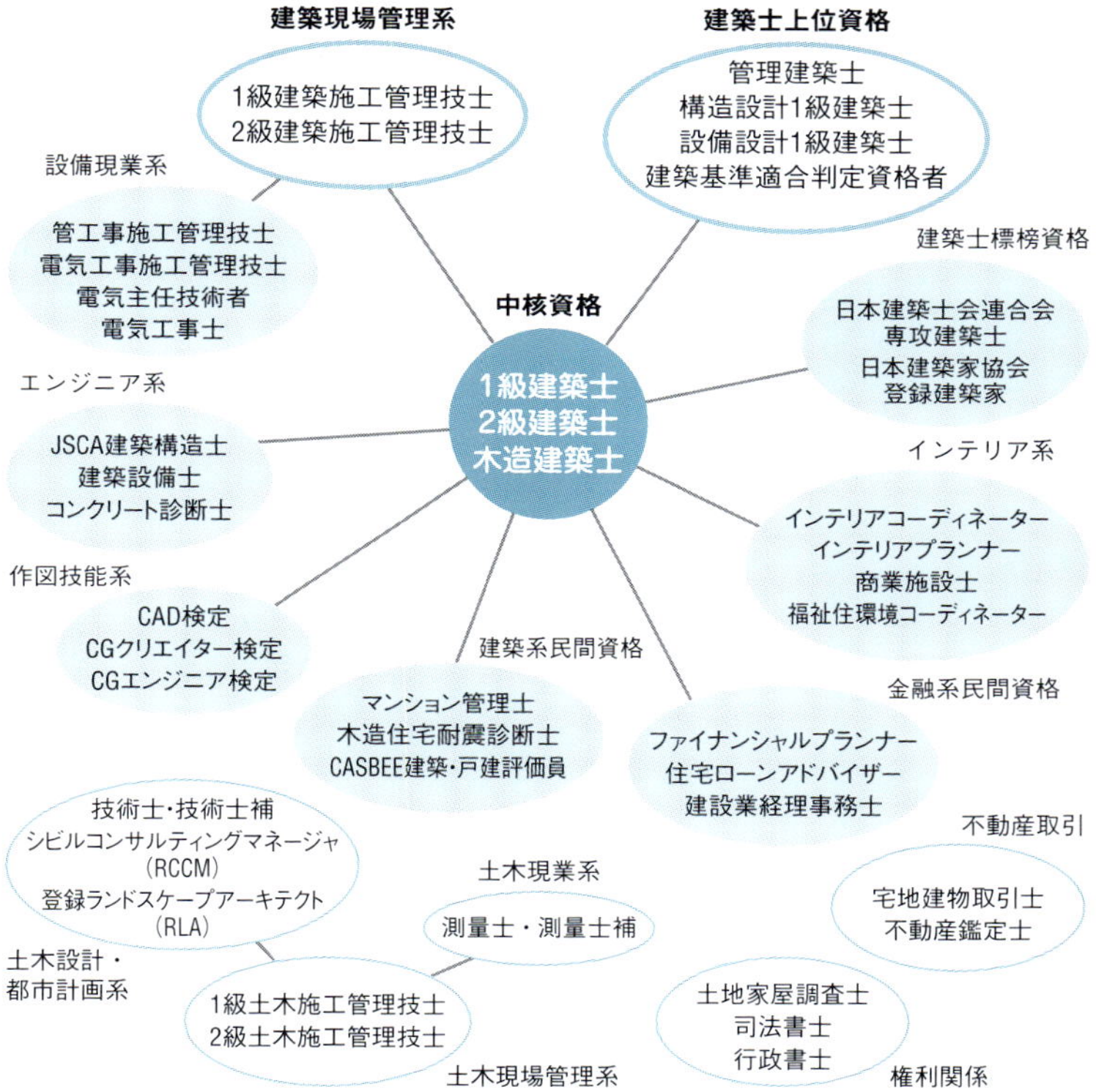

動産事業者の業務独占資格である宅地建物取引士（⇩224頁）、建築した建物を測量し登記する土地家屋調査士（⇩225頁）、土地開発など建築行為に関する各種行政手続きを行う行政書士なども、建築とかかわる重要な資格です。さらに分野を広げれば、都市計画分野で取得可能な技術士（建設部門）、シビルコンサルティングマネージャなどの土木設計資格も、受験しやすい資格です。

　このように建築はさまざまな分野とかかわるので、建築学生が取得できる資格がたくさん挙げられます。

05

建築士ってどんな資格？

建築士法改正により受験資格が大幅に緩和

CHECK POINT

2018年12月、建築士試験の受験資格を緩和する改正建築士法が可決されました。建築士は、建築の仕事をするなら必要な基礎的資格ですが、近年の資格者不足に対応するため2020年試験から受験資格が大幅に緩和されました。

能力は資格で証明

ごく小規模の建築を除き、設計監理に関する業務を行うには建築士の免許が必要であり、建築士は特別な資格です。実は、建築士の資格を持たずに「建築家」と名乗る方や、疑似建築士行為をする方もいます。

しかし建築は命にかかわる仕事。建築士の資格がないのに、建築士の独占業務を行ってはいけないし、名義貸しももちろん許されないのです。

インテリア施工者やインテリアデザイナーは、自由業なので法的資格はいりません。しかしどのようなことが建築士法・建築基準法で規制されるかを把握するには、必要最低限の知識＝2級建築士は必須でしょう。

受験資格に実務経験が不要に

建築士法の改正により、2020年試験から、建築士の受験資格に**実務経験が不要に**なりました。建築士試験に合格後、所定年数の実務も経験すれば、免許登録ができます。

●1級建築士試験は…
大学の建築学科で指定科目を修めて卒業後、すぐに受験できる。

●2級建築士試験は…
大学・専門学校だけでなく、工業高校等でも、指定科目を修めて卒業すれば、すぐに受験できる。

一級建築士免許証
建築太郎
建築士法により免許された一級建築士であることを証明する。

大学生の皆さんは、学歴の要件で卒業後2級建築士の受験が可能ですが、ここで注意が必要です。以前は所定の学科を卒業していれば、無条件で学歴要件として認められていました。しかし、09年度入学者からは所定の科目を修めて卒業したものに限るとなりました。デザインコースと技術者コースのようにコース分けされている大学はその条件が満たされているか確認したほうが良いでしょう。

実務経験は免許の登録要件に

建築士としての免許登録には、従来どおり実務経験が必要です。改正建築士法による建築士免許の登録要件は下図の通りです。

また、1級建築士の実務要件は、「設計・工事監理に必要な知識・能力を得られる実務」です。トレーサーや職人、会計事務担当者は実務要件に該当しません。さらに、以前は大学院修了が実務経験2年と認められていましたが、多くの大学では1年の実務認定しか行われなくなったうえ、設計製図を受講しない歴史・構造・設備・材料系の研究室では実務経験として換算されない場合もあるので気を付けましょう（実務要件が見直される可能性あり）。

資格取得で断然有利に

現在、1級建築士は37万3490人（19年4月）2級建築士は77万1246人（19年4月）が登録されています。しかし、団塊の世代の大量退職もあり、建築士が貴重な資格であることに変わりはありません。

また、公共工事の入札時の格付けの基準となる経営事項審査（経審）では有資格者の数が点数化されます。以前は管理建築士が会社に1人いれば事足りましたが、いまは有資格者が多ければ多いほど良いというのが会社のスタンスです。ですから、早めに建築士資格を取得しましょう。

◆建築士免許の登録要件◆

1級建築士

建築に関する学歴又は資格等	建築の実務経験年数
大学［旧制大学を含む］	2年以上
3年制短期大学［夜間部を除く］	3年以上
2年制短期大学	4年以上
高等専門学校［旧制専門学校を含む］	4年以上
2級建築士	4年以上
その他国土交通大臣が特に認める者［平成20年国土交通省告示第745号ほか］	所定の年数以上

2級建築士・木造建築士

建築に関する学歴又は資格等	建築の実務経験年数
大学［旧制大学・短期大学を含む］又は高等専門学校［旧制専門学校を含む］	なくてもよい
高等学校［旧制中学校を含む］	2年以上
建築に関する学歴なし	7年以上
その他都道府県知事が特に認める者［「知事が定める建築士法第15条第3号に該当する者の基準」に適合する者］	所定の年数以上

06

1級建築士の上位資格がある

建築士を取得してからの実務経験が求められる

CHECK POINT

管理建築士や構造設計1級建築士、設備設計1級建築士、建築基準適合判定資格者を取得するためには、建築士として実務経験が必要です。次のステップアップに欠かせない上位資格をしっかり把握しましょう。

1級建築士の上位資格

1級建築士は万能で、建築に関することなら規模を問わず独占的に責任者として仕事を遂行可能でした。しかし、現在では、「1級建築士付与資格」と呼ばれる上位資格が必要になってきています。

管理建築士とは？

建築士の資格取得後、建築設計監理に関する3年間の実務経験によって受講資格が与えられ、1日の講習会と即日修了考査によって得られる資格。いまのところ考査自体は簡単で、まず落ちることはありません。

しかし、独立して建築士事務所をはじめるには絶対にこの資格が必要です。独立希望の方にお聞きします。1級建築士取得後の3年間、そのアトリエで働き続けられますか？

実は、この資格には抜け道があり、2級建築士である期間も実務経験として認められるのです。だから大学院在籍時や大学卒業後すぐ2級建築士を取得し実務経験を積めば、1級建築士を取得後すぐ、1級建築士事務所を設立できるというわけです。

構造設計1級建築士とは？

1級建築士の資格取得後、構造設計監理に関する5年間の実務経験によって受験資格が与えられ、2日間の講習会とそれから数カ月後に行われる修了考査によって得られる資格です。考査は難しく、経験が豊富な技術者でも合格率は4割程度です。

しかし、構造設計1級建築士の資格は下記のような建築物に関与する際に義務付けられています。

①高さが60m超
②鉄骨造で地上階数が4以上
③RCやSRC造で高さが20m超

①はともかく、②や③は多くの設計事務所が関与する規模。ですから、構造設計を業とするなら必ず取得しなければいけない資格なのです。

姉歯事件以降、構造設計に関する

審査が厳しくなり、申請書類が増えました。さらに、審査機関が指定するほかの構造設計者がそれを再計算するというピアチェック制度も取り入れられ、構造設計技術者が不足している状態が続いています。現在、そして将来にわたり有望な資格であることは間違いありません。

設備設計1級建築士とは？

1級建築士の資格取得後、設備設計監理に関する5年間の実務経験により受験資格が与えられ、3日間の講習会と数カ月後に行われる修了考査によって得られる資格です。

実は、設備設計が専門の方々は1級建築士の資格を持っていない方も多いのです。ですから、この資格ができた時には技術者が不足するのではないかと懸念されました。しかし、設備設計1級建築士の関与が必要な建築を3階建て以上かつ5000㎡超と限定したことや、不景気により大規模建築物の建築が減ったために大騒ぎにならずに済んだようです。

また、こうした規模の設計に慣れた意匠設計者の方でしたら、内容が理解しやすいため、設備設計が専門でなくてもしっかり勉強すれば資格の取得は可能です。合格率は5割弱。大規模建築物を中心に設計する方なら取得しておいて損はありません。

建築基準適合判定資格者とは？

建築物を建てる際にはそれが建築基準法や各種条例に適合しているかの確認や検査を受ける必要があります。それを判断するのが建築基準適合判定資格者です。以前は建築主事資格といわれていましたが、確認申請・検査業務の民間開放に伴い制定されました。1級建築士を取得後、建築行政や確認検査の業務などに2年以上従事した方が受験可能です。

試験は建築基準法に関する知識や実務経験についての小論文も課せられます。合格率は年によって20〜40%と、まだばらつきがあります。

1級建築士の次の資格が大事

このように、1級建築士の次の資格が必要となってきています。特に、これまで意匠設計に比べ裏方的存在であった構造や設備設計者が、非常に重要な役割を果たすとともに、責任も重くなっています。しかし、これらの資格は転職にも独立にも非常に有利なもの。ですからできるだけ早く1級建築士を取り、次のステップを踏むことが大切なのです。

07

まずは2級建築士を取ろう！

2級建築士って実は使える資格
次のステップのためにも必ず取得しよう

CHECK POINT

1級建築士の試験が難しくなり、管理建築士取得のための実務経験も必要です。まずは2級建築士を取得しましょう。2級といってもかなりの規模まで設計監理が可能なので、会社でその知識は必ず役に立つはずです。

試験制度も変わるし、2級建築士なんていらないよ。いきなり1級建築士を取ってしまえばいいじゃん！というのはちょっと勇み足です。

2級は使える！

表1は、1級建築士、2級建築士の業務範囲を示したもの。端的に言えば、2級建築士は特殊建築物の学校や病院、マンションの設計はできませんが、住宅や事務所の用途であれば木造なら3階建て1000㎡まで、鉄骨やRC造なら3階建て300㎡まで設計可能なのです。独立時は小規模の建築から始めることが多く、ほとんどの設計事務所ではこの規模の業務が中心です。ですから2級建築士を取得しておけば、ほとんどの物件が自分の責任で設計監理できるのです。

将来必ず役に立つ

表2を見てください。大学卒業の翌年、23歳で2級建築士を取得すれば、5年目の27歳で管理建築士の資格が取得可能。それまでに1級建築士を取得すれば1級建築士事務所として独立することができます。

一方、2級建築士を取得しなかった場合、大卒1年目23歳で資格試験に合格しても、3年目の25歳まで資格は付与されません。

いままで述べたスケジュールは最短取得のお話です。特に1級建築士試験そのものが難化していますし、卒業後に一発でその1級建築士を取得することは難しい状況です。さらに、資格を取得し責任ある立場で、早くから実務経験を積むことは決して無駄ではありません。

ですから、大学卒業1年目に2級建築士資格を取得しておき、それから実務を積むのもひとつの手です。

また、2級建築士の試験は公務員や財団法人試験の専門科目試験範囲と重なるといわれています。設計に進む人もそうでない人もその勉強は無駄にならないのです。

◆表1　建築士の設計・工事監理の範囲◆

		木造建築物				RC造・CB造・無筋CB造・煉瓦造・石造・鉄骨造		
						高さ≦13mかつ軒高≦9m		
		平家建	2階建	3階建	高さ>13m又は軒高>9m	平屋建、2階建	3階建以上	高さ>13m又は軒高>9m
延面≦30m²		誰でも可能	誰でも可能	2級建築士から	1級建築士から	誰でも可能	2級建築士から	1級建築士から
30m²＜延面≦100m²		誰でも可能	誰でも可能	2級建築士から	1級建築士から	2級建築士から	2級建築士から	1級建築士から
100m＜延面≦300m²		木造建築士から	木造建築士から	2級建築士から	1級建築士から	2級建築士から	2級建築士から	1級建築士から
300m²＜延面≦500m²		2級建築士から	2級建築士から	2級建築士から	1級建築士から	1級建築士から	1級建築士から	1級建築士から
500m²＜延面≦1000m²	一般	2級建築士から	2級建築士から	2級建築士から	1級建築士から	1級建築士から	1級建築士から	1級建築士から
	特建	1級建築士から	1級建築士から	1級建築士から	1級建築士から	1級建築士から	1級建築士から	1級建築士から
1000m²＜延面	一般	2級から	2級から	1級建築士から	1級建築士から	1級建築士から	1級建築士から	1級建築士から
	特建	1級建築士から	1級建築士から	1級建築士から	1級建築士から	1級建築士から	1級建築士から	1級建築士から

特建：特殊建築物の略称で、建築基準法第2条2項に定義され、学校（専門学校及び各種学校を含む）、体育館、病院、劇場、観覧場、集会場、展示場、百貨店、市場、ダンスホール、遊技場、公衆浴場、旅館、共同住宅、寄宿舎、下宿、工場、倉庫、自動車車庫、危険物の貯蔵庫、と畜場、火葬場、汚物処理場その他これらに類する用途に供する建築物を指す。

◆表2　最短取得年齢◆

22歳	大学4年生	大学4年生	大学4年生	大学4年生	大学4年生	大学4年生
23歳	2級建築士取得		大学院実務2年認定	大学院実務2年認定	実務1年認定	実務認定無
24歳			2級建築士取得			
25歳	1級建築士取得	1級建築士取得	1級建築士取得	1級建築士取得		
26歳					1級建築士取得	
27歳	管理建築士取得					1級建築士取得
28歳			管理建築士取得			
29歳		管理建築士取得		管理建築士取得		
30歳					管理建築士取得	
31歳	構造設計1級建築士・設備設計1級建築士取得	構造設計1級建築士・設備設計1級建築士取得	構造設計1級建築士・設備設計1級建築士取得	構造設計1級建築士・設備設計1級建築士取得		管理建築士取得
32歳					構造設備建築士取得	
33歳						構造設備建築士取得

この表は最短で取得が可能な年数を図示したものです。

管理建築士の資格を取得後、独立可能になります。（管理建築士を雇う場合を除く）

1級および、2級建築士試験に失敗した場合はその後の資格取得が遅れる場合があります。

建築士事務所には専任の管理建築士が常駐しなくてはなりません。

管理建築士は、建築設計監理に3年間以上従事し管理建築士講習課程を修了する必要があります。

設計監理以外の業務（研究・工事管理・審査業務）は管理建築士の業務経歴として認められません。

構造・設備設計1級建築士は1級建築士取得後、構造・設備に関する業務に5年以上従事し、国土交通大臣の登録を受けた機関の講習課程を修了する必要があります。

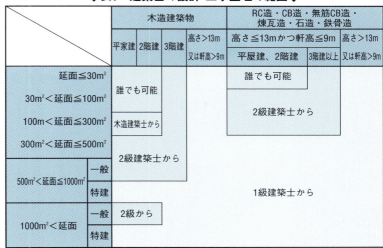

08

2級建築士受験のスケジュールを確認しよう!

試験の概要を把握し、勉強計画を立てる

CHECK POINT

受験申し込みは4月前半。年度初めの多忙な時期ですが、忘れずに申し込みましょう。まずは1次試験のクリアが大切。皆さんが思っているより難しい試験です。試験内容とスケジュールをしっかり把握し、計画的に勉強を進めましょう。

2級建築士試験の概要

2級建築士試験は、1次の学科試験と2次の製図試験に分かれます。学科は計画・法規・構造・施工の4科目で、それぞれ科目基準点とともに合計基準点をクリアする必要があり、例年の合格率は35％程度です。

学科試験に合格すれば、その年、翌年、翌々年と計3回、製図試験を受けられます。製図試験の受験者には、資格学校に通う人や複数回受験している人も多いのですが、約半数が落ちる難関です。製図試験の対策は学科試験の合格発表後では間に合いません。

学科試験勉強のスケジュール

総合資格学院では受験前年の9月から初学者向け講座が開講されるので、ハウスメーカー、住設メーカー、リフォーム会社などの内定者は受講しておきましょう。

また、大学院生であれば1月の本講座から受講すれば十分です。独学の人も同時期に始めましょう。学力に自信があり時間にもゆとりがある人は、3月からでも間に合います。もし3月に本試験の問題を解き、手も足も出ないようなら、短期必勝講座に申し込みましょう。独学で挑むのであれば、4月中に法規を完全に解けるようにし、5月は各科目の理解、6月はひたすら暗記に励むようにしましょう。

2次の製図対策は添削で

学科試験を終えたら、製図対策を始めましょう。6月に市販の問題集が発売されますが、ただ数をこなしても意味がありません。添削を受けない限り間違いに気付けず、絶対に合格しないからです。そのため、総合資格学院に通うことをお勧めします。金銭的、時間的な問題で受講できない場合は、長期戦を覚悟のうえ、建築士会の講習会や通信添削、知人の添削指導を受けましょう。

2級建築士資格取得スケジュール

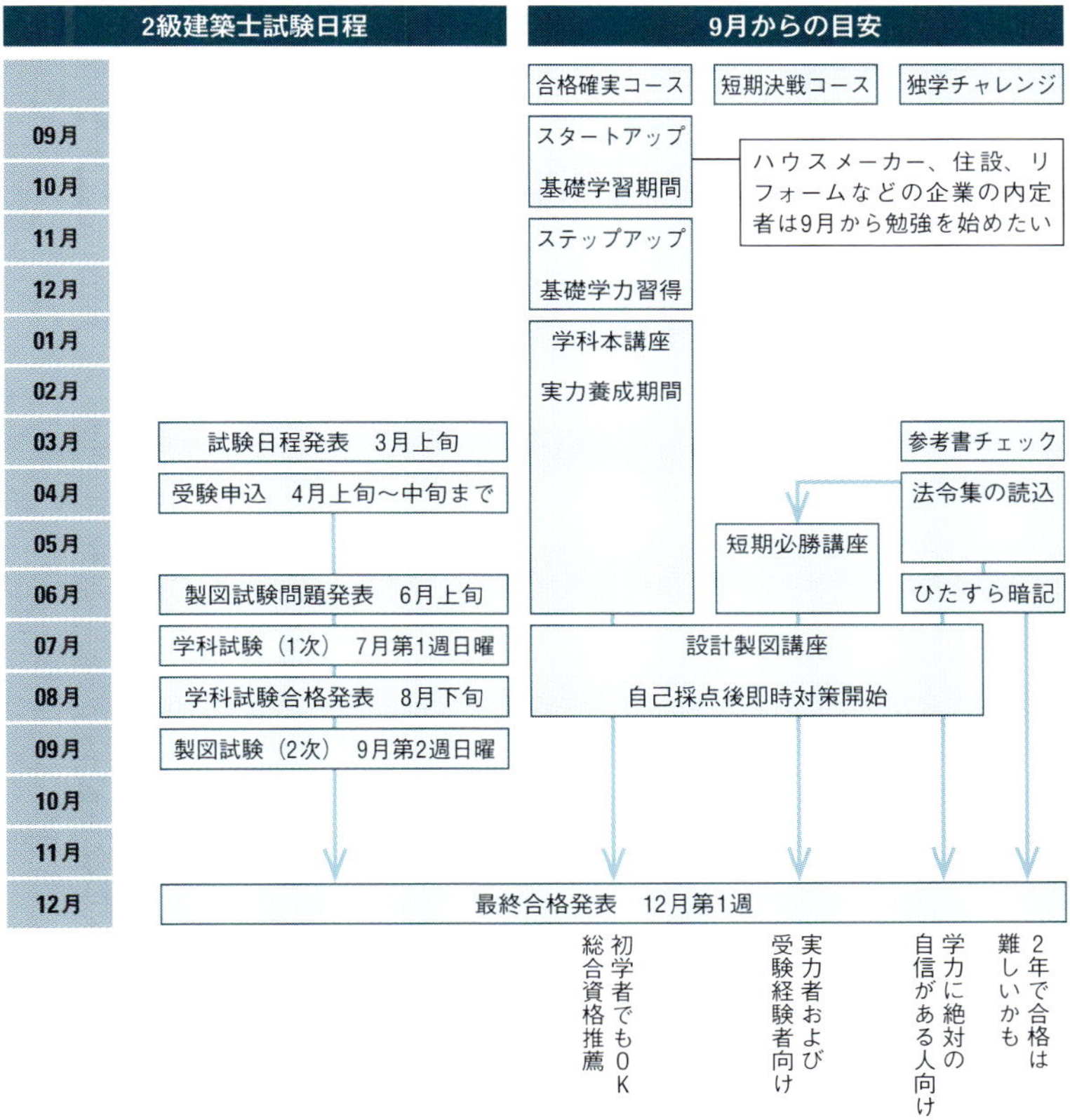

2級建築士試験合格基準点と合格率

	学科試験（1次）合格基準点／配点					各段階合格率		
	学科Ⅰ	学科Ⅱ	学科Ⅲ	学科Ⅳ	総合	学科	製図	最終
2019年	13/25	13/25	13/25	13/25	60/100	42.0%	46.3%	22.2%
2018年	13/25	13/25	13/25	13/25	60/100	37.7%	54.9%	25.5%
2017年	13/25	13/25	13/25	13/25	60/100	36.6%	53.2%	24.3%

学科（1次）試験は、科目基準点と総合得点の両方をクリアしていなければなりません。

1次試験は学科Ⅰ（計画）・学科Ⅱ（法規）・学科Ⅲ（構造）・学科Ⅳ（施工）各25問、100点満点です。

学科（1次）試験に合格すれば、製図（2次）試験は本年、翌年、翌々年と3回受験可能です。

09

1級建築士受験のスケジュールを確認しよう!

自分の能力に合わせ試験勉強期間を設定しよう

CHECK POINT

1級建築士試験は、非常に難易度の高い試験です。独学で受験するのは自由ですが、まず受かりません。資格学校を利用し、十分な演習を積んでから試験に臨むようにしましょう。

1級建築士試験の概要

1級建築士試験は2級同様、1次の学科試験と2次の製図試験に分かれます。ただし、学科は計画・環境・法規・構造・施工の5科目からなり、2級に比べ難易度が格段に上がり、合格率が年により15～20%とばらつきがあります。なお、平成30年の合格率は18%。注意点は2級と同様なので、214頁を参考にしましょう。

学科試験をクリアする鍵は法規でほぼ満点を取ること。計画や環境は出題範囲が広く、構造は計算問題が難しく、施工は経験者でないと解けない問題が多いため、各科目基準点をクリアするのがやっとなのです。

学科試験勉強のスケジュール

総合資格学院では受験前年の9月から講座を開講しています。学校の勉強と試験は出題範囲や目的が異なるため、極力早めに受講し、内容の理解を深めるべきです。学力に自信のある人は、10月からのビクトリー講座を受講すれば十分間に合います。合格経験者は短期必勝講座を受け、合格を確実にしましょう。また、独学である程度までやって難しいと感じた場合も、このコースに合流しましょう。ただし、それではすでに手遅れかもしれません。

独学で努力するのは自由ですが、2級と1級ではレベルが違います。市販の過去問題集を解いてみると、答えや解説を見ても、なかなか理解できないはずです。その状態で、心が折れずに独学を続けられる人はほぼいないでしょう。

資格学校が必須の製図試験

製図試験は必ず資格学校に通いましょう。製図に自信があっても、実務の熟練者であっても、十分な演習なしに合格することは極めて難しい状況です。お金の都合がつかなければ、借りてでも通うべきです。それほど難しい試験なのです。

1級建築士資格取得スケジュール

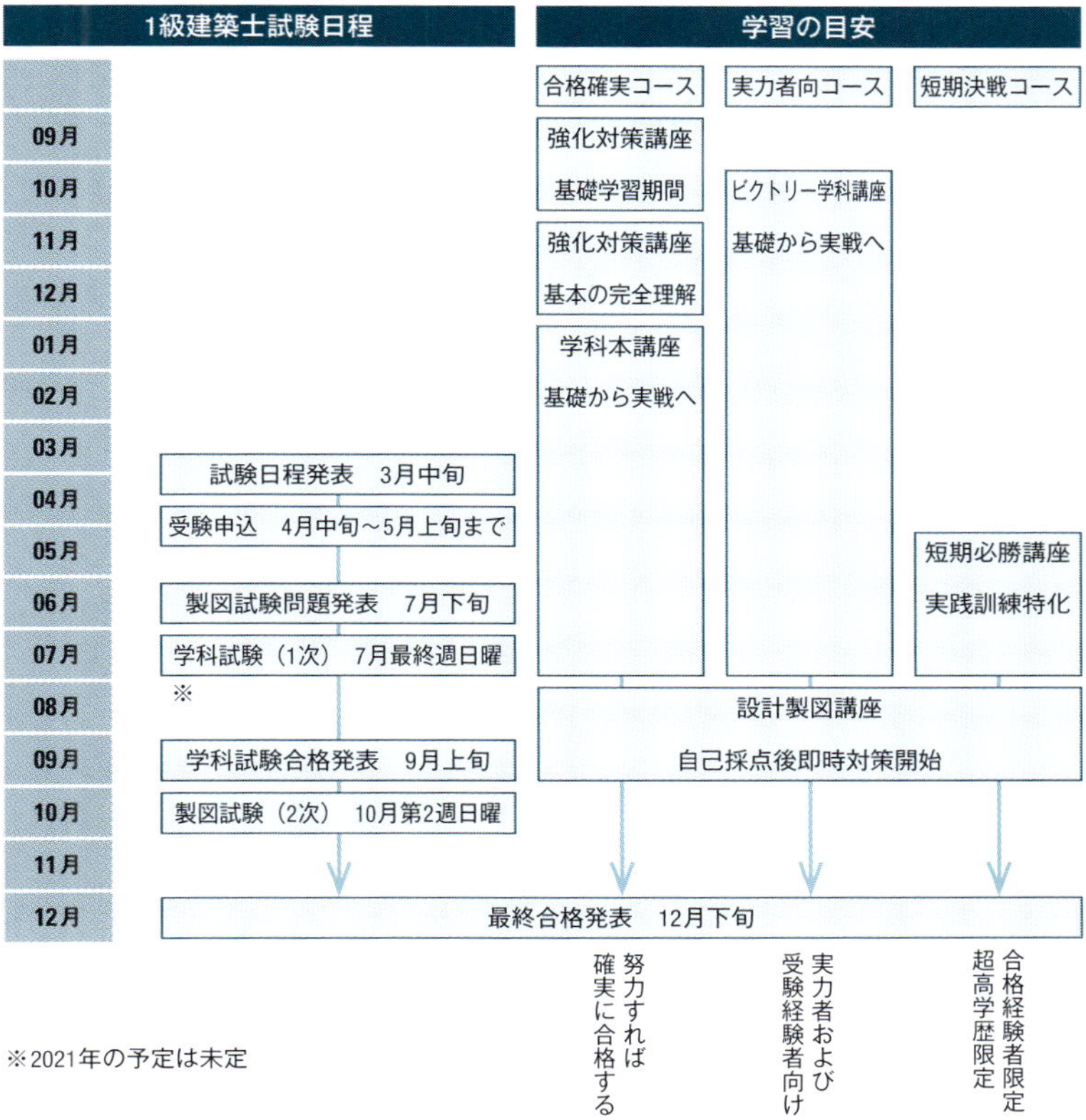

1級建築士試験合格基準点と合格率

	学科試験(1次)合格基準点／配点						各段階合格率		
	学科Ⅰ	学科Ⅱ	学科Ⅲ	学科Ⅳ	学科Ⅴ	総合	学科	製図	最終
2019年	11/20	11/20	16/30	16/30	13/25	97/125	22.8%	36.6%	12.0%
2018年	11/20	11/20	16/30	16/30	13/25	91/125	18.3%	41.4%	12.5%
2017年	11/20	11/20	16/30	16/30	13/25	87/125	18.4%	37.7%	10.8%

学科（1次）試験は、科目基準点と総合得点の両方をクリアしていなければなりません。

分類は学科Ⅰ（計画）・学科Ⅱ（環境・設備）・学科Ⅲ（法規）・学科Ⅳ（構造）・学科Ⅴ（施工）です。

学科（1次）試験に合格すれば、製図（2次）試験は本年、翌年、翌々年と3回受験可能です。

10

建築施工管理技士は、現場ごとに専任で置かれる資格

CHECK POINT

建築施工管理技士は、特に現場の施工管理で活躍する資格で現場ごとに必要とされます。特定建設業の営業所には必ず「専任」の技術者として置く必要があり、ある条件以上の工事にも必ず必要とされるとても重要な資格です。

最も重要な工事現場の管理者

※建築業法の改正をうけて、2021年度より試験制度が変わります。詳細は国土交通省ウェブサイトを確認してください。

現場管理に必須の資格

建築施工管理技士は、建築施工管理技術検定合格で得られる資格で、主に現場施工管理に重点を置いています。建築施工管理技士には、1級と2級がありますが、ここでは1級建築施工管理技士について説明します。

原則として特定建設業の営業所には1級建築施工管理技士を「専任」の技術者として置かなければなりません。また、公共性のある7000万円以上の建築一式工事では、1級建築施工管理技士の資格を持つ「専任」の主任技術者、監理技術者が必要です。現場ごとに技術者が必要なため、施工者にはとても重要な資格です。ただし、監理技術者となるには、1級施工管理技士合格後、監理技術者講習を受ける必要があります。

また、公共工事入札の基準となる経営事項審査において、1級建築士と同等の5点を得られるほか、監理技術者であれば1点が加点されます。

受験方法・受験資格の概要

試験は学科の第1次検定と実地の第2次検定に分かれます。

受験資格は、大学指定学科を卒業後、現場監督、設計管理者などの指導的立場を1年以上含む、3年以上の実務経験で得られます。また、2級第2次検定に合格していれば、実務経験がなくとも1級第1次検定は受験できるようになりました。

第1次検定を合格すれば技士補の資格が与えられ、第2次検定の合格で、いつでも建築施工管理技士になれます。なお、1級建築士の場合、受験資格にある実務経験があれば、第一次検定の試験を免除されます。

技士補は2021年度にできた新しい資格です。現場専任の技士補がいれば監理技術者は2つの現場を兼任できることになりました。

新制度試験の詳細はまだ未発表です。受験の際は募集要項を確認してください。

コラム 測量士は公共工事などの各分野で大切にされる資格

測量士・測量士補の資格とは？

測量士および測量士補は、国土地理院の行う基本測量や公共工事で公共測量を行うために必要な国家資格です。測量士は計画の作成が可能で、測量士補はその計画に基づいて測量に従事することが基本となります。

測量事務所やその営業所の開設には1名以上の測量士が必要です。また公共工事では、入札金額によって必要な測量士の数が決められていますので、会社に属する測量士が多いほど会社は仕事を取るチャンスが増えます。

建築学科の学生にはあまりなじみのない資格ですが、土地家屋調査士・不動産鑑定士として独立を考えている人には、それに向けたステップとしても、とても有用な資格です。

試験範囲が広い資格の取得

測量士補は、文部科学省が指定した教育機関で指定科目を履修して卒業すれば、無試験で登録可能です。受験する場合は学歴・経験を問わず受験可能ですが、範囲が広いため対策が難しい試験です。大学等なら半期の講義と測量実習だけで試験なしで取得できるので、なるべく該当科目を履修しておきましょう。

測量士は、文部科学省が指定した教育機関で指定科目を履修して卒業後、測量において1年の実務経験を経れば無試験で登録可能です。測量士補からのステップアップや、受験による取得も可能。詳しくは国土地理院のウェブサイトをご覧ください。過去3年間の測量士補および測量士の学科試験合格率・合格者数は下記のとおりです。

過去3年間の合格率（合格者数）

	令和元年	平成30年	平成29年
測量士補	35.8％（4555人）	33.6％（4555人）	47.3％（6639人）
測量士	14.8％（ 479人）	8.3％（ 278人）	11.7％（ 351人）

11

土木・管工事・電気工事施工管理技士

CHECK POINT

各工事を行う専門的な資格。まずは2級で腕試しをするのもよいが、最終的には1級を早めに取得しよう。2級を取得せず、1級取得も可能だ。新設営業所の責任者になることもできるなど、将来性の面でも損のない資格だ。

専門分野で光る必須資格

※建築業法の改正をうけて、2021年度より試験制度が変わります。
詳細は国土交通省ウェブサイトを確認してください。

それぞれ、専門的な現場管理に必須の資格です。各資格は国土交通省管轄の国家試験。受験したい人はしっかり備えましょう。

以下の資格は、新たに特定建設業や一般建設業の事務所を立ち上げる際にも必要になる資格です。取得しておけば、新設営業所の責任者になることもできますから、将来性の面でもお勧めな資格です。

土木施工管理技士とは?

土木施工管理技士は、土木施工管理技術検定合格で得られる資格で、1級と2級があります。

2級は土木・鋼構造物塗装・薬液注入の3種類に分かれており、合格した区分の範囲で工程管理や安全管理が行えます。

1級を取得すると、河川、道路、橋梁、港湾、鉄道、上下水道などの土木工事を施工する際、主任技術者や管理技術者を請け負うことができ、施工計画の作成や、現場での工程管理・安全管理・技術管理が行えます。現場監督以上の立場になるには必須の資格です。

災害復旧の現場においても不可欠な資格です。除染工事、造成工事などの現場1か所につき、最低1人は土木管理施工技士が必要なため、東日本大震災以後、急激に需要が高まりました。

試験は、1級は年1回、2級は年2回実施されています。1級のほうが難易度は高いので、2級を取得してから臨むという人もいます。

【土木】資格受験方法・受験資格の概要

試験は第1次検定と第2次検定の2科目あり、第1次検定に合格すれば、技士補の資格が与えられます。技士補は2021年度に新設された資格で、取得すると、監理技術者の専任緩和要件の補佐をすることができます。

1級の受験資格は大学の指定学科卒業後、1年以上の指導監督的経験を含む、3年以上の実務経験などで得られます。また、2級土木施工管理技士の資格を持っていれば、1級第1次検定を受験できるようになりました。くわしくは要項をチェックしましょう。

令和元年の1級土木施工管理技士の合格率は25％前後。難易度が高めですが、新制度になり、第一次検定に合格すれば、第2次検定に失敗したとしても、翌年からはいつでも第2次検定を受験できるようになったので、あきらめずに管理技士資格の取得に励んでください。

2021年度より新しくなる試験内容はまだ詳細が明らかになっていません。前年度までの過去問を参考にするなどして対策を立てましょう。また試験日程などは、インターネットで確認してください。

管工事施工管理技士とは？

管工事施工管理技士は、管施工管理技術検定合格で得られ、水道管・ガス管・空調・給湯や、浄化槽・衛生設備などの配管工事に関わる資格です。

2級を取得すると工事現場の主任技術者に、1級を取得すると主任技術者に加えて、監理技術者としても活躍できます。1級は高度の応用能力が求められ、管工事の施工計画を作成したり、現場の工程管理・品質管理・安全管理など技術上の管理を適切に行ったりすることができます。1級取得後2年の実務経験を経れば、建築設備士試験の受験資格も得られます。

ほかの施工管理技士同様、営業所・工事現場ごとに設置義務があり、入札時にも有資格者数が大きく影響しますから、管工事会社をはじめとする建設業全般で重宝される資格でしょう。

【管】資格受験方法・受験資格の概要

試験は学科の第1次検定と実地の第2次検定の2科目で、第1次検定に合格すれば、2021年度に新設された資格、技士補を取得できます。技士補は監理技術者の専任要件緩和の補佐をすることができる資格です。

資格を取得できるのは、2級なら大学指定学科を卒業後1年以上、1級なら3年以上の実務経験を経るなどで得られます。また、2級管工事施工管理技士の資格があれば、1級第1次検定を受験することができます。

令和元年の1級の合格率は25％前

後。第1次検定に合格すれば翌年から第2次検定にいつでもチャレンジできます。決して簡単な試験ではありませんが、新制度になり受験のハードルが低くなったので、まずは第1次検定に合格することを目標に、積極的に挑戦しましょう。

　2021年度より試験制度が新しくなりますが、試験の内容や日程の詳細はまだ発表されていません。試験の内容は前年度までの過去問を参考にし、受験前にインターネットで募集要項を確認しましょう。

電気工事施工管理技士とは？

　電気工事施工管理技士は、電気工事施工管理技術検定合格で得られる資格で、たくさんある電気関係の資格の中でも、もっとも有用な資格の一つといえます。

　土木や管工事と異なり、電気工事に従事する人は電気工事士という資格がなければできません。専門的な電気工事ですが、電気工事施工管理技士を取得しておけば、あらゆる電気工事の統括を行うことができます。具体的には工事の施工計画を立て、工程管理・品質管理・安全管理などを行うことができます。

　また、1級を取得しておくと、計装士の学科資格が一部免除されます。計装士は民間資格ではありますが、建設業法に定められた「経営事項審査（経審）加点対象」となっており、取得が薦められているものの一つです。

【電気】資格受験方法・受験資格の概要

　1級・2級ともに、試験は学科の第1次検定試験と実地の第2次検定の2科目です。第1次検定に合格すれば、新資格である、技士補の資格が与えられます。

　1級の受験資格は大学の指定学科を卒業後、1年以上の指導監督的経験を含む、3年以上の実務経験などで得られます。また、2級管理技士の資格を持っていれば、1級第1次検定の受験資格があります。

　令和元年の1級の合格率は30％前後と、ほかの管理技士資格に比べると若干難易度は低いようです。しかし、2021年度より新しい試験制度になり、試験内容はまだ未発表なため、油断はできません。最新情報をインターネットなどで集め、過去問を参考するなどしてしっかりそなえましょう。

　新試験制度になり、第1次検定に合格すれば、もし第2次検定に受からなくても、翌年から第2次検定はいつでも受験できるようになりました。管理技士試験に挑戦しやすくなったので、積極的に試験を受けてもらいたいですが、日程など詳細は未発表なので、インターネットでこまめに情報を集めるようにしましょう。

12

建築設備士って何ができるの？

環境、コスト面から的確なアドバイスを行う

CHECK POINT

建築設備の高度化、複雑化が進む中、建築士に環境面からの設備アドバイスをする資格。難易度は高めだが、取得後4年の実務経験を積めば、機械系や電気系の学校を卒業した人が、早期に1級建築士を目指せるようになる。

環境の面からさまざまな提案

建築設備士は国土交通省管轄の国家資格です。建築設備士なしでも建物は建てられますが、大きな建物は、環境配慮型でなければ評価されない時代です。建築士に求められた際、快適な環境、省エネなどを考慮しながら、設計にアドバイスを行い、電気・給排水衛生・空調換気などの設備が利用者に最適となるように提案もします。平成26年の建築士法改正により、2千㎡以上の建築物では建築設備士の意見を聞くことが努力義務化されました。

建物が建った後は、寿命とコストバランスを考えて、省エネ型の設備機器への更新や、電気契約プランの変更などをアドバイスすることもあります。実務経験を4年以上積むと、1級建築士の受験資格が得られます。

資格受験方法・受験資格の概要

1級の受験資格は大学の指定学科を卒業後、2年以上の実務経験などで得られます。

試験は1次が学科、2次が設計製図です。学科はマークシートで、建築一般知識30問（合格ライン得点40％）、法規20問（50％）、設備50問（50％）で、項目ごとに合格基準点があります。2次は設計製図試験です。記述量、作図量、計算量ともに多く、最終合格率は20％を下回る、難易度が高めの資格です。

願書は2月下旬から販売開始です。申し込みは3月下旬まで、1次試験は6月下旬、合格発表は8月上旬です。2次試験は8月下旬、合格発表は11月上旬です。学科が通れば、翌年も2次試験の受験資格があります。

13

宅地建物取引士は、不動産取引に不可欠な資格

年間20万人前後が受験する人気資格

CHECK POINT

宅地建物取引士は、個人や企業の大切な財産である不動産の取引に関し、重要な手続きを責任を持って行える唯一の資格です。設計事務所をはじめ建築のあらゆる分野で歓迎されます。

不動産取引に必須の資格

宅地建物取引士、通称「宅建」は、不動産の売買や取引に不可欠な資格です。それは不動産取引のための重要事項説明や契約書への記名捺印が、宅地建物取引主任者による独占業務となっているからです。

宅地建物取引業、いわゆる街の不動産屋を営むには、必ず宅地建物取引士を置かなければなりません。

また、その事務所では業務にかかわる5人の従業員に対し1人以上、マンションなどのモデルルームなど契約を行う可能性のある場所では1人以上の宅地建物取引士を置かなければなりません。さらに、金融業や法律系国家資格の登竜門としても人気があるため、年間20万人前後が受験する人気資格なのです。

また、設計事務所では土地の情報が得られないために、土地から探すお客さまに対応しにくい状態となっています。この資格を取得し、不動産業登録を行うことで、土地の情報にアクセスできるほか、売主・買主の両方から得られる合計6%の仲介手数料も魅力です。

四肢択一の試験の概要は？

受験には年齢・学歴の制限は一切ありません。高校生でも受験可能です。ただし、登録に当たり2年の実務を経験するか、登録実務講習を受講する必要があります。

試験は四肢択一式50問50点満点のマークシート方式です。試験申し込みは7月まで、試験は10月の第3日曜日、合格発表はその45日後となります。

ここ数年の合格率は15～18％、合計31～35点以上が合格点となっています。また、総合資格学院などで行われている宅建登録講習を受講すれば、5問が免除、加点され試験が行われるのでたいへん有利ということで、多くの方が受講しています。なお、講習費用は16000円です。

コラム 所有者の代理で表示登記を行う土地家屋調査士の仕事

表示登記は土地家屋調査士

土地家屋調査士は、所有者の代わりに不動産の「表示登記」を行うことが主業務。表示登記とは建物の新築・増築、土地の分筆・合筆の際、または農地から宅地などへ土地の題目が変わる場合、対象となる建物や土地を調査・測量し、図面を作成したうえで法務局に申請する仕事です。

権利に関する登記は司法書士の業務範囲です。ゆえに、司法書士と協同する必要がありますが、表示登記を業として行うことを認められているのは土地家屋調査士だけなのでたいへん貴重な資格です。

また土地の境界は、植栽や大きな石があったり、あいまいな場所も多いものです。所有者の代替わりや、土地の価値の上昇、権利意識の高揚により境界に関する紛争が増えてきました。ADR（裁判外紛争解決手続き）や筆特定制度により、それらを解決するのも土地家屋調査士の仕事です。

極めて厳しい試験の概要

受験には年齢・学歴の制限は一切ありません。試験は「午前の部」「午後の部」と分かれる筆記試験と、2次扱いの口述試験で、1・2級建築士や測量士・測量士補であれば「午前の部」の試験は免除され、9割以上の受験者がこの制度を利用します。受験申し込みは7月下旬から8月上旬、筆記試験は10月下旬、口述試験は1月下旬です。

過去3年間の合格率と合格者数、および合格者の平均年齢は下記のとおりです。厳しい試験ですが、業務独占権があることや、有資格者数が一定に保たれていることがあり、取得する価値のある資格といえるでしょう。

過去3年間の合格率（合格者数）・平均年齢

	令和元年度	平成30年度	平成29年度
合格率（合格者数）	9.67%（406人）	9.54%（418人）	8.69%（400人）
平均年齢	39.63歳	40.16歳	40.23歳

CHECK POINT

インテリアコーディネーターは、あらゆる住空間かかわる仕事です。家具やファブリック、照明・設備などに関する専門的な知識をもとに、商品選択における提案やアドバイスを行っていきます。

14

あらゆる住空間にかかわる、インテリアコーディネーター

専門的な知識を証明し信用度がアップ

住空間関連で幅広い活躍の場

インテリアコーディネーターは、インテリア産業協会が認定するインテリアデザイン、コーディネーションを専門とする人の資格です。ハウスメーカーでの家具やカーテン、照明のコーディネート、インテリアショップの店員、インテリアデザイナーとして活動する際に便利な資格です。

この資格を持っていなくても、インテリアデザイナーと名乗って、まったく問題はありません。また、同種の資格に、建築技術教育普及センターが認定するインテリアプランナーがあります。

どちらも業務を独占的に行える資格ではありませんが、名刺に記載することでお客様からの信用度が上がる資格です。インテリアコーディネーターとして活動するのであれば、業務が建築設計監理に及ぶ場合も多いので、2級建築士の取得をお勧めします。

1次試験が変わった

受験には年齢・学歴・経験などの制限は一切ありません。1次試験は50問のマークシート方式です。2次試験は「論文試験」と製図による「プレゼンテーション試験」に分けられます。

1次試験に合格すれば、当年を含む4年間、2次試験を受験可能です。受験申し込みは8月下旬まで、1次試験は10月第2日曜日、1次試験合格発表は11月上旬、2次試験は12月第2日曜日、最終合格発表は翌年2月中旬です。

平成30年度の1次試験の合格率は32・4%、2次試験は59・0%でした。合格点や採点結果は公表されず、郵送の通知でのみ知ることができます。合格率は2級建築士試験と同程度ですが、出題範囲が広いことや、論述問題があるため、受験対策がしにくく、2級建築士より若干難しい試験といわれています。

コラム 高齢者や障がい者のために働く福祉住環境コーディネーター

適切な改修プランを提示

福祉住環境コーディネーターは高齢者や障がい者に対して、住みやすい住環境を提案するアドバイザーです。ケアマネージャーや市の福祉課などと連携を取り、適切な住宅改修プランを提示し、補助金を申請することが主な仕事です。ただし、建築士法に定められる建築士の業務はできないので注意が必要です。

また、改修といっても手すりを付けたり段差をなくす程度なので補助金の額はわずかです。よって、その手数料だけでは業として成り立ちません。建築士やインテリアコーディネーターが「高齢者や障がい者に配慮した設計を心掛けている」ということを示すために、取得する資格といえます。

1級から3級までの試験の概要

試験には1級、2級、3級と区分があり、1級は2級取得後でないと受験できません。2級、3級の受験には年齢・学歴・経験の制限は一切ありません。出題範囲は公式テキストとそれに伴う応用になります。

1級は11月の1回のみ、マークシートと記述式による試験です。受験申し込みは10月中旬まで、成績票発送は3月になります。

2級、3級は7月と11月の年2回、マークシートにより試験が行われます。受験申し込みは5月下旬、または10月中旬まで、成績表発送は8月上旬と1月上旬に行われます。過去3年間の合格率と合格者数は下記のとおりです。

過去3年間の合格率（合格者数）

	2019年度	2018年度	2017年度
1級	13.8%（　50人）	11.8%（　46人）	5.9%（　28人）
2級	37.7%（7366人）	28.6%（6249人）	50.4%（11980人）
3級	58.0%（5524人）	56.0%（5529人）	41.4%（ 4483人）

建設業界・企業が一目で解る!

建築学生の[就活]完全マニュアル2021-2022

2020年11月15日　初版第1刷発行

監修　仲代武久・水野高寿・村上義浩（総合資格学院）

著者　星 裕之（STUDIOPOH）＋就活マニュアル委員会

発行者　澤井聖一

発行所　株式会社エクスナレッジ
〒106-0032
東京都港区六本木7-2-26
http://www.xknowledge.co.jp/

問合せ先
編集 Fax 03-3403-1345
info@xknowledge.co.jp
販売 Fax 03-3403-1829

執筆協力者　伊藤康裕、水上佳代子、鈴木 茜、
伊藤周平、福田充弘、飯塚 隆、
立沢真澄、田尻裕樹